Gülzow
Schriften

Antje Gülzow

Schriften

FRANZIS

Wichtiger Hinweis

Alle Angaben in diesem Buch wurden vom Autor mit größter Sorgfalt erarbeitet bzw. zusammengestellt und unter Einschaltung wirksamer Kontrollmaßnahmen reproduziert. Trotzdem sind Fehler nicht ganz auszuschließen. Der Verlag und der Autor sehen sich deshalb gezwungen, darauf hinzuweisen, dass sie weder eine Garantie noch die juristische Verantwortung oder irgendeine Haftung für Folgen, die auf fehlerhafte Angaben zurückgehen, übernehmen können. Für die Mitteilung etwaiger Fehler sind Verlag und Autor jederzeit dankbar.
Internetadressen oder Versionsnummern stellen den bei Redaktionsschluss verfügbaren Informationsstand dar. Verlag und Autor übernehmen keinerlei Verantwortung oder Haftung für Veränderungen, die sich aus nicht von ihnen zu vertretenden Umständen ergeben.
Evtl. beigefügte oder zum Download angebotene Dateien und Informationen dienen ausschließlich der nicht gewerblichen Nutzung. Eine gewerbliche Nutzung ist nur mit Zustimmung des Lizenzinhabers möglich.

© 2007 Franzis Verlag GmbH, 85586 Poing

Alle Rechte vorbehalten, auch die der fotomechanischen Wiedergabe und der Speicherung in elektronischen Medien. Das Erstellen und Verbreiten von Kopien auf Papier, auf Datenträgern oder im Internet, insbesondere als PDF, ist nur mit ausdrücklicher Genehmigung des Verlags gestattet und wird widrigenfalls strafrechtlich verfolgt.

Die meisten Produktbezeichnungen von Hard- und Software sowie Firmennamen und Firmenlogos, die in diesem Werk genannt werden, sind in der Regel gleichzeitig auch eingetragene Warenzeichen und sollten als solche betrachtet werden. Der Verlag folgt bei den Produktbezeichnungen im Wesentlichen den Schreibweisen der Hersteller.

Satz & Layout: Dipl. Grafik-Designerin Antje Gülzow
art & design: www.ideehoch2.de
Druck: L.E.G.O. SpA., Vicenza (Italia)
Printed in Italy

Inhaltsverzeichnis

Einleitung 7

**Entstehung und
Entwicklung der Schrift** 8
   Höhlenmalerei und Kerbholz
   Ideogramm
   Wortbildschrift
   Keilschrift und Hieroglyphen
   Phönizier · Griechen · Römer
   Capitalis Monumentalis
   Romanik: Unziale · Minuskel
   Gotik: Textur · Rotunda
   Johannes Gutenberg
   Renaissance: Antiqua · Schwabacher
   Fraktur
   Barock: Übergangs-Schriften
   Klassizismus: Bodoni
   19. Jahrhundert: Italienne · Egyptienne
   20. Jahrhundert: Grotesk · Computer

Klassifizierung der Schriften 16
   Anatomie der Buchstaben 16
   Renaissance-Antiqua 19
   Barock-Antiqua 19
   Klassizistische Antiqua 19
   Serifenbetonte Linear-Antiqua 20
   Serifenlose Linear-Antiqua 20
   Gebrochene Schriften 21
   Schreibschriften 21
   Sonstige 21

**Lesbarkeit und Eignung
verschiedener Schriften** 22
   Mengensatz
   Serifenschriften
   Versalsatz
   Schriftschnitte
   Auszeichnungsschriften

Seitengestaltung 24
   DIN-Format und Goldener Schnitt
   Satzspiegel · Rand · Spalten
   Bilder · Gestaltungsraster

Gliederung 30
   Absatz
   Überschriften
   Listen
   Quellennachweise

Satzarten 34
   Linksbündig · Rechtsbündig
   Flattersatz · Blocksatz

Abstände 36
   Zeilenabstände
   Zeilenlänge
   Umbruch
   Laufweite

Auszeichnung 40
   Kursive · Kapitälchen · Versalsatz
   Farbe · Schriftschnitt · Kästen
   Unterstreichung
   Initialen

Details 42
   Ziffern · Postleitzahl · Postfach-
   nummer · Bankleitzahl · Konto
   Handelsregisternummer
   Geldbeträge · Apostroph
   Anführungszeichen · Trennungen
   Satzzeichen · Striche
   Auslassungszeichen · Schrägstrich

Was man nicht tun sollte 46
   Verzerren
   Versalsatz
   großes ß
   falscher Apostroph
   Bindestriche statt Gedankenstriche

Schriftkatalog 49
   Antiqua-Schriften mit Serifen 51
   Serifenlose Linear-Antiqua 137
   Antiqua-Varianten 163
   Serifenlose Antiqua-Varianten 197
   Gebrochene Schriften 227
   Schreibschriften 241
   Schmuckinitialen 265
   Sonderzeichen/fremde Alphabete 281

Glossar 294

Schriftenregister 297

Hinweise zur Schriftinstallation 299

Lizenzbedingungen 300

Einleitung

Dieses Buch soll zum einen dabei helfen, die richtigen typografischen Entscheidungen zu fällen, und liefert zum anderen auf beiliegender DVD alles, was Sie an Schriften brauchen, um Ihre Ideen zu realisieren: über 1 900 verschiedene Schnitte zur freien Verwendung.

Der Typografieteil des Buchs schärft den Blick für Schriftgestaltung, klärt wichtige Begriffe und legt die Grundlagen für den richtigen Einsatz von Schrift in Ihren Projekten. Ein ausführliches Glossar hilft beim schnellen Nachschlagen.
Im umfangreichen Katalogteil ist ein großer Teil der Schriften der DVD sauber katalogisiert und übersichtlich dargestellt. Eine kurze Charakterisierung weist auf die Besonderheiten hin und gibt Hinweise zum optimalen Einsatz. Eine Schrift wird jeweils mit unterschiedlichen Schnitten, einem Beispielsatz und einem kurzen Blindtext präsentiert.

Um die Übersicht zu erleichtern, sind alle Schriften im Buch und auf DVD nach wesentlichen Merkmalen in große Gruppen eingeteilt.
Es wird unterschieden zwischen:
– Antiqua-Schriften mit Serifen
– serifenlosen Linear-Antiqua
– Antiqua-Varianten
– serifenlosen Antiqua-Varianten
– gebrochenen Schriften
– Schreibschriften
– Schmuckalphabeten
– fremden Alphabeten und Sonderzeichen

Das Kapitel der Antiqua-Schriften mit Serifen ist sehr groß und enthält Schriften der drei Untergruppen Renaissance-Antiqua, Barock-Antiqua und klassizistische Antiqua. Die Merkmale dieser Gruppen gehen auf Schriften aus der Zeit der Renaissance, des Barock und des Klassizismus zurück. (Was aber nicht heißt, dass es keine Renaissance-Schriften aus dem 20. Jahrhundert gibt. Lediglich der Ursprung eines bestimmten Charakters ist hier namensgebend.)

Die serifenlosen Schriften wurden ursprünglich zu Werbezwecken erfunden und erst in den 20er-Jahren des letzten Jahrhunderts auch für andere Zwecke verwendet. Heute sind sie fester Bestandteil unserer Schriftkultur.

Um Ihnen den Zugriff auf Schriften für diesen oder jenen Einsatz zu erleichtern und langes Suchen zu ersparen, sind den Antiqua-Schriften und den serifenlosen Linear-Antiqua-Schriften noch zwei Gruppen mit Variationen zur Seite gestellt. Die darin enthaltenen Schriften sind in den meisten Fällen eher für Auszeichnungszwecke als zum Satz größerer Textmengen geeignet. Hierfür werden Sie vor allem in den beiden Hauptgruppen fündig.

Gebrochene Schriften waren nördlich der Alpen über mehrere Jahrhunderte hinweg ohne Konkurrenz und wurden erst Anfang des letzten Jahrhunderts von den Antiqua-Schriften abgelöst. Der Name Fraktur wird gern für gebrochene Schriften im Allgemeinen verwandt, bezeichnet aber lediglich eine der Untergruppen der gebrochenen Schriften. Die anderen heißen: Gotisch, Rundgotisch und Schwabacher.

Schreibschriften sind für spezielle Zwecke unabdingbar und ein legitimer Ersatz für verloren gegangene manuelle Fertigkeiten.

Die historischen Schmuckalphabete sind vor allem eine Fundgrube für dekorative Initialen.

Griechische und russische Alphabete finden Sie zusammen mit einer Vielzahl von Sonderzeichen im letzten Ordner.

Im Anschluss an den Katalogteil sind alle dargestellten Schriften alphabetisch mit Seitenangaben aufgelistet.

Auf der beiliegenden DVD befinden sich alle abgebildeten und darüber hinaus noch eine Vielzahl weiterer Schriften. Die Ordnerstruktur des Buchs wurde beibehalten. Für Windows-Nutzer steht zusätzlich der Fontviewer zur Verfügung, der eine Vorschau der Schriften eines Ordners anzeigt. So können Sie sich im Vorfeld ein Bild von jeder Schrift machen, bevor Sie die ausgewählte Schrift mit einem Klick direkt installieren.
Alle Schriften stehen sowohl im TTF- als auch im Typ1-Format zur Verfügung, ergänzt um vollständige Glyphenübersichten zu jedem Schnitt. Die Schriften können ohne weitere Lizenzgebühren auch im gewerblichen Einsatz verwendet werden.

Nun müssen Sie sich nur noch entscheiden und den einen oder anderen typografischen Hinweis beherzigen.
Viel Spaß beim Gestalten mit Schrift wünscht

Antje Gülzow

Entstehung und Entwicklung der Schrift

Die Geschichte der Schrift erzählt von der Entwicklung der menschlichen Zivilisation. Sie handelt von Pharaonen, Kaufleuten, Handwerkern und großen Erfindungen, von ewigem Wandel, von Krieg und Frieden, von Freiheit und Macht.
Alle großen gesellschaftliche Umbrüche verhalfen nicht nur neuen Religionen und Herrschaftsformen zum Durchbruch, sondern waren stets auch begleitet von gravierenden Veränderungen in Kunst, Sprache und Schrift.
Durch Handelsbeziehungen weitete sich immer auch der geistige Horizont, veränderten sich Herstellungstechniken und Anbaumethoden. Deshalb waren Handelszentren oft die Keimzellen neuer Entwicklungen.
Besonders stark haben sich Schriften immer dann verändert, wenn sie von vielen Menschen benutzt wurden und ganz praktischen Zwecken wie Buchhaltung oder der Niederschrift von Gesetzestexten dienten.
Spielte hingegen Zeit eine untergeordnete Rolle, weil Schrift von geübten Handwerkern zum ewigen Ruhm der herrschenden Kaste oder Religion auf die Wände von Tempeln, Gräbern und Standbildern aufgetragen wurde, dann stand Perfektion im Vordergrund, und es gab keinen Prozess der Vereinfachung und Veränderung. In einem solchen Kontext konnten Schriften Jahrhunderte, gar Jahrtausende völlig unverändert überdauern.
Die Aufgabe ägyptischer Hieroglyphen, römischer Kapitale und der Buchschriften des Mittelalters war es, in künstlerischer Vollendung Pharaonen, römische Imperatoren und Gott zu preisen. Das hohe Niveau dieser Schriften floss in spätere Entwicklungen ein. So sind die Minuskeln des Mittelalters und die Versalien der römischen Kapitale die Grundlagen unseres heutigen Alphabets. Lediglich die Hieroglyphen waren zu aufwendig, vielgestaltig und bildhaft, als dass sie der Anfang einer neuen Entwicklung hätten sein können.
Alle Veränderungen haben am Ende dazu geführt, dass sich in Europa, bis auf Ausnahmen, das lateinische Alphabet in der uns heute vertrauten Form durchgesetzt hat.
Die kolonialen Eroberungen verbreiteten und etablierten europäische Schrift und Sprache in anderen Kontinenten.
Bekannte nicht lateinische Schriften sind Arabisch, Kyrillisch, Chinesisch, Japanisch, Griechisch und Indisch. Darüber hinaus haben sich viele kleinere Volksgruppen eigene Schriften oder Schriftvarianten ohne überregionale Bedeutung bewahrt.

Die Form der Zeichen einer Schrift ist – abgesehen von den gesellschaftlichen und inhaltlich-formalen Einflüssen – ganz entscheidend durch die zum Schreiben verwendeten Materialien geprägt. Tusche an einem Pinsel hinterlässt andere Spuren als an einem Binsenstängel. In Stein gehauene Zeichen sind statischer als geschriebene. Und mit einem kantigen Hölzchen lässt sich in feuchtem Ton ein Abdruck erzeugen, aber auf keinen Fall ein Kreis zeichnen. Das ursprünglich verwendete Gerät prägt die Grundformen und Details einer Schrift so nachhaltig, dass sich seine Spuren auch nach Hunderten von Jahren noch erkennen lassen.

Aber wie hat es angefangen?
Die Jäger und Sammler der Steinzeit lebten in kleinen Gruppen zusammen und waren durch einen gemeinsamen Alltag und gleiche spirituelle Vorstellungen eng miteinander verbunden. Darstellungen in Höhlen und auf nackten Felswänden zeigen Episoden aus ihrer realen Welt und erzählen zugleich von Göttern und Geistern. Diese Abbildungen von Tieren, Jägern, Booten und anderem Sicht- und Greifbaren sind für jeden erkennbar. Sie

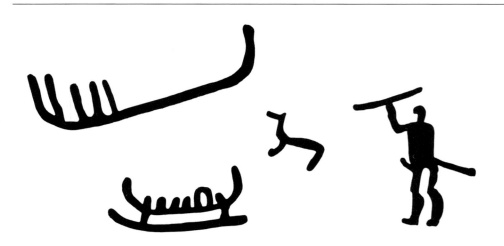

Felsritzungen in Bohuslän/Schweden.

Aus Wortbildern und Silben besteht die Schrift der Maya.

zu «lesen» setzt keine Kenntnis abstrakter Zeichen voraus. Deshalb sind es Bilder und noch keine Schrift. Aber Bilder sind ein Ausdruck verbaler Gedanken und der Fähigkeit, abstrahieren zu können. Aus diesem Grund sind Bilder eine wichtige Stufe auf dem Weg zur Entwicklung der Schrift. Aber zu diesem frühen Zeitpunkt und unter diesen Bedingungen gab es keine Notwendigkeit eines schriftlichen Systems.
Andere Vorläufer der Schrift sind Gedächtnisstützen oder «Mnemogramme». Ein Beispiel dafür sind die Knotenschnüre der Inka, mit deren Hilfe Erntemengen und Einwohnerzahlen erfasst und abgerufen werden konnten. Und noch heute ist uns der Begriff des Kerbholzes geläufig, dessen Kerben einst für angeschriebene Schulden standen.

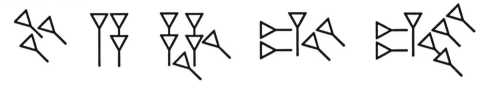

Die sumerische Keilschrift gilt als älteste Schrift der Welt.

Die ägyptischen Hieroglyphen haben einen sehr bildhaften Charakter.

Hieratische Schrift ist eine kursive Version der Hieroglyphen.

Ideogramme
Von Ideenschriften spricht man, wenn einzelne Bilder eine konkrete, auch abstrakte Bedeutung haben. Ein Bild kann dabei so viel sein wie ein ganzer Satz oder auch nur ein Wort. Ideogramme sind bildhaft und daher unabhängig von der jeweiligen Sprache. Lediglich die Bedeutung des Symbols muss bekannt sein, um es verstehen zu können. Das Bild eines Baums könnte z. B. die Bedeutung Wald haben. Die Kenntnis des Symbols macht es aber noch nicht möglich, die dazugehörige Sprache zu rekonstruieren. Erst mit der Zeit bekamen einzelne Bilder eine in Beziehung zur Sprache stehende phonetische Bedeutung. Das ist der Übergang zur Wortbildschrift.

Wortbildschriften
Mit Beginn der Eisenzeit setzte eine stärkere Differenzierung des Lebens ein. Die Gewinnung und Verarbeitung von Metallen brachte neue Berufe und die Einführung des Tauschhandels mit sich. Durch Werkzeuge aus Metall waren die Menschen nun in der Lage, mehr zu produzieren, als sie zum eigenen Verbrauch benötigten, und der Begriff des Eigentums bildete sich heraus.
In Vorderasien entwickelten sich um 6000 v. Chr. die Hochkulturen der Sumerer und Ägypter. Diese stark hierarchischen Gesellschaften mit hochgradig arbeitsteiliger Landwirtschaft, eigenem Militär und reger Bautätigkeit hatten einen beträchtlichen Verwaltungsapparat. Zu dessen Bewältigung genügten die mehrdeutigen Ideogramme nicht mehr. Es bedurfte sehr konkreter und unmissverständlicher Ausdrucksmittel, um Menschen, Arbeit, Besitz und Soldaten zu verwalten. Zu diesem Zweck entstanden die ägyptischen Hieroglyphen und die sumerische Keilschrift. Die Keilschrift gilt als älteste Schrift überhaupt. Sie entstand etwa um 3500 v. Chr. aus abstrahierten Bildern. Ein Zeichen war zunächst mit mehreren Bedeutungen belegt, später nur noch mit einer.
Keilschrift wurde mit kantigen Hölzchen in noch feuchte Platten aus Ton gedrückt. Ton gab es im Zweistromland reichlich. Wenn der Ton getrocknet war, konnten die Tafeln transportiert und gelagert werden. Große Mengen dieser Tontäfelchen blieben im trockenen Wüstenklima bis heute erhalten. Berühmtestes Beispiel für einen Text in Keilschrift ist der Gilgamesch-Epos. Der weitaus größte Teil aller gefundenen Tontäfelchen trägt jedoch keine literarischen Texte, sondern – ganz pragmatisch – wirtschaftlich relevante Informationen.

In China entstand im 2. Jahrtausend v. Chr. eine sehr komplexe und bis heute nahezu unveränderte Schrift, deren 50 000 Zeichen nach wie vor Piktogramme sind.

Die ägyptischen Hieroglyphen entstanden etwa um 3000 v. Chr., ihr komplizierter bildhafter Charakter ist frei von jedem Duktus. Sie wurden nach Vorzeichnungen, wie Bildern aus Tempelwänder, gemeißelt oder auf Sarkophage gemalt. Die repräsentative Funktion führte dazu, dass sich die Hieroglyphen über Jahrtausende nicht veränderten, sondern nur immer mehr wurden. Am Ende waren es an die 5000 verschiedene Zeichen. Die Schrift setzte sich aus Bildern, die einen Laut bedeuteten, aus Bildern, die das bedeuteten, was sie darstellten, und aus charakterisierenden Ergänzungszeichen zusammen. So erkennt man die Namen der Pharaonen, noch bevor man sie gelesen hat, daran, dass sie von einer Kartusche gerahmt sind.

Die Hieroglyphen konnten so lange Bestand haben, weil sich zum alltäglichen Gebrauch zwei weitere Schriften entwickelt hatten: das Hieratische, eine kursive, den Priestern vorbehaltene Variante der Hieroglyphen, die sich wesentlich schneller mit Binsenstängel und Tusche auf Papyrus schreiben ließ, und das Demotische, eine noch flüssiger zu schreibende sogenannte Volksschrift, die um 650 v. Chr. entstand.

Die Entzifferung der Hieroglyphen gelang 1822 dem französischen Forscher Jean-François Champollion anhand des Steins von Rosette. In seine Oberfläche ist dreimal der gleiche Text gehauen: in demotischer Schrift, mit Hieroglyphen und auf Griechisch. Da Griechisch bekannt war, war die Entschlüsselung von da an nur noch eine Frage der Zeit.

Der rege Gebrauch im Alltag führte dazu, dass sich die Zahl der Zeichen in Keilschrift, Hieratisch und Demotisch verringerte und ihre Formen einfacher wurden.

Buchstaben des phönizischen Alphabets, einem Vorläufer unseres heutigen lateinischen Alphabets.

Hebräische, arabische und indische Schrift haben einen gemeinsamen Ursprung: Aramäisch.

Um 1000 v. Chr. entstand in der Gegend von Palästina, Jordanien und der Halbinsel Sinai eine weitere wichtige Schrift, das Aramäisch. Aus dieser Schrift entwickelten sich später die hebräische, die arabische und die indische Schrift. Berühmt geworden sind die Schriftrollen aus Qumran mit aramäischen und hebräischen Schriftzeichen.

Einen wichtigen Meilenstein auf dem Weg zu unserem heutigen Alphabet stellt die Schrift der Phönizier dar. Die Phönizier waren ein Handelsvolk mit Stadtstaaten und Kolonien im gesamten Mittelmeerraum. Ausgehend von der Keilschrift, reduzierten sie um 1100 v. Chr. die Zahl der Zeichen auf 22 Buchstaben. Durch rege Handelstätigkeit verbreitete sich die phönizische Schrift recht schnell im gesamten Mittelmeerraum.

Griechische Kapitale

Als der Stern der Phönizier zu sinken begann, etablierte sich in Griechenland die antike Sklavenhaltergesellschaft. Man übernahm die phönizische Schrift, fügte Vokale hinzu und änderte die Schreibrichtung allmählich auf von links nach rechts. Wortabstände und Satzzeichen wurden gebräuchlich. In der griechischen Minuskelschrift sind erstmalig Ober- und Unterlängen zur stärkeren Differenzierung der schnell geschriebenen Buchstaben erkennbar.

KAINYNOMOCATE

Griechische Unziale und Minuskeln. Erstmals sind Ober- und Unterlängen erkennbar.

SENATVS

Als schönstes Beispiel der Capitalis Monumentalis gilt die Inschrift der Trajansäule in Rom.

DESCITQVETVE

Eine alltagstaugliche Variante der Capitalis Monumentalis war die römische Buchschrift Quadrata.

NAMQVE·SVPER·TIB

Die Rustika wurde in Wachs geritzt oder auf Papyrus geschrieben.

Römische Kapitale

Nach Blüte und Niedergang Griechenlands begann die Epoche der römischen Antike. Bereits das italienische Volk der Etrusker hatte das griechische Alphabet übernommen. Während der Herrschaft Roms erhielten die Buchstaben leicht variierende Strichstärken, und an die Schäfte schlossen sich nun kleine Endstriche, die Serifen, an.

So wie schon die griechische, fand auch die römische Kapitale (Capitalis Monumentalis) vor allem Verwendung in Inschriften an Denkmälern und Tempeln. Die Zeichen wurden zunächst mit Farbe und Breitpinsel vorgeschrieben und dann herausgemeißelt. Daher rührt ihr ausgewogener und konstruierter Charakter. Alltagstauglich war diese Schrift nur bedingt, sodass sich parallel die römische Kursive und die Buchschriften Quadrata und Rustika entwickelten.

Nach wie vor bestand das Alphabet aus Versalien, aber es ist bereits erkennbar, dass in der Flüchtigkeit des Schnellschreibens und dem Bedürfnis nach leichter Lesbarkeit der Ursprung für die Herausbildung von Ober- und Unterlängen liegt. Die kursive Alltagsschrift Quadrata wurde mit Griffeln auf wachsbeschichtete Holztafeln oder mit Tusche auf Papyrus geschrieben. Mit der Erfindung des Pergaments in der Stadt Pergamon ging der Verbrauch des aus Ägypten importierten Papyrus stetig zurück. Pergament war wesentlich haltbarer, beidseitig beschreibbar, überall verfügbar und damit preiswert. In der Blütezeit des Römischen Reichs war die Fertigkeit des Schreibens weit verbreitet. Mit dem Niedergang der Sklavenhaltergesellschaft im 2. und 3. Jahrhundert verfiel auch die Schreibkultur. Bald waren nur noch wenige Menschen des Lesens und Schreibens kundig. Nachdem der letzte römische Kaiser das Christentum zur Staatsreligion ernannt hatte, nahm die Macht der christlichen Kirche stetig zu, in den neu entstehenden Feudalgesellschaften kam die Geldwirtschaft weitgehend zum Erliegen, und die Völkerwanderung trug ihren Teil zur Auflösung der alten Ordnung bei. Im nun folgenden Mittelalter entwickelte sich Schrift hinter den Mauern der Klöster als reine Buchschrift weiter.

Romanik (ca. 11. Jahrhundert)
Die Mönche schrieben mit Feder und Tusche auf Pergament. Dabei verschwanden allmählich die mit der Feder schwer zu schreibenden Serifen. U und V wurden nun unterschiedlich geschrieben, sodass das Alphabet auf 24 Buchstaben anwuchs. Später kamen W und J hinzu. Es entstehen die Schriften Unziale, Halbunziale und Minuskel. Der Duktus von Unziale und Halbunziale ist durch einen horizontalen Federansatz geprägt, der der karolingischen Minuskel durch einen schrägen Federansatz.
Mit der Minuskel wurden dem Alphabet erstmals Kleinbuchstaben zur Seite gestellt. Das Wort «Minuskel» bezeichnet auch ganz allgemein die Kleinbuchstaben unserer Schrift.
Charakteristisch für die Bauten der Romanik ist der Rundbogen bei Tür- und Fensteröffnungen sowie Gewölben. Der ruhende Eindruck, der aus der Verwendung runder Formen entsteht, ist auch für die Schriften jener Zeit typisch.

Gotik (12.–14. Jahrhundert)
Die relativ breiten Schriften der Romanik werden in der Gotik schmaler und höher. Die Buchstaben schieben sich eng aneinander, das Schriftbild wird dunkler. Ähnliches geschieht in der Architektur: Die rundbogigen Formen der Romanik weichen den himmelsstürmenden Proportionen und spitz zulaufenden Bogen gotischer Kathedralen.
Für liturgische Zwecke wurde die strenge Textur verwendet, im Alltag verwandte man die besser les- und schreibbare Bastarda. Südlich der Alpen entstand in Italien als Gegenstück zur Textur die Rundgotisch oder Rotunda und verbreitete sich rasch im Mittelmeerraum. Sie ver-

TIS UT FACIANT UOBIS

Der Federansatz bei der Unziale der Romanik ist horizontal, Serifen fehlen.

ucpuuubaaurfilius

Die Halbunziale weist bereits Ober- und Unterlängen auf.

adimplereaur quoddicaim.

Die karolingische Minuskel enthält erstmals Kleinbuchstaben.

quod tibi obtulit fiim⁹ fa

Die Textur ist eine schmale dunkle Schrift für lithurgische Zwecke aus der Zeit der Gotik.

Dem am pham

Alltagstauglicher, weil schneller schreibbar als die strenge Textur, war die Bastarda.

et faluabit nos et

Die Rotunda ist vor allem südlich der Alpen verbreitet gewesen.

quia studia inuidorū reprehe

1455 druckte Johannes Gutenberg das erste Buch mit beweglichen Lettern.

zichtet im Gegensatz zur Textur auf den rautenförmigen Abschluss der Schäfte, wodurch sie wesentlich schneller zu schreiben ist als diese.

Die Buchstaben i und u bekamen in dieser Zeit zur besseren Erkennbarkeit einen Strich.

Gesellschaftlich war die Zeit der Gotik eine Zeit großer Veränderungen: Städte und Stände entstanden, die Geldwirtschaft begann sich wieder durchzusetzen. Schreiben und Lesen war nicht mehr nur Sache der Klöster, vielmehr holten Kaufleute und Handwerker die Schrift zurück in den Alltag. Diese Entwicklung fand gegen Ende des Mittelalters ihren Höhepunkt in der Erfindung des Letterndrucks durch Johannes Gutenberg.

Seine 42-zeilige Bibel in zwei Bänden ist das erste aus beweglichen Lettern gesetzte Buch. Die epochale Erfindung verbreitete sich rasch in ganz Europa. Bisher wurden Bücher in langwieriger Handarbeit kopiert und verziert. Nun war es möglich, sie in großer Menge zu reproduzieren und zu verteilen. Außerdem wurde die Schrift selbst zur Ware.

Renaissance (15./16. Jahrhundert)
Die Renaissance begann in Italien ca. Mitte des 14. Jahrhunderts, in anderen Ländern später und endete Mitte des 16. Jahrhunderts. Es war eine Epoche des erstarkenden Bürgertums. Die Wiederentdeckung der griechischen Antike durch Kunst, Architektur, Literatur und Philosophie war prägend und namensgebend. Die Kunst des Papiermachens hielt in Europa Einzug, das billige Beschreibmaterial förderte Schrift und Schreiben. Die arabischen Ziffern wurden in die lateinische Schrift aufgenommen. Und erstmals wurden das Versalalphabet der römischen Kapitale und die Kleinbuchstaben der humanistischen Minuskel, die sich zuvor aus der karolingischen Minuskel entwickelt hatte, zu einem Alphabet zusammengeführt.

Charakteristisch für diese frühen Antiqua-Schriften sind ihre gute Lesbarkeit und der ruhige und harmonische Gesamteindruck. Die Strichstärken der Buchstaben unterscheiden sich nur wenig. Das Schriftbild ist im Vergleich zu den Schriften des Mittelalters wesentlich heller geworden. Die Schriftentwicklung spaltete sich in zwei grundsätzlich verschiedene Wege: Der Wiedereinführung und Weiterentwicklung der Antiqua-Schriften in den lateinischen Ländern stand die Herausbildung der gebrochenen Schriften nördlich der Alpen gegenüber.

In Deutschland wurde zur gleichen Zeit die Gotisch weiterentwickelt zu den gebrochenen Schriften Schwabacher und Fraktur.

Diese sind besser lesbar als ihr Vorbild und haben einen kraftvollen, an Holzschnitte erinnernden Duktus. Die Fraktur wirkt im direkten Vergleich noch etwas heller und schwungvoller als die Schwabacher.

Barock (17./18. Jahrhundert)
Zentren der Schriftentwicklung jener Zeit waren die Niederlande und England, wo bürgerliche Revolutionen verkrustete Strukturen aufbrachen und die Entwicklung von Handel und Manufakturen begünstigten. Der Kupferstich jener Zeit mit den damit möglichen feinsten Linien

gurarum et flexuris
Es ist übrigens ganz sicher

Nördlich der Alpen entwickelte sich während der Renaissance aus der Textur die Fraktur.
Bis zum Anfang des 20. Jahrhunderts war die Fraktur die bevorzugte Schrift nördlich der Alpen.

Quis credidit

Südlich der Alpen besann man sich zurück auf antike Traditionen, es entstanden die Antiqua-Schriften.

hatte Einfluss auf die größere Präzision und die exakteren Schnitte der Buchstabenformen. Der Kontrast von fetten zu feinen Buchstabenstrichen ist größer, die Serifen enden feiner. Es entstehen gut lesbare Schriften, die entweder eher an Formen der Renaissance-Antiqua erinnern oder bereits klassizistische Formen vorwegnehmen, daher nennt man die Schriften des Barock auch Übergangsschriften.

In Deutschland hatte man unter Kleinstaaterei und 30-jährigem Krieg zu leiden. Antiqua-Schriften spielten keine Rolle. Die verwendeten gebrochenen Schriften waren vor allem Fraktur und Kanzlei, eine Urkundenschrift zwischen Fraktur und Kurrent.

Dem kalligrafischen Übermut jener Zeit verdankt die deutsche Rechtschreibung ihre vielen Großschreibungen, ließen sich doch nur anhand von Versalien Kringel und Schwünge ordentlich in Szene setzen.

Klassizismus (1770–1830)

Mit der französischen Revolution und Aufklärung verbreiteten sich in ganz Europa bürgerliche Ideale. Die römische Antike wurde wiederentdeckt und auch ihre Schriftkultur.

In Frankreich setzte die Druckerfamilie Didot Maßstäbe. In Italien ist es Giambattista Bodoni. Und selbst in Deutschland beginnt die Antiqua gegenüber der gebrochenen Schrift Fuß zu fassen. Charakteristisch für die klassizistische Antiqua ist ihre aufrechte Haltung. Sie strahlt Klarheit und Präzision aus. Die Serifen sind immer waagerecht angesetzt und sehr fein. Der Kontrast zwischen fetten und feinen Linien ist insgesamt sehr stark ausgeprägt.

Um den Anforderungen des Maschinenzeitalters gerecht zu werden, wurde später die Konsequenz der übergangslos angesetzten Serifen zurückgenommen und wieder mehr zwischen Schaft und Serife vermittelt. Die feinen Linien brachen zu schnell unter dem vielfachen und starken Druck der Pressen.

Für Zeitungen und Bücher in großer Auflage entstanden zu dieser Zeit gut lesbare Satzschriften.

Die fetten Striche der Egyptienne boten viel Raum für Dekoration.

19. Jahrhundert

Besonders in England schuf der sich rasant entwickelnde Frühkapitalismus einen Konkurrenzdruck, der ganz neue Anforderungen an Schrift und Typografie stellte. Für Reklamezwecke wurden immer neue und ausgefallenere Schriftformen verlangt. Es entstanden die sogenannten Akzidenzschriften, deren vordringliche Aufgabe es war, um jeden Preis aufzufallen.

Die Buchstabenschäfte der klassizistischen Antiqua wurden immer fetter, der Binnenraum dekoriert. Die Entwicklung erfuhr eine interessante Wendung, als 1816 die erste serifenbetonte Linear-Antiqua, Egyptienne genannt, erschien. Die Serifen dieser Schriften dienen nicht mehr der Vermittlung zwischen vertikaler und horizontaler Grundlinie, sondern führten ein blockartig betontes Eigenleben. Der Name erklärt sich aus der Ägyptenbegeisterung jener Zeit. Unterarten dieser

Eine große Vielfalt verschiedener Schriften steht auf der beiliegenden DVD zur Verfügung.

Schrift sind die Italienne, deren Serifen und horizontale Striche dicker sind als die vertikalen, und Toscanienne mit mehrfach gespaltenen Serifen.

Neben dekorativen Akzidenzschriften entstanden auch lesbare Satzschriften mit betonten Serifen.

Etwa zur gleichen Zeit wurde in einer englischen Schriftgießerei das logische Pendant zu den serifenbetonten Schriften geschnitten: die erste Schrift ohne Serifen. Die zunächst nur zu Reklamezwecken benutzte Schrift begann sich erst 100 Jahre später, zu Beginn des 20. Jahrhunderts, als Leseschrift durchzusetzen. Klassische Moderne und Bauhaus sind ohne serifenlose Schriften nicht vorstellbar.

20. Jahrhundert
Zu Beginn des 20. Jahrhunderts erfolgte ein Aufschwung des Kunsthandwerks. Als Gegenbewegung zum Historismus der Gründerzeit bekannten sich vor allem Architekten und Maler zu einer neuen Auffassung. Sie forderten, historischen Ballast abzuwerfen und stattdessen Material und Herstellungsprozess sichtbar zu machen. Die Einheit von Inhalt und Form galt als neue Prämisse. Diese neue Vorstellung von Architektur und Kunsthandwerk fand ihren Niederschlag in der Buch- und Schriftgestaltung. Künstler bemühten sich, die verloren gegangene Beziehung von Schrift und Schreiben wiederherzustellen. Man besann sich auf die großen Vorbilder und entwickelte neue Schriften mit ausgewogenen Proportionen, ohne historisierend zu sein. Es entstanden noch heute gebräuchliche Schriften wie Gill und Times New Roman.

In der zweite Hälfte des 20. Jahrhunderts waren die konstruierten serifenlosen Schriften Ausdruck eines neuen Denkens. Die Begeisterung für geometrische Grundformen prägte die Schriften jener Zeit. Dem Bedürfnis nach aufeinander abgestimmten Schriftschnitten trug 1962 der Schweizer Schriftgestalter Adrian Frutiger Rechnung, indem er als Erster eine ganze Schriftfamilie entwickelte. Vorher wurden die verschiedenen Schnitte einer Schrift unsystematisch und nach Bedarf hergestellt.

Heute trägt der Entwurf und die Entwicklung ganzer Schriftsippen neuen Anforderungen Rechnung. Schriftsippen beinhalten, neben den üblichen Schnitten, auch solche mit und ohne Serifen. Sie werden häufig als Hausschriften großer Unternehmen für ein durchgängiges Erscheinungsbild in den verschiedensten Anwendungen entwickelt.

Die Schriftentwicklung des 20. Jahrhunderts ist eng mit der gewaltigsten tech-

Adrian Frutiger entwickelte 1957 als Erster das Konzept für eine ganze Schriftfamilie.

nischen Neuerung seit Gutenberg verbunden. Die Ablösung des Bleisatzes durch Fotosatz und Lichtsatz, vor allem aber die Erfindung des Computers haben den Jahrhunderte währenden Status quo revolutioniert. Jeder Buchstabe kann heute beliebig positioniert, vergrößert, verkleinert oder verändert werden. Und Schriften aller Klassen sind zu Tausenden verfügbar. Umso wichtiger ist es, die Entscheidung für oder gegen eine Schrift sorgfältig abzuwägen.

Schriftklassifizierung

Schriftfamilien
Eine Schriftfamilie besteht aus verschiedenen Schnitten einer Schrift. Sie unterscheiden sich in Breite, Stärke und Lage voneinander. So gibt es fette, feine und normale, schmale und kursive Schnitte. Manche Schriftfamilien verfügen über Kapitälchen, kleine Großbuchstaben, die für Auszeichnungen im Text verwendet werden können, und Mediävalziffern, Ziffern mit Ober- und Unterlänge. Alle Bestandteile einer Familie sind als Ganzes entwickelt und fein aufeinander abgestimmt. Deshalb ist eine kursive Schrift keine elektronisch schräg gestellte normale und eine schmale keine um 20 % gequetschte.

Schriftsippen
Schriftsippen beinhalten wie eine Schriftfamilie verschiedene Schnitte, diese können aber zu unterschiedlichen Klassen gehören. So ist es möglich, Grotesk- und Serifenschriften zu verwenden, die sich, trotz des grundsätzlichen Unterschieds, in Strichstärke und Duktus ähnlich sehen. Schriftsippen werden von großen Firmen benutzt, um Einheitlichkeit und Differenzierung innerhalb eines komplexen Erscheinungsbilds zu ermöglichen. Anwendungen verschiedenster Art müssen durch die Schnitte einer Schriftsippe abgedeckt werden, von der Messepräsentation bis zur Firmenbroschüre.

Schriftklassifizierung
Die unterschiedlichen Schriftarten sind durch ihre Entstehungszeit bzw. die Entstehungszeit ihres Vorbilds geprägt. Der Duktus vieler Schriften lässt sich auch Hunderte von Jahren und Generationen von Schriften später noch aus dem ursprünglich beim Schreiben verwendeten Werkzeug und Material erklären. So hinterlässt eine Bandzugfeder einen ganz charakteristischen Wechsel von feinen und fetten Strichen. Dieser geschriebene Duktus schleift sich aber ab, wenn die Schrift über längere Zeiträume gezeichnet und gestochen wird. Einer frühen Antiqua wird man das Geschriebene also stärker ansehen als einer späten klassizistischen Antiqua.
Für die Unterscheidung der lateinischen Schriftarten gibt es verschiedene Klassifizierungssysteme. Das Problem aller Systeme ist, dass sich chronologische und formale Kriterien überlagern und neuere Entwicklungen, wie Bildschirmschriften und klassenübergreifende Schriftsippen, nicht adäquat berücksichtigt werden.
Im Gegensatz zu den räumlichen Möglichkeiten, die der Vorratshaltung von Schriften in einer Bleigießerei enge Grenzen setzte, stehen heute Tausende von Schriften auf Abruf bereit. Klassifizierungssysteme wirken demgegenüber zwar oft konventionell, bilden aber die Tatsache ab, dass die am häufigsten verwandten Schriften immer noch gut lesbare Spielarten klassischer Schriften sind. Jede Schrift lässt sich anhand ihrer Merkmale einer der folgenden Klassen zuordnen:
– Schriften mit Serifen
– Schriften ohne Serifen
– Schriften mit betonten Serifen
– gebrochene Schriften
– Schreibschriften
Alles was sich da nicht wiederfindet, wird der Abteilung
– sonstige Schriften
zugeschlagen.

Anatomie
Um Schriften beschreiben zu können, muss man ihre Bestandteile unter die Lupe nehmen und sie miteinander vergleichen.
Es gibt Groß- und Kleinbuchstaben, auch Versalien oder Majuskeln und Minuskeln bzw. Gemeine genannt.
Die Größe einer Schrift wird immer in Punkt angegeben. Ein Punkt, wie er heute am Computer benutzt wird, ist ein nicht metrisches amerikanisches Maß und ca. 0,352 mm groß. Das entspricht 1/72 Zoll. Ein Zoll ist 2,54 mm lang. Der vorher benutzte Didot-Punkt geht auf ein französisches Maßsystem zurück. Ein Didot-Punkt entspricht 0,375 mm. Ein Punkt war der 12. Teil eines Cicero, und das maß 4,5 mm.
Zu Bleisatzzeiten bezeichnete die Kegelhöhe die Größe einer Schrift. Die Kegelhöhe war der Abstand vom höchsten Punkt einer Zeile (Oberlänge) bis zum tiefsten (Unterlänge) plus einer kleinen Zugabe oben und unten für den leicht überstehenden Sockel des Bleibuchstabens.

Der Bleibuchstabe sitzt auf einem Sockel, dem sogenannten Kegel, und hält nach allen Seiten etwas Abstand zum Rand. Die Höhe des Kegels und nicht die tatsächliche Höhe der Schrift bezeichnete die Schriftgröße.

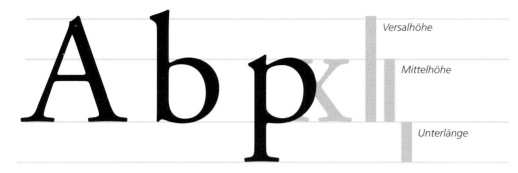

Versalhöhe

Mittelhöhe

Unterlänge

Die Mittelhöhe ist die geringste Höhe, die ein Buchstabe einer Schrift haben kann. Sie wird auch x-Höhe genannt und ist damit gut beschrieben.

Die Oberlängen von Kleinbuchstaben überragen nicht nur die Mittelhöhe, sondern oft auch geringfügig die Versalien. Das ist ein optischer Ausgleich zugunsten der viel dünner endenden Oberlängen der Kleinbuchstaben gegenüber den Versalien. Durch diese Anpassung scheinen die Enden optisch auf einer Höhe zu liegen.

Unterlängen durchbrechen die Grundlinie nach unten. Es gibt sie z. B. bei g, j, p, q und y.

Rundungen überragen zum optischen Ausgleich ein klein wenig die geraden Abschlüsse anderer Buchstaben.

Minuskeln mit Unterlängen

Minuskeln mit Oberlängen

kursive Schrift

Kursive Schriften lassen durch Eleganz und Geschmeidigkeit den Duktus der ehemals geschriebenen Schrift deutlich erkennen.

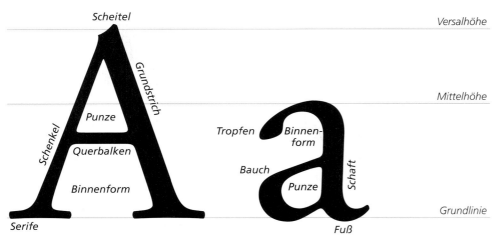

Anhand bestimmter Merkmale lassen sich Schriften verschiedenen Klassen zuordnen. Um die Merkmale beschreiben zu können, braucht man Begriffe, die im Folgenden näher erläutert werden:

Arme sind die horizontalen freitragenden Striche von T, F und E.
Binnenräume bezeichnen offene oder geschlossene Weißflächen innerhalb der Buchstabenform. Die geschlossenen werden auch Punze genannt.
Duktus bezeichnet den formalen Charakter einer Schrift: lebendig, geneigt, Wechselzugfederduktus, handschriftlicher Duktus.

Fähnchen nennt man den kleinen Strich an r und Q.
Das R stützt sich mit einem **Fuß** ab.
Der **Grundstrich** eines Buchstabens ist nicht mit der Grundlinie zu verwechseln, er bezeichnet den Strich eines Buchstabens, den man als Erstes schreiben würde, um daran oder daneben die anderen Linien wachsen zu lassen.
Die **Haarlinie** ist die feinste aller Buchstabenlinien bei unterschiedlicher Strichstärke.
Die **Neigungsachse** von Buchstaben mit unterschiedlicher Strichstärke ist die gedachte Linie zwischen den dicksten bzw. dünnsten Stellen und ist am Buchstaben

o am einfachsten zu ermitteln.
Querbalken werden die horizontalen Striche von A, H und e genannt.
Querstriche heißen sie bei t und f.
Als **Schäfte** bezeichnet man alle vertikalen Buchstabenstriche und als Schenkel die Schrägen von A, K, N, M, X, W, Z und k, w, z, x.
Serifen sind stark charakterisierende Endstriche an Buchstabenschäften, -schenkeln und -armen. Sie können in den Grundformen linear, rechteckig oder dreieckig vorkommen. Sie können als harte Endstriche auftreten oder durch Abrundung zum Schaft vermittelt sein.
Strichstärke ist die Dicke der Buchstabenlinien. Es gibt Schriften mit großen, geringen oder gar keinen Unterschieden zwischen fetten und feinen Strichen. Einige Buchstaben unterscheiden sich in den einzelnen Schriften stärker voneinander als andere. Die Unterlänge des kleinen g kann offen oder wie eine **Schlaufe** geschlossen sein. Das kleine a kann über dem **Bauch** noch einen **Haken** haben oder auch nicht.

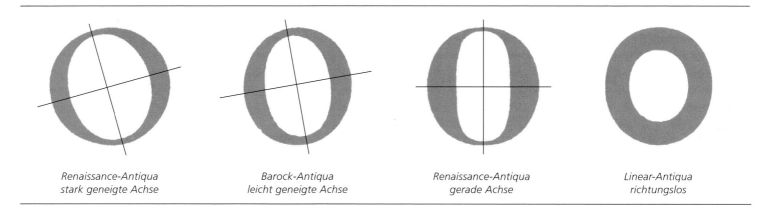

Renaissance-Antiqua stark geneigte Achse   *Barock-Antiqua leicht geneigte Achse*   *Renaissance-Antiqua gerade Achse*   *Linear-Antiqua richtungslos*

Renaissance-Antiqua

In der Renaissance wurden erstmals das Versalalphabet der römischen Kapitale und die Kleinbuchstaben der humanistischen Minuskel zu einem Alphabet zusammengeführt.
Charakteristisch sind ihre gute Lesbarkeit und der ruhige und harmonische Gesamteindruck.
Die Strichstärken unterscheiden sich nur gering voneinander. Die Grundlinien der Serifen sind sichtbar geschwungen.
Man unterscheidet venezianische und französische Renaissance-Antiqua. Die venezianische Antiqua ist leicht am schräg gestellten Strich des kleinen e zu erkennen.
Bekannte Renaissance-Antiqua-Schriften sind Garamond, Bembo, Palatino, Trump-Mediäval und Sabon.

Barock-Antiqua

Der Name Barock-Antiqua ist irreführend, er stellt lediglich einen zeitlichen Bezug her. Über die formale Qualität der Schrift sagt er nichts aus. Im Gegensatz zu Kunst, Kunsthandwerk und Architektur jener Zeit ist die Schrift eher nüchtern und klar. Daher wird stattdessen gern von Übergangs-Antiqua gesprochen.
Der Kontrast zwischen dicken und dünnen Linien wurde gegenüber den Renaissanceschriften stärker. Die Serifen laufen feiner und präziser aus.
Bekannte Barock-Antiqua sind Caslon, Baskerville, Janson und Times.

Klassizistische Antiqua

Klassizistische Antiqua-Schriften sind vom feinen Strich der Kupferstiche beeinflusst. Sie sind am ausgeprägten Kontrast zwischen Grund- und Haarstrichen zu erkennen. Einem fetten Grundstrich steht ein sehr feiner Haarstrich gegenüber. Die Serifen sind linear und entsprechen der Stärke der Haarstriche. Ihr Ansatz ist nicht oder nur wenig vermittelt. Die Serifen an den Schäften stehen immer parallel zur Grundlinie.
Die Schriften wirken klar und elegant. Sie stehen betont aufrecht, was an der vertikalen Achse der Rundungen erkennbar ist.
Bekannte Schriften aus der Zeit des Klassizismus sind Didot, Bodoni und Walbaum.

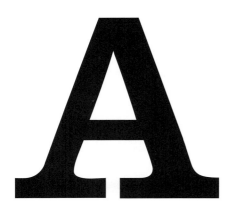 

Serifenbetonte Linear-Antiqua (Egyptienne)

Wie der Name schon sagt, ist das Typische dieser Schriften eine deutliche Betonung der Serifen. Die Serifen sind dicke Balken und werden nicht zur Grundlinie vermittelt.

Bei der Unterart «Italienne» sind die waagerechten Striche stärker als die senkrechten. Die «Toscanienne» hat gespaltene Serifen.

Serifenbetonte Schriften waren auffällige, ursprünglich zu Reklamezwecken entwickelte Spielarten der Antiqua. Sie wurden wild verziert und in den Proportionen in diese und jene Richtung überzeichnet. Bei allem Übermut haben sich daraus aber auch lesbare Satzschriften wie Rockwell, ITC Century und Clarendon entwickelt.

Serifenlose Linear-Antiqua (Grotesk)

Schriften dieser Gruppe haben keine Serifen und eine annähernd gleichbleibende Strichstärke in allen Teilen.

Ursprünglich zu Auszeichnungszwecken entstanden, haben sich die serifenlosen Schriften einen festen Platz in der Welt der Satzschriften erobert. Man kann diese Klasse in vier Gruppen unterteilen:

1. Die von der Renaissance-Antiqua inspirierten Schriften dieser Gruppe haben eine fast unmerkliche Verdickung der Striche rechts oben und links unten, entsprechend der Achsneigung der vom Federzug abgeleiteten Renaissance-Antiqua. Zu ihnen gehören Meta, Frutiger und Gill Sans.

2. Die von der klassizistischen Antiqua inspirierten Schriften weisen bei allen vertikalen Strichen eine mehr oder weniger starke Verdickung gegenüber den horizontalen auf. Bekannte Vertreter sind Arial, Univers und Helvetica.

3. Konstruierte Linear-Antiqua-Schriften sind aus den geometrischen Grundformen entwickelt. Ihre Strichstärke ist gleichbleibend, nichts erinnert mehr an handgeschriebene Vorläufer. Bekannte Vertreter sind Avant Garde, Futura und Kabel.

4. Ein Vertreter der amerikanischen Grotesk ist die Franklin Gothik. Die Binnenräume sind weiter, und die Mittelhöhe ist größer als bei anderen Schriften dieser Gruppe.

*– Oben links: Eine gotische Schrift ist die Cage.
– Unten links: Ein Beispiel für die Gruppe der Schwabacher ist die Also.
– Oben rechts: Antiqua-ähnliche Versalien sind typisch für rundgotische Schriften wie die Wal.
– Unten rechts: Eine Fraktur-Schrift ist die Zen.*

Alle vier gebrochenen Schriften finden Sie auf der beiliegenden DVD.

Gebrochene Schriften

Gebrochenen Schriften ist der Duktus des Schreibens mit der Breitfeder deutlich anzusehen. Das Schreiben erfolgte so, dass sich eine mehr oder weniger starke Brechung an den Übergangsstellen von fett zu fein ergab. Man unterscheidet vier Unterarten:

1. Das Vorbild der *gotischen Schriften* ist die Textur, jene Schrift, in der Johannes Gutenberg seine 42-zeilige Bibel setzte. Das Schriftbild ist dunkel. Die Buchstabenstriche stehen in strenger Vertikalität dicht nebeneinander. Die Minuskeln haben rautenförmige Abschlüsse an den Schäften. Ihre langen Schäfte sind am oberen Ende gespalten. Alle Rundungen sind konsequent gebrochen, lediglich bei den Versalien gibt es ungebrochene Rundungen und Schwünge.

2. Vorbild der *Rundgotisch* ist die Rotunda der Frührenaissance. Die Schrift läuft breiter und runder. Die Schäfte haben keinen rautenförmigen Abschluss. Es gibt Rundungen auch an den Minuskeln und weniger Brechungen. Die Versalien sind den Buchstabenformen der Antiqua stark angenähert.

3. Eine *Schwabacher* ist heller und schwungvoller als Gotisch und Rundgotisch. Sie ist die Schrift der ersten deutschen Bibelübersetzung durch Martin Luther. Die Brechung ihrer Rundungen ist vermittelt. Der Wechsel der Strichstärke führt zu spitzen Verdickungen oben und unten an den Rundungen. Am deutlichsten ist dies am Buchstaben o erkennbar.

4. Die *Fraktur* war die typische Buchschrift des 18. und 19. Jahrhunderts und hat gegenüber der Schwabacher wieder stärkere Brechungen. Charakteristisch sind die gespaltenen Oberlängen. Manche Arten haben sogenannte Elefantenrüssel, verspielte Anstriche an den Versalien A, Y, B, P, R, V, W und M.

Schreibschriften

Schreibschriften geben deutlich einen handgeschriebenen Duktus wieder. Ihre Buchstaben sind oft miteinander verbunden und nach rechts geneigt. Vorbild können alte Handschriften, Schulschriften oder individuelle Schriftmuster sein. Verwendung finden sie vor allem bei Auszeichnungen.

Die Samira ist eine Schreibschrift, die auf der beiliegenden DVD zu finden ist.

Sonstige Varianten

Schriften, die sich nicht den bisher beschriebenen Gruppen zuordnen lassen, sind in der Regel Akzidenzschriften. Verschiedenste Anregungen können beim Entwurf dieser Schriften als Inspirationsquelle gedient haben: Pixel, Stempel, Schablonen, Destruktionsprozesse, dynamische Prozesse, Dreidimensionalität, Handmade, Technoid, Urban, Trash etc.

Lesbarkeit und Eignung verschiedener Schriften

Geschriebenen Text lesbar zu machen ist die wichtigste Aufgabe von Typografie. Darüber hinaus erzeugen Layout und Schriftbild eine bestimmte nonverbale Wirkung. Die Stimmung, die der typografische Eindruck vermittelt, muss dem Inhalt entsprechen.

Die Wahl der Schrift ist eine inhaltlich-ästhetische und eine praktische Entscheidung. Jede Schrift hat einen eigenen zu beachtenden Charakter, der mehr oder weniger stark ins Auge fällt (modern, antiquiert, feierlich, weitgehend neutral). Nicht alle Schriften sind für den Mengensatz geeignet.

Gegen den Strich gebürstet.

Geeignete Schriften lassen den Text in einem gleichmäßigen Grauwert, ohne Löcher und Klumpen, dahinfließen. Die einzelnen Zeichen sind gut voneinander zu unterscheiden.

Die Lesbarkeit von Serifenschriften ist der von serifenlosen Schriften überlegen. Die Serifen an den Buchstabenschäften stehen auf einer imaginären Grundlinie und geben so dem Auge eine gute Führung auf dem Weg durch die Zeile. Hinzu kommt der Umstand, dass Buchstaben mit Serifen in den meisten Fällen unterschiedliche Strichstärken haben, was dazu führt, dass jeder Buchstabe ein sehr charakteristisches Erscheinungsbild besitzt und sich deutlich vom anderen unterscheidet. Das macht es dem Auge leichter, Wörter und Wortgruppen zu erfassen. Je einfacher ein Text zu lesen ist, umso schneller und umso mehr kann gelesen werden. Das Auge ermüdet später, und der Autor hat berechtigte Chancen, seine Leser zu begeistern.

Es gibt aber auch Serifenschriften, deren Strichstärken extrem stark differieren. Diese hohen Kontraste eignen sich nicht zum ausdauernden Lesen, da die dünnen Linien durch das helle Papier leicht überstrahlt werden. Die einzelnen Buchstaben sind dann nur noch als Rudimente ihrer Selbst wahrzunehmen.

Besser geeignet sind Schriften, die ein harmonisches Verhältnis von fetten und feinen Linien aufweisen.

Serifenlose Schriften sind etwas schwerer lesbar, wirken aber klarer und moderner und sind daher mitunter besser geeignet als Schriften mit Serifen.

Einige Buchstaben in serifenlosen Schriften sind schwer zu unterscheiden, wie das Wort «Illiterat» illustriert. Das kann aber in der Regel durch das lesetypische Erfassen ganzer Wörter und Gruppen ausgeglichen werden.

Eine gut lesbare Schrift verkraftet Mängel in der Satzqualität leichter als eine schlecht lesbare Schrift. Eine schlechte Schrift wird durch guten Satz nicht gut. Aber das Zusammenspiel von Schriftart, Laufweite, Schriftgröße, Zeilenabstand und Zeilenlänge entscheidet über die Qualität des Satzes.

Versalsatz ist schwer lesbar und sollte deshalb nur zu Auszeichnungszwecken und nie im Mengensatz verwandt werden. Dem Versalsatz fehlen die charakterisierenden Ober- und Unterlängen der Gemeinen. Die einzelnen Zeichen sind nur durch wenige Merkmale voneinander zu unterscheiden. Diese mangelnde Differenzierung führt zu schön ebenmäßigen Zeilen, tut aber der Lesbarkeit erheblichen Abbruch. Eine formale Entscheidung sollte nicht die Leserlichkeit des Textes infrage stellen. Einzelne Wörter und kurze Überschriften sind möglich. Die Hervorhebung ganzer Passagen durch Versalsatz verkehrt aber die Absicht ins Gegenteil.

Die Textmenge spielt bei der Entscheidung für eine bestimmte Schrift eine große Rolle. Überschriften lassen aufgrund ihrer Kürze und Größe mehr Raum für Experimente als Lesetexte. Ihre Aufgabe kann es sein, durch ausdrucksstarke Formen den Inhalt des kommenden Textes zu illustrieren.

Für den Mengensatz ist der normale Schnitt einer Schrift gedacht, alle anderen Schnitte – fett, fein, kursiv – dienen der Auszeichnung.

Sehr schmale Schriften sind für umfangreiche Texte weniger gut geeignet als Schriften mit durchschnittlicher Laufweite. Die Unterscheidung formal ähnlicher Buchstaben wie n und m fällt schwerer. Als Auszeichnungsschriften für Überschriften und Hervorhebungen können gängige Satzschriften, auch die Grundschrift des

Textes, verwendet werden oder Schriften, die durch ihren formalen oder zeitgeschichtlichen Bezug eine stärkere Aussagekraft haben und im Mengensatz seltener oder gar nicht eingesetzt werden. Lesbarkeit spielt bei Auszeichnungen und Hervorhebungen eine geringere Rolle als bei langen Lesetexten. Ungewöhnliche Schriften können dazu dienen, die inhaltliche Aussage des Textes hervorzuheben oder zu hinterfragen. Durch die Wahl einer Auszeichnungsschrift können Sehgewohnheiten in erwarteter Weise bedient oder überraschend gebrochen werden. Klug gebrochene Erwartungshaltungen und Sehgewohnheiten sind Stolpersteine für Wahrnehmung und Bewusstsein. Gut gemacht, erhöhen sie die Bereitschaft, sich auf Text und Abenteuer einzulassen. Schlecht gemacht, stoßen sie ab.

Den Eindruck von Verlässlichkeit, Erfahrung und Kontinuität erzeugt man am ehesten mit konventionellen Mitteln im besten Sinne des Wortes. Die Wahl adäquater Stilmittel suggeriert Kenntnis und Sachverstand.

Heimatmuseum
Heimatmuseum
Heimatmuseum

Das obere Beispiel betont, dass es sich um eine moderne Sicht auf vergangene Zeiten handelt. Das zweiten Beispiel suggeriert eine große Nähe zum Thema. Im unteren Beispiel passt der bildungsbürgerliche Anspruch der klassizistischen Schrift weder mit dem unterstellten Museum der einfachen Leute noch mit einer sachlichen Perspektive aus heutiger Sicht zusammen.

Ein geschuppter, gespaltener und in Stücke zerschnittener Karpfen wird gewaschen, mit Salz eingerieben und in ein Kasserol gelegt; eine Stunde vor dem Anrichten gießt man so viel Wasser nebst etwas Essig darüber, dass der Fisch kaum davon bedeckt ist, und dämpft ihn langsam weich.

EIN GESCHUPPTER, GESPALTENER UND IN STÜCKE ZERSCHNITTENER KARPFEN WIRD GEWASCHEN, MIT SALZ EINGERIEBEN UND IN EIN KASSEROL GELEGT; EINE STUNDE VOR DEM ANRICHTEN GIESST MAN SO VIEL WASSER NEBST ETWAS ESSIG DARÜBER, DASS DER FISCH KAUM DAVON BEDECKT IST, UND DÄMPFT IHN LANGSAM WEICH.

Das komplizierte Procedere ist in Versalien kaum lesbar und wird auf wenig Interesse stoßen.

Seitengestaltung

Alle typografischen Überlegungen sind untrennbar mit der Entscheidung für ein bestimmtes Format verbunden.

Ein Format ist durch seine Ausdehnung und durch das Verhältnis seiner Seiten zueinander charakterisiert.
Schmale Formate wirken leichter und eleganter, quadratische oder quer liegende ruhiger und statischer.
Schon seit langer Zeit gibt es immer wieder Überlegungen und Vorschläge für ideale Maße und praktische Systeme.

Eine der bekanntesten und universellsten Überlegungen zum Thema Proportion ist die Formel des Goldenen Schnitts. Als Entdeckung der Antike war sie besonders in der Renaissance als gleichermaßen harmonisches wie spannungsreiches Maßverhältnis beliebt. Der Goldene Schnitt teilt eine Strecke in das Verhältnis 1 : 1,618. Mit dieser Formel lassen sich die Kantenlängen eines rechteckigen Formats festlegen, aber auch die Proportionen anderer Seitenobjekte in ein Verhältnis zueinander setzen.

Das bei uns gebräuchliche Format ist das DIN-Format. Es besticht durch seine plausible Systematik und ist in den Proportionen etwas gedrungener als das nach der Formel des Goldenen Schnitts konstruierte. Das Verhältnis der Seitenlängen beträgt 1 : 1,4142 (oder 1 : Wurzel aus 2). Jedes Format ist immer genau doppelt so groß wie das nächstkleinere oder stellt eine Vergrößerung um 141,42 % dar. Das Ausgangsformat A0 ist exakt 1 qm groß.

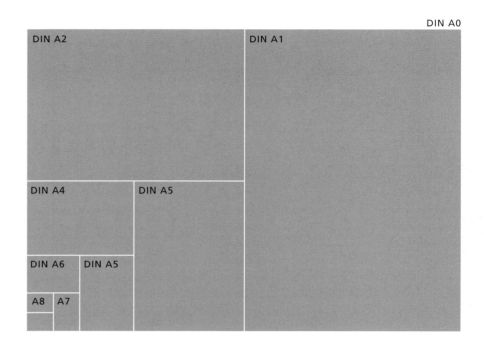

Jedes DIN-Format ergibt halbiert das nächstkleinere. Die Fläche des DIN-A0-Formats ist genau 1 qm groß.

Verschiedene Formate v. l. n. r.: Goldener Schnitt, DIN-A-Format, Letter-Format

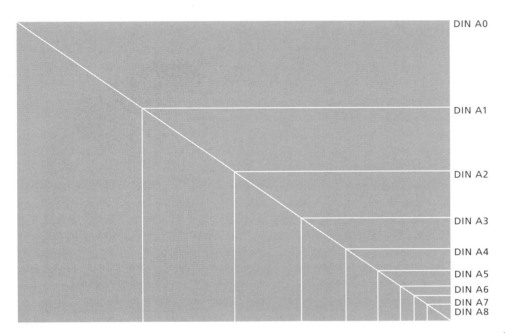

Amerikanische Formate sind weniger systematisch. Ein bekanntes amerikanisches bzw. kanadisches Format ist das Format Letter: 216 x 279 bzw. 215 x 280 mm. Es ist stumpfer als das A4-Format.

Das DIN-Format stellt eine große Vereinfachung von Kommunikation und Produktion dar. DIN-A-Formate sind Papierformate, DIN-B Kuvertformate bzw. unbeschnittene Papierformate und DIN-C wiederum Kuvertformate.

Für Postkarten wird das DIN-A6-Format verwandt, für Briefbogen DIN A4. Der A4-Bogen zweimal gefaltet ergibt das Langformat 210 x 99 mm. Dazu passt das Langkuvert mit 220 x 110 mm.

Die Systematik der DIN-Formate ist von großer Konsequenz.

A0	841 x 1 189 mm	B0	1 000 x 1 414 mm	C0	917 x 1 297 mm
A1	594 x 841 mm	B1	707 x 1 000 mm	C1	648 x 917 mm
A2	420 x 594 mm	B2	500 x 707 mm	C2	458 x 648 mm
A3	297 x 420 mm	B3	353 x 500 mm	C3	324 x 458 mm
A4	210 x 297 mm	B4	250 x 353 mm	C4	229 x 324 mm
A5	148 x 210 mm	B5	176 x 250 mm	C5	162 x 229 mm
A6	105 x 148 mm	B6	125 x 176 mm	C6	114 x 162 mm
A7	74 x 105 mm	B7	88 x 125 mm	C7	81 x 114 mm
A8	52 x 74 mm	B8	62 x 88 mm	C8	57 x 81 mm

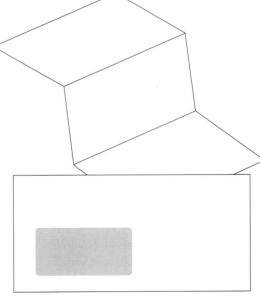

Visitenkarten haben ihr eigenes Format. Üblich sind 85 x 55 mm. Größer sollten sie nicht sein, da sie in spezielle Brieftaschenfächer und Visitenkartenbehälter passen müssen. Kleinere Formate dagegen sind möglich.

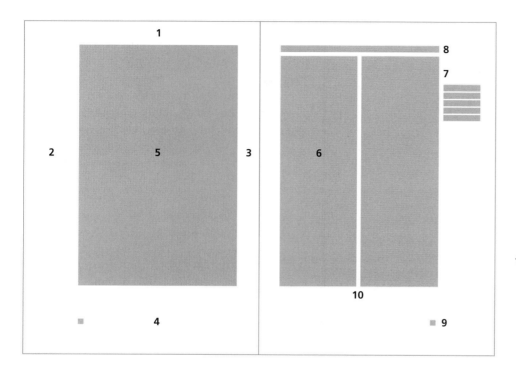

Dieses Beispiel für die Proportionen eines Satzspiegels entstammt einem englischen Buch aus dem 13. Jahrhundert. Es dient hier als Grundlage für die Erklärung der Seitenelemente.

1 Kopfsteg
2 Außensteg
3 Bundsteg
4 Fußsteg
5 Satzspiegel
6 Spalte (Kolumne)
7 Marginalie
8 Kopfzeile
9 Seitenzahl
10 Steg

Satzspiegel

Der Satzspiegel ist die Fläche einer Seite, in der sich Schrift und Bild verteilen. Er steht in einem bewusst gewählten Verhältnis zum Format. Um den Satzspiegel herum gibt es einen Rand. Dieser schafft eine visuelle Distanz zur Umgebung und kann Raum für sekundäre Text- und Bildelemente bieten.

Begleitende und ergänzende Textelemente sind Seitenzahlen, Fußnoten, Kolumnentitel und Marginalien. Bilder und Farbflächen stehen bisweilen ganz oder teilweise im Rand oder reichen bis in den Anschnitt hinein. Text wird dies aus technischen Gründen nie tun, es sei denn, er wird wie ein Bild behandelt.

Rand

Der Rand ist unterschiedlich breit. Der innere Rand ist am schmalsten, da der Abstand der gegenüberliegenden Seite optisch mit einzurechnen ist und beide Seiten als Einheit zusammengehören. Diesen inneren Rand nennt man Innen- oder Bundsteg. Der nächstbreitere ist der Abstand nach oben, der Kopfsteg. Der Randsteg nach außen kann wieder etwas breiter sein, muss es aber nicht.

Am größten ist der Abstand nach unten, der Fußsteg. Dadurch erscheint der Satzspiegel nach oben gerückt. Das menschliche Auge empfindet die mathematische Mitte als zu tief, der Versatz nach oben schafft einen optischen Ausgleich.

Für die genauen Proportionen gibt es viele Möglichkeiten. Wichtig ist, dass der Bundsteg schmaler und der Fußsteg breiter ist als Außen- und Kopfsteg.

Spalten

Der Text einer Seite läuft in Spalten (Kolumnen): einspaltig, zweispaltig oder mehrspaltig. Die Spaltenbreite in Zentimetern ist abhängig von Format, Schriftgröße, Laufweite und Zeilenlänge. Tageszeitungen brauchen für ihr großes Format viele Spalten, Bücher kommen meist mit einer aus.

Der Spaltenabstand richtet sich nach Zeilenabstand, Schriftgröße und Zeilenbreite. Der Text der einzelnen Spalten soll deutlich voneinander getrennt sein, um ein versehentliches Hinüberlesen auszuschließen. Gleichzeitig müssen die Spalten als Teile einer Einheit wahrgenommen werden, und es darf nur so viel Luft zwischen ihnen sein wie nötig.

Spalten können zusätzlich durch dünne Linien voneinander getrennt werden. Die Stärke dieser Linien steht im Verhältnis zur Strichstärke der Schrift.

Die Grundlinien von Textzeilen mehrerer Spalten haben die gleiche Höhe. Auch nach einem eingefügten Bild müssen die Zeilen wieder auf gleicher Höhe stehen.

Zur Vermeidung überlanger Zeilen können Textblöcke in Spalten zerlegt werden. Die asymmetrische Aufteilung im ersten Beispiel empfiehlt sich für eine inhaltliche Trennung von Textblock und kommentierender Randspalte. Den mehrspaltigen Satz kennt man vor allem aus großformatigen Publikationen wie Zeitungen und Zeitschriften.

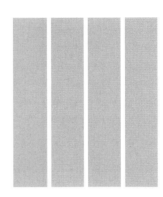

Die Spalten von Zeitungen sind aus ökonomischen Gründen bis auf den letzten Zentimeter mit Informationen gefüllt und bilden trotzdem nur einen winzigen Ausschnitt aller verfügbaren Nachrichten ab.

Sind Spalten unterschiedlich lang, lässt man sie nach unten «hängen». Stehende Spalten würden an Diagramme erinnern.

An anderer Stelle dürfen Spalten, ihrem Inhalt entsprechend, unterschiedlich lang sein. Diese nach unten flatternden Spalten nennt man tanzende Kolumnenfüße.

Weitere Seitenelemente
Außerhalb der Spalten befinden sich Seitenzahlen, Kolumnentitel und die Randspalte mit Marginalien.
Marginalien sind nicht direkt zu einem Wort oder Satz in Bezug stehende Kommentare, die am Rand stehen können. Sie werden in einem kleineren Schriftgrad als der Text und mit entsprechend verringertem Zeilenabstand gesetzt. Nur die erste Zeile steht auf der Grundlinie des Textes. Kolumnentitel wiederholen Seite für Seite den Werktitel oder Kapitelnamen. Sie können durch eine Linie vom Textblock getrennt sein.
Seitenzahlen sollen in einer absichtsvollen Beziehung zum Satzspiegel und zum Format stehen und vor allem immer an gleicher Stelle. Für die Paginierung ist es wichtig zu wissen, dass Seite 1 der Titel ist, die nächste Seite nach dem Umblättern ist die linke Seite der ersten Doppelseite, also Seite 2. Aus diesem immer gleichen Auftakt ergibt sich, dass rechte Seiten immer ungerade Zahlen tragen und linke gerade. Auch wenn Seiten keine Seitenzahlen tragen, werden sie mitgezählt.
Fußnoten sind ergänzende Informationen zu Textpassagen, Zitaten, einzelnen Begriffen oder Namen. Stehen sie im Fuß der Seite, befinden sie sich im Satzspiegel oder darunter. Der Schriftgrad ist deutlich kleiner als der der darüber stehenden Satzschrift, möglicherweise ist der Schriftschnitt ein anderer. Im Text wird die Fußnote mit hochgestellter kleiner Ziffer oder einem Sonderzeichen markiert. Die dazugehörige Erläuterung bekommt Zahl oder Sonderzeichen in normaler Größe und evtl. ausgezeichneter Form vorangestellt, um ihr Auffinden zu erleichtern. Fußnoten können auch ganz am Ende des Werks oder Kapitels stehen.
Relevante Zusatzinformationen wie Zusammenfassungen, Definitionen und Verweise können durch verschiedene Auszeichnungsmethoden innerhalb des Textes als eigene Informationsebene kenntlich gemacht werden. Sie können in Kästen stehen, farbig hinterlegt sein, in einem anderen Schnitt als die Satzschrift, anderer Größe oder Farbe gesetzt sein.

Gestaltungsraster
Ein Gestaltungsraster stellt formale und inhaltliche Bezüge zwischen allen oder mehreren Seiten und einzelnen Elementen her. Es strukturiert in konsistenter Weise die Positionen und Proportionen der Elemente. An seinen Hilfslinien werden Text und Bild ausgerichtet. Spalten und Grundlinien bilden ein Grundgerüst, das beliebig erweiterbar ist. Aber auch hier gilt: Weniger ist mehr.

Die Spalten der Tageszeitungen bilden ein feinmaschiges Gestaltungsraster, in das sich viele unterschiedlich lange Artikel, große und kleine Headlines, Fotos und Grafiken einfügen lassen.

Bild und Text
Werden Bilder in einen Text integriert, stehen sie zu diesem, zum Satzspiegel, zu Grundlinien und anderen Elementen in Bezug.
Einzelne Bilder können auch völlig frei im Format positioniert werden, das erfordert Fingerspitzengefühl und Übung. Unterlegte Bilder dürfen die Lesbarkeit nicht beeinträchtigen. Der Kontrast im Bild sollte so stark zurückgenommen sein, dass der schon reduzierte Helligkeits- bzw. Farbkontrast zwischen Text und Hintergrund nicht weiter beeinträchtigt wird.

Die Grundlinien von Textzeilen mehrerer Spalten haben die gleiche Höhe. Nach einem eingefügten Bild muss darauf geachtet werden, dass die Zeilen wieder auf gleicher Höhe stehen. Das gelingt am besten mithilfe eines Grundlinienrasters. Damit ist nicht nur der Abgleich der Zeilenhöhe zwischen Spalten, sondern auch von Seite zu Seite möglich.
Die Unterkante eines Bildes sitzt auf der Grundlinie der nebenstehenden Schrift. Die Oberkante schließt mit Ober- oder Mittellänge, nicht jedoch auf Grundlinienhöhe ab.

Horizontale Bildkanten müssen auf den nebenstehenden Text Bezug nehmen, indem sie unten mit der Grundlinie und oben mit Versal- oder Mittelhöhe abschließen.

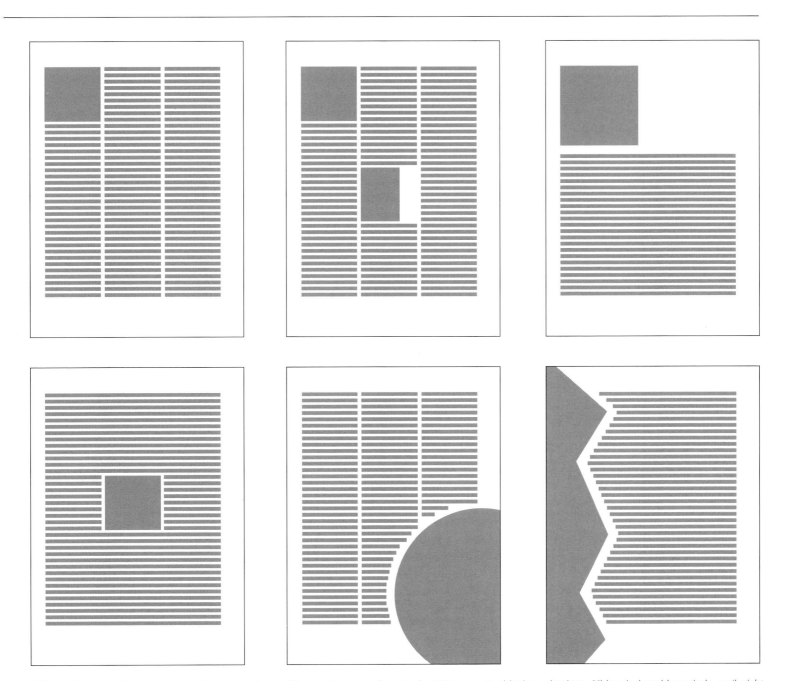

Bilder in Spalten können die ganze Spaltenbreite ausfüllen, müssen es aber nicht. Wenn sie es nicht tun, sollten sie deutlich schmaler als die Spalte sein. Bei schmalen Spalten empfiehlt es sich, den Text nicht neben dem Bild weiterlaufen zu lassen, da sonst die Zeilen zu kurz geraten.

In der Mitte von Textblöcken platzierte Bilder sind problematisch, weil nicht klar ist, ob die Zeile auf der anderen Seite des Bildes weitergeht oder darunter. Bilder sollten daher nur auf einer Seite von Text umflossen werden oder innerhalb von Spalten positioniert sein.

Gliederung: Teile ergeben ein Ganzes

Absatz
Zum besseren Verständnis werden längere Texte in Absätze unterteilt. Während das Satzzeichen einen Gedanken beendet, beendet das Absatzende einen ganzen Gedankengang.
Am Ende eines Absatzes wird der Text umbrochen, sodass der erste Satz des neuen Absatzes am Anfang der nächsten Zeile beginnt. Der Absatz ist dann in den meisten Fällen daran zu erkennen, dass die letzte Zeile des Absatzes kürzer ist als alle anderen. Das klappt aber nicht immer.
Die gebräuchlichste Methode, Absätze durchgängig sichtbar zu machen, ist der Einzug. Dabei wird der Beginn der neuen Zeile etwas eingerückt, meist um die Breite eines Gevierts. Weniger fällt nicht genug auf, mehr ist durchaus möglich. Nur sollte darauf geachtet werden, dass die darüberstehende Zeile den Leerraum des Einzugs vollständig überlappt, sonst bildet sich ein Loch, das die Aufmerksamkeit überproportional auf sich zieht. Da alle Absätze gleichwertig sind, müssen sie auch so wahrgenommen werden können. Stärker als der Einzug wirkt der Gebrauch einer Leerzeile zwischen zwei Absätzen. Eine ganze Leerzeile ist zu groß. Sie zerreißt den Textblock, statt ihn einfach nur zu gliedern. Man verwendet eine halbe Leerzeile, indem man den Zeilenabstand auf den halben Wert der anderen Zeilen festlegt. Bei mehrspaltigem Satz hat die gemeinsame Grundlinie Priorität, dort verwendet man eine ganze Leerzeile.
¶ Die Absatzmarke ist eine dekorative Möglichkeit, Absätze zu markieren, ohne zwingend einen Umbruch vornehmen zu müssen.¶ Die Marke wird einfach am Anfang des neuen Absatzes positioniert.

Rhenus, Raeticarum Alpium inaccesso ac praecipiti vertice ortus, modico flexu in occidentem versus septentrionali Oceano miscetur. Danuvius molli et clementer edito montis Abnobae iugo effusus pluris populos adit, donec in Ponticum mare sex meatibus erumpat: septimum os paludibus hauritur.

Der neue Absatz ist nicht zu erkennen, wenn die darüberliegende Zeile die gleiche Länge hat wie alle anderen.

Rhenus, Raeticarum Alpium inaccesso ac praecipiti vertice ortus, modico flexu in occidentem versus septentrionali Oceano miscetur.
   Danuvius molli et clementer edito montis Abnobae iugo effusus pluris populos adit, donec in Ponticum mare sex meatibus erumpat: septimum os paludibus hauritur.

Durch einen Einzug zu Beginn der ersten Zeile ist der neue Absatz gut markiert.

Rhenus, Raeticarum Alpium inaccesso ac praecipiti vertice ortus, modico flexu in occidentem versus septentrionali Oceano miscetur.

Danuvius molli et clementer edito montis Abnobae iugo effusus pluris populos adit, donec in Ponticum mare sex meatibus erumpat: septimum os paludibus hauritur.

Alternativ zum Einzug kann auch eine halbe Leerzeile zur Gliederung verwendet werden.

   Rhenus, Raeticarum Alpium inaccesso ac praecipiti vertice ortus, modico flexu in occidentem versus septentrionali Oceano miscetur.
Danuvius molli et clementer edito montis Abnobae iugo effusus pluris populos adit, donec in Ponticum mare sex meatibus erumpat: septimum os paludibus hauritur.

Eher ungewöhnlich, aber machbar ist die Umkehrung des Einzugs (hängender Einzug).

Überschriften

Ist der Text stärker untergliedert, muss für die inhaltliche Hierarchie eine formale Entsprechung gefunden werden. Sämtliche Über- und Unterüberschriften müssen in einem eindeutigen Kontext zueinander stehen. Dem Leser muss immer klar sein, in welcher Ebene er sich befindet. Durch die Kombination verschiedener Schriftschnitte und -grade sind gute Differenzierungsmöglichkeiten gegeben.

Kapitelüberschrift

Hauptüberschrift

Unterüberschrift

Text

Fußnoten

Überschriften stehen meist linksbündig oder mittig zum dazugehörigen Text. Mittig gesetzte Überschriften über linksbündigem Flattersatz müssen optisch ausgeglichen werden. Da der rechte Rand des Textes nicht so stark manifestiert ist wie der linke, erscheinen sie sonst zu weit rechts positioniert.
Ein Kapitel beginnt in der Regel auf einer neuen rechten Seite, egal auf welcher Höhe der Text der vorangehenden Seite endet.

Liste

GERMANIA

Germania omnis a Gallis Raetisque et Pannoniis Rheno et Danuvio fluminibus, a Sarmatis Dacisque mutuo metu aut montibus separatur: cetera Oceanus ambit, latos sinus et insularum inmensa spatia complectens, nuper cognitis quibusdam gentibus ac regibus, quos bellum aperuit. Rhenus, Raeticarum Alpium inaccesso ac praecipiti vertice ortus, modico flexu in occidentem versus septentrionali Oceano miscetur. Danuvius molli et clementer edito montis Abnobae iugo effusus pluris populos adit, donec in Ponticum mare sex meatibus erumpat: septimum os paludibus hauritur.

GERMANIA

Germania omnis a Gallis Raetisque et Pannoniis Rheno et Danuvio fluminibus, a Sarmatis Dacisque mutuo metu aut montibus separatur: cetera Oceanus ambit, latos sinus et insularum inmensa spatia complectens, nuper cognitis quibusdam gentibus ac regibus, quos bellum aperuit. Rhenus, Raeticarum Alpium inaccesso ac praecipiti vertice ortus, modico flexu in occidentem versus septentrionali Oceano miscetur. Danuvius molli et clementer edito montis Abnobae iugo effusus pluris populos adit, donec in Ponticum mare sex meatibus erumpat: septimum os paludibus hauritur.

*Die mittig ausgerichtete Überschrift über Flattersatz
muss optisch ausgeglichen werden, sonst wirkt sie wie im oberen
Beispiel zu weit rechts stehend.*

Eine Liste hat horizontale und vertikale Bezüge. Wurden diese Bezüge beachtet, lassen sich Äpfel mit Birnen vergleichen, sonst wird es schwer.
Zahlen und Ziffern werden generell rechtsbündig gesetzt, nur so ist z. B. deutlich zu erkennen, an welcher Stelle Zehner zu Tausendern werden.
Stellen nach dem Komma werden entweder mit Zahlen *oder* mit einem Strich ausgedrückt. Gibt es irgendwo in der Liste hinter dem Komma andere Ziffern als die Null, werden die Stellen hinter allen Kommata ausgeschrieben.
Die Ausrichtung der Textzeilen erfolgt immer linksbündig, nach rechts flatternd. Gibt es für einen Listenpunkt eine zweite Zeile, steht sie entweder linksbündig unter der ersten Zeile oder dem Listenpunkt (hängender Einzug).

Quellennachweise
Literaturverzeichnisse sind im Anhang von wissenschaftlichen Arbeiten unumgänglich. Sie sind in einer bestimmten Reihenfolge und so zu setzen, dass die einzelnen Bestandteile klar voneinander unterschieden werden können. Die Reihenfolge der Angaben folgt diesem Schema:

NACHNAME, Vorname: *Titel.* Erscheinungsort, Verlag, Erscheinungsjahr

---

8. Kastanien	5,43 kg
9. Kirschen	7,8 kg
10. Äpfel	3,90 kg
11. Bananen	12,76 kg
12. Haselnüsse	3,– kg
13. Birnen	126,58 kg

Schlecht: Der Zeilenabstand ist zu gering, um beim Lesen nicht in der Zeile zu verrutschen.
Die mangelnde Bündigkeit von Zahlen und Maßeinheiten erschwert das Lesen und Rechnen.

---

8. Kastanien	5,43 kg
9. Kirschen	7,80 kg
10. Äpfel	3,90 kg
11. Bananen	12,76 kg
12. Haselnüsse	3,00 kg
13. Birnen	126,58 kg

Gut: Der Zeilenabstand ist vergrößert, Mengen, Maßeinheiten und Bezeichnungen sind bündig gesetzt.

---

1. Germania omnis a Gallis Raetisque et Pannoniis Rheno et Danuvio fluminibus, a Sarmatis
2. Dacisque mutuo metu aut montibus separatur: cetera Oceanus ambit, latos sinus et insularum inmensa spatia complectens, nuper cognitis quibusdam gentibus ac regibus, quos bellum aperuit.
3. Rhenus, Raeticarum Alpium inaccesso ac praecipiti vertice ortus, modico flexu in occidentem versus septentrionali Oceano miscetur.

1. Germania omnis a Gallis Raetisque et Pannoniis Rheno et Danuvio fluminibus, a Sarmatis
2. Dacisque mutuo metu aut montibus separatur: cetera Oceanus ambit, latos sinus et insularum inmensa spatia complectens, nuper cognitis quibusdam gentibus ac regibus, quos bellum aperuit.
3. Rhenus, Raeticarum Alpium inaccesso ac praecipiti vertice ortus, modico flexu in occidentem versus septentrionali Oceano miscetur. Danuvius molli et clementer edito montis Abnobae iugo effusus

Der Text von Listen mit mehrzeiligen Unterpunkten kann bündig mit der Zahl oder dem Anfangsbuchstaben der ersten Zeile stehen.

Verzeichnisse
Anders als bei Listen wird bei Inhaltsverzeichnissen und Registern die Seitenzahl aus der Zeile heraus gelesen und kann direkt hinter das letzte Wort in einem anderen Schriftschnitt gesetzt werden. Steht die Seitenzahl im Inhaltsverzeichnis rechtsbündig, sollte ein entsprechender Zeilenabstand oder hilfreiche Linien die Zuordnung von Inhalt und Zahl ohne Schwierigkeiten möglich machen. Mittig gesetzte Inhaltsverzeichnisse erschweren die Suche nach Anfängen unnötig. Mittig gesetzte Speisekarten werden in entspannter Atmosphäre und vollständig gelesen – bei übersichtlichem Angebot und gutem Satz kein Problem.

Consommé d'Orléans
Suppe mit Reis und Geflügelklößchen

Potage gentilhomme
Wildbretsuppe mit Wildbretklößchen

Tarbot glacé au four, sauce diplomate
Steinbutt, im Ofen glaciert, Diplomatensoße

Paté de foie gras de Strasbourg
Straßburger Gänseleberpastete

Polets à la reine à l'ivoire
Junge Hühner mit weißer Soße

Gateau mille feuilles
Tausendblätter-Kuchen

Dessert
Nachtisch

Rechts: Die einzelnen Gänge eines Menüs werden nicht als fortlaufender Text gelesen, deshalb können sie mittig und mit großem Abstand zueinander gesetzt werden.

Consommé d'Orléans 12
Potage gentilhomme 13
Saumon à la marinière 14
Filet de boeuf à la Vauban 15
Tarbot glacé au four, sauce diplomate 16
Choux fleurs au graftin 17
Polets à la reine à l'ivoire 18
Gateau mille feuilles 19
Paté de foie gras de Strasbourg 20
Mousse de Chine 21
Dessert 22

Consommé d'Orléans 12
Potage gentilhomme 13
Saumon à la marinière 14
Filet de boeuf à la Vauban 15
Tarbot glacé au four, sauce diplomate 16
Choux fleurs au graftin 17
Polets à la reine à l'ivoire 18
Gateau mille feuilles 19
Paté de foie gras de Strasbourg 20
Mousse de Chine 21
Dessert 22

Die Angaben im Inhaltsverzeichnisse brauchen einen klaren Bezug zur Seitenzahl.

Satzarten: Blocksatz oder Flattersatz

Um die Bedeutung von gutem Satz zu verstehen, muss man sich bewusst machen, dass die Buchstaben beim Lesen nicht einzeln wahrgenommen werden. Nur Leseanfänger entziffern Buchstabe für Buchstabe, um später dann häufige Kombinationen wie ie, ei und ch als Ganzes zu erfassen. Beim flüssigen Lesen schließlich erkennt man ganze Wörter und Wortgruppen auf einen Blick.
Ab einem gewissen Schriftgrad, z. B. bei sehr großen Überschriften, wird aus dem routinierten Erkennen wieder ein Entziffern.

Im Blocksatz haben alle Zeilen eines Textes die gleiche Länge. Die geraden Satzkanten links und rechts vermitteln ein ruhiges Bild.
Zur Verlängerung von kurzen Zeilen auf die erforderliche Breite wird die fehlende Differenz gleichmäßig auf die Wortabstände im Inneren der Zeile verteilt. Ein schmaler Textblock mit wenigen Wörtern muss mehr Raum im Verhältnis zur Zeilenlänge kompensieren als ein breiter. Eine gewisse Zeilenlänge von mindestens 40 bis 45 Zeichen ist deshalb Voraussetzung für die Anwendung des Blocksatzes. Ansonsten zerreißen unschöne Löcher das horizontale Gefüge des Textes, und das Auge muss beim Erfassen von Wortgruppen tiefe Gräben überspringen. Das Lesen wird anstrengender als nötig, und der angestrebte ruhige Gesamteindruck wird durch die unregelmäßige Binnenstruktur infrage gestellt.
Der linksbündige Flattersatz eignet sich für alle Zeilenlängen und ist bei geringer Zeilenlänge dem Blocksatz unbedingt vorzuziehen. Der Text fließt mit gleichbleibendem Grauwert dahin und hinterlässt einen Satzspiegel mit offenem rechten

Die Wortabstände im Blocksatz sind im Gegensatz zum Flattersatz von Zeile zu Zeile unterschiedlich.

Die stark zusammengeschobenen Zeilen machen deutlich, dass die Wortzwischenräume im schmalen Blocksatz große Löcher in den Binnenraum des Textblocks reißen.

Rand. Dieser rechte Rand erfordert eine manuelle Nachbearbeitung, um ihn nicht zu willkürlich «flattern» zu lassen. Korrekturen von Trennungen und Umbrüchen wirken Wunder.

Rechtsbündiger Flattersatz ist schwer lesbar, weil das Auge den Satzanfang der nächsten Zeile nur mit Mühe findet. Er ist für Mengensatz ungeeignet und sollte nur in gestalterisch begründeten Ausnahmefällen für kurze Texte verwandt werden. Immer rechtsbündig gesetzt werden untereinanderstehende Zahlen in Rechnungen und Registern.

Zentrierter Satz entspricht ebenso wenig wie rechtsbündiger unseren Lesegewohnheiten, da auch hier die linke Satzkante tanzt und den Einstieg in die richtige Zeile erschwert. Er wird deshalb nur für besondere Aufgaben verwendet, wie z. B. den Satz einzelner Zeilen unterschiedlicher Länge in Überschriften, auf Speisekarten, Visitenkarten, Anzeigen und in Tabellen. Dabei ist auf eine harmonische Kontur zu achten.

Tantum aeris alieni habet, quantum vivo patre non possit solvere. Vis scire, cuius fidei sis? ne frater quidem tibi sine chirographo credidit. Alterius spem moror, alterius fidem. Vivo, et iam patrimonium meum divisum est. Nisi succurritis, vincet me et ille qui tacuit. Non dissimulo me hodie duos abdicare.

Tantum aeris alieni habet, quantum vivo patre non possit solvere. Vis scire, cuius fidei sis? ne frater quidem tibi sine chirographo credidit. Alterius spem moror, alterius fidem. Vivo, et iam patrimoniuma meum divisum est. Nisi succurritis, vincet me et ille qui tacuit. Non dissimulo me hodie duos abdicare.

Tantum aeris alieni habet, quantum vivo patre non possit solvere. Vis scire, cuius fidei sis? ne frater quidem tibi sine chirographo credidit. Alterius spem moror, alterius fidem. Vivo, et iam patrimonium meum divisum est. Nisi succurritis, vincet me et ille qui tacuit. Non dissimulo me hodie duos abdicare. Chirographum prode, parricidarum foedus et nefariae spei pactum, chirographum danti impium, accipienti turpe, patri periculosum. Tantum aeris alieni habet, quantum vivo patre non possit solvere. Vis

Tantum aeris alieni habet, quantum vivo patre non possit solvere. Vis scire, cuius fidei sis? ne frater quidem tibi sine chirographo credidit. Alterius spem moror, alterius fidem. Vivo, et iam patrimonium meum divisum est. Nisi succurritis, vincet me et ille qui tacuit. Non dissimulo me hodie duos abdicare. Chirographum prode, parricidarum foedus et nefariae spei pactum, chirographum danti impium, accipienti turpe, patri periculosum. Tantum aeris alieni habet, quantum vivo patre non possit solvere. Vis

Oben: Der schmale Textblock hat eine viel stärker bewegte rechte Satzkante als der breite.
Unten: Im Blocksatz werden zu kurze Zeilen auf die volle Breite ausgetrieben, indem die Differenz zur rechten Satzkante zwischen den Wörtern im Inneren des Textblocks aufgeteilt wird. Im breiten Textblock ist weniger Raum zu verteilen, gleichzeitig stehen mehr Wortzwischenräume zur Verfügung.

Abstände

Wie viel und wie lange gelesen wird, hängt natürlich von Inhalt und Lesebereitschaft ab. Gute Typografie kann aber einen Teil dazu beitragen, dass aus Leselust kein Lesefrust wird. Im Folgenden einige das Lesen fördernde Hinweise.

Zeilenabstand
Der Abstand zwischen den Zeilen wird auch Zeilenhöhe genannt. Man misst den Zeilenabstand von Grundlinie zu Grundlinie in Punkt. Ein ausreichender Zeilenabstand sorgt dafür, dass das Auge den Anfang einer Zeile leicht findet und ihr im Weiteren problemlos folgen kann. Er darf auf keinen Fall kleiner sein als der Abstand zwischen den Wörtern. Seine genaue Größe ist abhängig von Schriftart, Schriftgröße und Zeilenlänge. Als Faustregel kann gelten: Je kleiner die Schrift, also je schwerer lesbar sie ist und je länger die Zeilen sind, umso größer muss der Zeilenabstand sein.

Zeilenlänge
Überspitzt gesagt, wäre eine einzige Zeile für jeden Absatz ganz im Sinne des Inhalts. Dem sind aber technische wie praktische Grenzen gesetzt, und so gilt es einen Kompromiss zu finden zwischen dem fortlaufenden Inhalt, den technischen Möglichkeiten, Leseverhalten und Sehgewohnheiten.
Die Zeilenlänge bemisst sich einerseits nach Zentimetern, andererseits nach Zeichen. Es wird empfohlen, nicht mehr als 70 Zeichen pro Zeile zu verwenden und nicht viel weniger als 45. Leer- und Satzzeichen werden dabei mitgezählt.
Der Lesefluss wird durch die Zeilenlänge stark beeinflusst. Bei 30 Zeichen pro Zeile wird der Sinn der Sätze förmlich zerhackt. Mit 45 Zeichen kann man der Handlung

Kaliumpermanganat wirkt desinfizierend, das heißt bakterien-

Durchschuss

Zeilenabstand

Kaliumpermanganatlösung wirkt desinfizierend, das heißt bakterientötend. Aus diesem Grund wird es als Gurgelmittel verwendet, obwohl es gegenüber dem Wasserstoffsuperoxyd gewisse Nachteile hat; es sei hier nur auf die geringe Giftigkeit, das Fehlen eines reinigenden Schaums und die Fleckenbildung verwiesen. In seuchenverdächtigen Gegenden empfiehlt es sich, zur Desinfektion abends einen Kaliumpermanganatkristall ins Trinkwasser zu legen.

Zu eng: Schriftgröße 12 pt, Zeilenhöhe 12 pt

Kaliumpermanganatlösung wirkt desinfizierend, das heißt bakterientötend. Aus diesem Grund wird es als Gurgelmittel verwendet, obwohl es gegenüber dem Wasserstoffsuperoxyd gewisse Nachteile hat; es sei hier nur auf die geringe Giftigkeit, das Fehlen eines reinigenden Schaums und die Fleckenbildung verwiesen. In seuchenverdächtigen Gegenden empfiehlt es sich, zur Desinfektion abends einen Kaliumpermanganatkristall ins Trinkwasser zu legen.

Gut: Schriftgröße 12 pt, Zeilenhöhe 15 pt

Kaliumpermanganatlösung wirkt desinfizierend, das heißt bakterientötend. Aus diesem Grund wird es als Gurgelmittel verwendet, obwohl es gegenüber dem Wasserstoffsuperoxyd gewisse Nachteile hat; es sei hier nur auf die geringe Giftigkeit, das Fehlen eines reinigenden Schaums und die Fleckenbildung verwiesen. In seuchenverdächtigen Gegenden empfiehlt es sich, zur Desinfektion abends einen Kaliumpermanganatkristall ins Trinkwasser zu legen.

Zu weit: Schriftgröße 12 pt, Zeilenhöhe 18 pt

1. Jeden Tag besuchte ihn ein gewisser Montjoye, der früher ein geistreicher Kopf, trefflicher Vaudevilleschreiber und Caricaturenzeichner gewesen, aber durch die unselige

2. Jeden Tag besuchte ihn ein gewisser Montjoye, der früher ein geistreicher Kopf, trefflicher Vaudevilleschreiber und Caricaturenzeichner gewesen, aber durch die unselige Gewohnheit des Absinthtrinkens geistig und körperlich herabgekommen war und von ihm mit einem gewissen freundschaftlichen Mitleid behandelt wurde.

3. Jeden Tag besuchte ihn ein gewisser Montjoye, der früher ein geistreicher Kopf, trefflicher Vaudevilleschreiber und Caricaturenzeichner gewesen, aber durch die unselige Gewohnheit des Absinthtrinkens geistig und körperlich herabgekommen war und von ihm mit einem gewissen freundschaftlichen Mitleid behandelt wurde.

Die Zeilenlänge hat großen Einfluss auf das Lesevergnügen: Regelrecht in Stücke gehackt wird die Geschichte im ersten Beispiel. Im zweiten kann man der Handlung schon eher folgen, sich entspannt zurücklehnen aber erst im dritten Beispiel.

Kaliumpermanganatlösung wirkt desinfizierend, das heißt bakterientötend. Aus diesem Grund wird es als Gurgelmittel verwendet, obwohl es gegenüber dem Wasserstoffsuperoxyd gewisse Nachteile hat; es sei hier nur auf die geringe Giftigkeit, das Fehlen eines reinigenden Schaums und die Fleckenbildung verwiesen. In seuchenverdächtigen Gegenden empfiehlt es sich, zur Desinfektion abends einen Kaliumpermanganatkristall ins Trinkwasser zu legen.

Kaliumpermanganatlösung wirkt desinfizierend, das heißt bakterientötend. Aus diesem Grund wird es als Gurgelmittel verwendet, obwohl es gegenüber dem Wasserstoffsuperoxyd gewisse Nachteile hat; es sei hier nur auf die geringe Giftigkeit, das Fehlen eines reinigenden Schaums und die Fleckenbildung verwiesen. In seuchenverdächtigen Gegenden empfiehlt es sich, zur Desinfektion abends einen Kaliumpermanganatkristall ins Trinkwasser zu legen.

Kaliumpermanganatlösung wirkt desinfizierend, das heißt bakterientötend. Aus diesem Grund wird es als Gurgelmittel verwendet, obwohl es gegenüber dem Wasserstoffsuperoxyd gewisse Nachteile hat; es sei hier nur auf die geringe Giftigkeit, das Fehlen eines reinigenden Schaums und die Fleckenbildung verwiesen. In seuchenverdächtigen Gegenden empfiehlt es sich, zur Desinfektion abends einen Kaliumpermanganatkristall ins Trinkwasser zu legen.

Texte in kleinen Schriftgraden benötigen einen größeren Zeilenabstand. Dann sind sie auch ohne Lupe lesbar.

schon folgen, aber erst mit 65 Zeichen bekommt die Geschichte die verdiente Aufmerksamkeit.

Umbruch

Der Zeilenumbruch erfolgt meist automatisch, sollte aber kontrolliert werden. Erlaubte Trennungen sind nicht unbedingt schöne Trennungen. Wenn es irgend geht, sollte man die Zeile nicht mit einem A im Hals verlassen müssen, auch wenn die neue deutsche Rechtschreibung einen A-bend zulässt.

Eine kürzere Zeilenlänge führt zu mehr Worttrennungen als eine lange. Mehr als drei Trennungen übereinander stören im Blocksatz optisch den geraden Abschluss der rechten Satzkante.

Eine echte inhaltliche Bedeutung hat der Zeilenumbruch für das Textverständnis von Gedichten. Hier erzeugt der Umbruch einen sinn- und klanggebenden Rhythmus und darf nicht verändert werden. Zu lange Gedichtzeilen können durch Einzüge als zur vorangehenden Zeile gehörig kenntlich gemacht werden.

Laufweite

Die Laufweite bezeichnet den Abstand der Zeichen einer Schrift. Sie kann am Computer beliebig vergrößert und verkleinert werden. Der Umgang damit sollte mit Bedacht erfolgen.

Großen Schriftgraden kann eine Verringerung der Laufweite gut tun, kleineren Schriftgraden und heller Schrift auf dunklem Grund eine leichte Vergrößerung der Laufweite.

Den Laufweitenausgleich kritischer Buchstabenkombinationen nennt man Kerning. Der Raum, den ein Buchstabe einnimmt, kann bei diesem Vorgang durch einen anderen Buchstaben unter- oder überschnitten werden.

Wird die Laufweite erheblich und sichtbar heraufgesetzt, spricht man vom Sperren einer Schrift. Sperren ist eine Form der Auszeichnung und sollte der Hervorhebung einzelner Wörter dienen. Durch das Sperren verliert das Buchstabengefüge seinen Zusammenhalt, die Lesbarkeit wird herabgesetzt.

Im Versalsatz, Ziffernsatz und bei der Kombination von Zeichen und Schrift kann es notwendig sein, einzelne Abstände manuell zu verändern. Spationieren nennt man den Vorgang, wenn der Abstand vergrößert wird, Unterschneiden, wenn er verkleinert wird.

Eine Sonderstellung nehmen in diesem Zusammenhang die Monospace-Schriften ein. Das sind Schriften, deren Zeichen alle, unabhängig von der jeweiligen Zeichenbreite, in der Mitte eines gleich großen Felds platziert sind. Da sich der Raum, den ein Buchstabe einnimmt, nicht auf die tatsächliche Breite oder «Dickte» bezieht, nennt man diese Schriften auch nichtproportional.

Würden alle Buchstaben in einer quadratischen Fläche stehen, ergäben sich sehr unausgewogene Abstände, wie oben zu sehen. Deshalb sind die Abstände der Buchstaben individuell angepasst, wie unten zu sehen ist.

Dr. A. Walter

Dr. A. Walter

Keine Schrift ist so perfekt ausgeglichen, dass nicht in speziellen Situationen noch manuell nachbearbeitet werden könnte und müsste. Dr. A. Walter (unten mit nachträglichem Ausgleich) ist ein Beispiel mit mehreren kritischen Elementen: Satzzeichen und außerdem Buchstaben, die weit überkragen oder sich stark verjüngen.

G e s p e r r t e r   S a t z   i s t   s c h w e r   l e s b a r   u n d   a u s   d i e s e m   G r u n d   n i c h t   f ü r   d e n   M e n g e n s a t z   g e e i g n e t .

V E R S A L I E N   M Ü S S E N   G E S P E R R T   W E R D E N ,
S O N S T   K A N N   M A N   S I E   S C H L E C H T   L E S E N .

Minuskeln werden nicht gesperrt. Der Buchstabenabstand von Versalien hingegen muss unbedingt vergrößert werden.

Ursprünglich entstanden diese «Einraum»-Schriften aus den Möglichkeiten und Gren-zen der Schreibmaschinentechnik. Ihr spröder Reiz hat sich in wenigen (nicht mehr ganz konsequenten) Varianten erhalten. Für Briefe kann es ganz reizvoll sein, ihren anspruchslosen Duktus zu verwenden.
Der geringe Speicherbedarf prädestiniert Monospace-Schriften für Programmcodes und technische Dateien.

Wortzwischenraum
Der Wortzwischenraum hält die Wörter auf Abstand. Wortzwischenraum, Zeichenbreite und Laufweite bilden eine Einheit. Bei einer breit laufenden, offenen Schrift ist er größer als bei einer sehr schmalen, dichten Schrift. Er sollte grundsätzlich so groß sein, dass die Trennung unmissverständlich ist, aber auch nicht größer. Denn die Zeile als übergeordnete Einheit darf in ihrem horizontalen Zusammenhalt nicht zerstört werden. Ist der Wortzwischenraum zu groß, entstehen unschöne Löcher, die zum einen ein ästhetisches Problem sind, zum anderen vertikale Unterbrechungen in die horizontale Zeilenstruktur reißen und dadurch das Lesen anstrengender machen.
Besonders beim Blocksatz muss darauf geachtet werden, dass die glatte rechte Satzkante nicht durch gewaltige Löcher im Inneren des Schriftblocks erkauft wird. Manche Buchstabenkombinationen oder Satzzeichen erfordern bei sorgfältigem Satz eine Nachbearbeitung.

Allen Zeichen einer Monospace-Schrift steht der gleiche Raum zur Verfügung.

```
Sehr geehrte Damen und Herren,
wie aus beiliegendem Schreiben hervorgeht, besteht
kein Grund zu der Annahme, es läge meinerseits ...
```

Durch ihre schlichte Anmutung sind Monospace-Schriften auch heute noch für Briefe geeignet.

Das Auto z. B. ist weg u.v.a.
Das Auto z. B. ist weg u. v. a.

Im 3. Jahrtausend v. Chr.
Im 3. Jahrtausend v. Chr.

Hans Holbein d. J.
Hans Holbein d. J.

Dr. med. vet. Pferdefuß u. a.
Dr. med. vet. Pferdefuß u. a.

Besonders vor, nach und innerhalb von Abkürzungen ist manuelles Ausgleichen der Abstände angebracht. Das obere Beispiel ist jeweils unbearbeitet.

Auszeichnung

Mit typografischen Auszeichnungen hebt man einen Teil des Textes gegenüber einem anderen Teil hervor. Der auszeichnende Effekt stellt sich nur ein, wenn eine geringe Quantität von etwas Besonderem einer großen Quantität von etwas Normalem gegenübersteht, sonst sieht man den Wald vor lauter Bäumen nicht, und der Effekt verpufft.

Man zeichnet Texte, Textteile oder Wörter aus – entweder weil sie besonders wichtig sind oder weil sie anders sind. Die erste Art der Auszeichnung springt ins Auge, die zweite erschließt sich in der Regel erst während der Lektüre.

Darüber hinaus haben Auszeichnungen einen hohen ästhetischen Reiz, und die Initiale ist ein schönes Beispiel dafür, dass auch inhaltsfreie Hervorhebungen ihre Berechtigung haben.

Um sich für eine Auszeichnungsart zu entscheiden, muss man also wissen, was und weshalb ausgezeichnet werden soll. Geht es darum, im Textfluss eine Andersartigkeit zu markieren, empfiehlt sich eine der folgenden eher dezenten Auszeichnungsarten:

Die **Kursive** *(Beispiel 1)* ist eine der schönsten und gebräuchlichsten Auszeichnungsarten. Sie ist ein eigener Schriftschnitt und keine Schrägstellung des normalen Schnitts.

Da sich die Buchstaben der Kursiven nach rechts neigen, kann der Wortabstand zum folgenden oder vorausgehenden Wort der normalen Schrift zu klein bzw. zu groß erscheinen. Hier wird manuell ausgeglichen.

Kapitälchen *(Beispiel 2)* sind ein eigener Schriftschnitt und keine miniaturisierten Versalien. Ihre Strichstärke ist der Größe angepasst. Verkleinerte Versalien haben demgegenüber zu dünne Striche und fallen aus dem Graubild der Zeile heraus.

Sind keine Kapitälchen verfügbar, kann **Versalsatz** *(Beispiel 3)* die Alternative sein. Versalien brauchen unbedingt eine pauschale Laufweitenerhöhung. Die Schriftgröße sollte geringfügig verkleinert werden.

Wenn es darum geht, Aufmerksamkeit für einen Text bzw. ein oder mehrere Wörter zu erzeugen und jemanden von außen in den Text hineinzuziehen, muss die Auszeichnung auffälliger sein. Hierfür stehen folgende Mittel zur Verfügung:

Farbe eignet sich sehr gut zur Auszeichnung. Es ist aber darauf zu achten, dass sich der Kontrast der Schrift zum Untergrund verändert. Rot auf Weiß hat einen geringeren Kontrast als Schwarz auf Weiß. Gelb auf Weiß würde als Hervorhebung wenig Sinn ergeben. Weniger Kontrast bedeutet schlechtere Lesbarkeit. Um dieses Manko auszugleichen, kann die farbig ausgezeichnete, hellere Schrift in einem etwas fetteren Schnitt oder minimal vergrößert gesetzt werden.

Bei der Verwendung von mehreren Farben muss darauf geachtet werden, dass alle Auszeichnungen gleich gut zu lesen sind. Das erreicht man am besten, indem man Farben gleicher Helligkeit auswählt.

Die Verwendung eines **fetteren Schriftschnitts** *(Beispiel 4)* basiert auf der Wirkung des Hell-Dunkel-Kontrasts. Im helleren Grauwert des Fließtextes zieht der dunklere Teil die Aufmerksamkeit auf sich.

Der gegenteilige Effekt wird durch eine Vergrößerung des Buchstabenabstands, auch **Sperren** *(Beispiel 5)* genannt, erzielt. Der Buchstabenverband wird an der Stelle der Auszeichnung offener und lichter. Die Hervorhebung erscheint heller als der umgebende Text. Es ist möglicherweise erforderlich, den Wortabstand vor und nach dem gesperrten Wort zu vergrößern, um die Verbindung der äußeren Buchstaben zu vor- und nachstehenden Wörtern nicht stärker erscheinen zu lassen als nach innen.

Man kann einzelne Wörter auch in **Kästen** bzw. **Rahmen** setzen oder durch **Unterstreichung** *(Beispiel 6)* hervorheben. Nicht unproblematisch ist hierbei der Umgang mit Ober- und Unterlängen. Der Zeilenabstand sollte deshalb groß genug gewählt werden, um ein Zusammenstoßen von Kasten oder Linie mit den Buchstaben der darüber- und darunterliegenden Zeilen zu verhindern. Wichtig ist auch, dass der normale Wortabstand bei der Verwendung von Kästen nicht ausreicht, sondern ungefähr verdoppelt werden muss, und dass negative Schrift anders dimensioniert erscheint als positive. Wird ein Wort unterstrichen, darf die Linie nicht die angrenzenden Wortabstände mit unterstreichen.

Initialen *(Beispiel 7)* sind vergrößerte und eventuell verzierte Buchstaben, die den Anfang eines Textes oder Absatzes dekorativ eröffnen. Sie stehen in der Regel entweder bündig im Textblock vor eingerückten Zeilenanfängen oder bündig vor dem Textblock. Da es sich bei Initialen um dekorative Elemente handelt, sind auch andere Varianten vorstellbar.

Das erste Wort oder auch der Anfang des Satzes kann in Kapitälchen gesetzt werden, um den Zusammenhalt zwischen Initial und Wort zu verdeutlichen.

Germania omnis a Gallis Raetisque et Pannoniis Rheno et Danuvio fluminibus, a Sarmatis *Dacisque* mutuo metu aut montibus separatur: cetera Oceanus ambit, latos sinus et insularum inmensa spatia complectens ...

Beispiel 1: Kursive

Germania omnis a Gallis Raetisque et Pannoniis Rheno et Danuvio fluminibus, a Sarmatis Dacisque mutuo metu aut montibus separatur: cetera Oceanus ambit, latos sinus et insularum inmensa spatia complectens ...

Beispiel 2: Kapitälchen

Germania omnis a Gallis Raetisque et Pannoniis Rheno et Danuvio fluminibus, a Sarmatis DACISQUE mutuo metu aut montibus separatur: cetera Oceanus ambit, latos sinus et insularum inmensa spatia complectens

Beispiel 3: Versalien

Germania omnis a Gallis Raetisque et Pannoniis Rheno et Danuvio fluminibus, a Sarmatis **Dacisque** mutuo metu aut montibus separatur: cetera Oceanus ambit, latos sinus et insularum inmensa spatia complectens ...

Beispiel 4: anderer Schriftschnitt

Germania omnis a Gallis Raetisque et Pannoniis Rheno et Danuvio fluminibus, a Sarmatis D a c i s q u e mutuo metu aut montibus separatur: cetera Oceanus ambit, latos sinus et insularum inmensa spatia complectens

Beispiel 5: größerer Zeichenabstand

Germania omnis a Gallis Raetisque et Pannoniis Rheno et Danuvio fluminibus, a Sarmatis ▮Dacisque▮ mutuo metu aut <u>montibus</u> separatur: cetera Oceanus ambit, latos sinus et insularum inmensa spatia complectens ...

Beispiel 6: Kästen und Unterstreichungen

GERMANIA omnis a Gallis Raetisque et Pannoniis Rheno et Danuvio fluminibus, a Sarmatis Dacisque mutuo metu aut montibus separatur: cetera Oceanus ambit, latos sinus et insularum inmensa spatia complectens ...

Beispiel 6: Initialen

Serifenlose
Serifenlose

Ein kursiver Schriftschnitt (oben) unterscheidet sich ganz erheblich vom nachträglich am Computer gekippten normalen Schnitt (unten).

Serifenlose
Serifenlose

Selbst bei Schriften, deren kursive Buchstaben keine grundsätzlich anderen Formen als der normale Schnitt haben, ist der Unterschied zu sehen.

SERIFEN

SERIFEN los

SERIFEN los

Kapitälchen (Mitte) sind ein eigener Schnitt, der Hervorhebungen ermöglicht, ohne den Grauwert der Zeile zu stören. Die Groß- und Kleinschreibung der Wörter bleibt erhalten.
Versalien in gleicher Größe (oben) wirken dagegen riesig und fallen verkleinert (unten) durch ihre zu dünne Strichstärke auf.

Nicht unwichtige Details

Ziffern
Unsere normalen Ziffern sind Versalziffern. Jede Ziffer ist so hoch wie ein Versalbuchstabe. Eine Ziffernfolge im Text ist also eine Art Auszeichnung und erscheint ähnlich bedeutend wie ein in Versalien gesetztes Wort. Wenn die Zahl diese Hervorhebung nicht verdient hat, empfiehlt es sich, sie um einen halben Punkt zu verkleinern, dann fügt sie sich optisch besser ein.

Die elegantere Alternative zu den Versalziffern sind die Mediävalziffern. In manchen Schriften stehen sie zur Verfügung. Mediävalziffern entsprechen den Kleinbuchstaben und haben Mittellänge, Ober- und Unterlänge. Dadurch fügen sie sich besser in das Schriftbild ein.

Oft wird man diese Möglichkeit aber nicht haben, deshalb ist es wichtig, den Zeichenabstand genau wie im Versalsatz zu erhöhen und problematische Zeichen und -kombinationen auszugleichen. Eine Eins hat z. B. meist zu viel Luft um sich herum. Beim unten stehenden Beispiel ist deutlich zu sehen, dass die erste 1 wie eingerückt gegenüber dem linken Textrand steht. Der Abstand zwischen 3 und 8 sowie zwischen 8 und 8 ist der kleinste in der Zahlenreihe. Die Serifenschrift macht gegenüber der serifenlosen Schrift keinen besseren Eindruck.

173882901
173882901

Der Kontrast zwischen engstem und weitestem Zwischenraum wird bereits abgemildert, wenn der Buchstabenabstand pauschal vergrößert wird. Der holprige Eindruck verliert sich aber erst bei deutlicher Vergrößerung.

1234567890x *Mediävalziffern*

1234567890T *Versalziffern*

Oberhalb der 1000-Meter-Grenze wuchsen die Bäume besser als unterhalb der 400-Meter-Grenze. Besonders Bäume, die älter waren als 40 Jahre, schienen vom beschriebenen Effekt zu profitieren. Für die Dauer von fünf Jahren wurden die Daten von 16 943 ausgewachsenen Bäumen erfasst.

Oberhalb der 1000-Meter-Grenze wuchsen die Bäume besser als unterhalb der 400-Meter-Grenze. Besonders Bäume, die älter waren als 40 Jahre, schienen vom beschriebenen Effekt zu profitierten. Für die Dauer von fünf Jahren wurden die Daten von 16 943 ausgewachsenen Bäume erfasst.

Die Zahlen im oberen Beispiel haben dieselbe Schriftgröße wie der Text.
Im unteren Beispiel wurden sie um einen halben Punkt verkleinert und fügen sich besser ein.

Oberhalb der 1000-Meter-Grenze wuchsen die Bäume besser als unterhalb der 400-Meter-Grenze. Besonders Bäume, die älter waren als 40 Jahre, schienen vom beschriebenen Effekt zu profitieren. Für die Dauer von fünf Jahren wurden die Daten von 16 943 ausgewachsene Bäumen erfasst.

Oberhalb der 1000-Meter-Grenze wuchsen die Bäume besser als unterhalb der 400-Meter-Grenze. Besonders Bäume, die älter waren als 40 Jahre, schienen vom beschriebenen Effekt zu profitierten. Für die Dauer von fünf Jahren wurden die Daten von 16 943 ausgewachsenen Bäume erfasst.

Auch hier wurden die Zahlen im unteren Beispiel um einen halben
Punkt verkleinert, so erscheinen sie nicht mehr als Hervorhebung im Text.

1173882901 *Zeichenabstand 0*

1173882901 *Zeichenabstand manuell korrigiert*

1173882901 *Zeichenabstand 0*

Die unterschiedlichen Abstände zwischen den Versalziffern im oberen Beispiel lassen sich mit Geduld ausgleichen. Der Vorteil von Mediävalziffern wird deutlich.

Anwendungen
Für die Schreibweise von Zahlen gibt es bestimmte Regeln. Sie erleichtern zumeist die Lesbarkeit.
Telefonnummern werden nach der DIN-Regel direkt hintereinandergeschrieben, lediglich zwischen Länderkennung, Vorwahl und Nummer bleibt ein Leerraum. Die Durchwahl ist mit einem Kopplungsstrich hinten angehängt.

+49 3456 7654-9

Postleitzahlen werden ohne Abstand geschrieben.

12345 Geldersheim

Postfachnummern werden in Zweiergruppen aufgeteilt.

PF 34 56 78

Bankleitzahlen werden von vorn beginnend in Dreiergruppen zerlegt.

BLZ 100 500 00

Kontonummern werden von hinten beginnend in Dreiergruppen gegliedert.

Konto 0 987 654 321

Handelsregisternummern werden nicht getrennt.

HR-Nr. 345678

Geldbeträge werden nicht mithilfe von Leerzeichen zerlegt, hier erleichtern Punkte, ebenfalls von hinten beginnend, nach jeweils drei Ziffern das schnelle Erfassen.

50.000.000,00 €

Größere Zahlen werden von hinten beginnend in Dreiergruppen zerlegt. Vierstellige Zahlen können, müssen aber nicht zerlegt werden.

30 000 000
30 000
3 000

Lange Zahlen in Texten werden als Zahl geschrieben, kurze können als Wort geschrieben werden.

Vier Gnus versperrten die Sicht auf 44 000 seltene Antilopen.

Uhrzeiten werden mit Punkt und zwei Stellen dahinter geschrieben.
Für Datumsangaben gibt es zwei Möglichkeiten: mit ausgeschriebenem Monatsnamen oder ohne. Die Jahreszahl kann vierstellig oder zweistellig geschrieben werden.

5. Juli 2006 gut
5. 6. 2006 gut
05. 06. 2006 gut
05. Juli 2006 nicht gut
5. Juli 06 nicht gut

Apostroph

Der Apostroph ist ein Auslassungszeichen und ersetzt ein Wort, von dem nur noch der letzte Buchstabe geschrieben steht, oder es ersetzt das besitzanzeigende s bei Personen, deren Namen auf s, z oder x enden. Es sieht aus wie eine kleine Neun und ist durch kein anderes Zeichen zu ersetzen. Nach neuer deutscher Rechtschreibung ist der Apostroph im Genitiv in Ausnahmefällen erlaubt.

Hans' Hut

Anführungszeichen

Anführungszeichen stehen vor und nach Zitaten oder vor und nach Wörtern, denen man ein «sogenannt» voranstellen könnte. Es gibt verschiedene Arten: Deutsche Anführungszeichen beginnen mit zwei kleinen 99 und enden mit zwei kleinen 66.
Im angelsächsischen Sprachkreis werden vorn zwei 66 und hinten zwei 99 platziert, beide aber oben. Französische «Gänsefüßchen», auch Guillemets genannt, zeigen mit den Spitzen nach innen. In der Schweiz und den romanischen Ländern verwendet man solche, deren Spitzen nach außen zeigen.
In Deutschland werden die deutschen Anführungszeichen, gern aber auch Guillemets, verwendet. Der Nachteil deutscher Anführungszeichen ist, dass ihre Position aus der (Zeilen-)Reihe tanzt. Das wird durch die Doppelung der Zeichen besonders deutlich. Der Wortzwischenraum zusammen mit dem Raum über bzw. unter den beiden «Strichen» ist größer als der normale Wortzwischenraum. Es empfiehlt sich, diesen zu verringern – oder Guillemets zu verwenden.

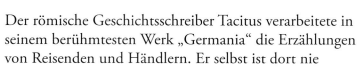

Der römische Geschichtsschreiber Tacitus verarbeitete in seinem berühmtesten Werk „Germania" die Erzählungen von Reisenden und Händlern. Er selbst ist dort nie gewesen.

Der römische Geschichtsschreiber Tacitus verarbeitete in seinem berühmtesten Werk «Germania» die Erzählungen von Reisenden und Händlern. Er selbst ist dort nie gewesen.

Der römische Geschichtsschreiber Tacitus verarbeitete in seinem berühmtesten Werk »Germania« die Erzählungen von Reisenden und Händlern. Er selbst ist dort nie gewesen

Der römische Geschichtsschreiber Tacitus verarbeitete in seinem berühmtesten Werk "Germania" die Erzählungen von Reisenden und Händlern. Er selbst ist dort nie gewesen

Von oben nach unten: deutsche Anführungszeichen, zweimal französische und als Letztes Anführungszeichen aus dem englischen Sprachraum.

seinem berühmtesten Werk „Germania" die Erzählungen

seinem berühmtesten Werk »Germania« die Erzählungen

seinem berühmtesten Werk «Germania» die Erzählungen

Einfache Anführungsstriche haben die gleiche Form wie Doppelstriche, also bei deutschen Anführungsstrichen vorn unten eine kleine 9 und hinten oben eine kleine 6. Einfache Striche sind dafür kein Ersatz. Ebenso wenig ersetzen die mathematischen Zeichen für «größer als» und «kleiner als» die französischen Gänsefüßchen.

Trennungen
Trennungen machen mitunter einen besseren Eindruck, wenn sie nach logischen Aspekten erfolgen und nicht einfach dort, wo es erlaubt ist.

Satzzeichen
Satzzeichen werden immer ohne Abstand an das vorangehende Wort gesetzt und haben hinter sich einen regulären Wortzwischenraum.

Striche
Horizontale Striche werden für verschiedene Aufgaben gebraucht. Sie trennen, verbinden, halten Abstand, akzentuieren und vereinfachen. Es gibt zwei Arten von Strichen: kurze und lange.
Der Binde- oder Kopplungsstrich ist ein kurzer Strich und steht ohne Abstand zwischen Trennungen und Kopplungswörtern.
Der Gedankenstrich ist kein Bindestrich, sondern länger als dieser, ein Halbgeviert oder Geviert lang. Er steht immer zwischen Wortabständen, es sei denn, er ist das Minuszeichen für negative Zahlenwerte oder der Ersatz für Nullen hinter dem Komma von Zahlenangaben. Auch als Bis-Strich zwischen Zahlen steht er ohne trennenden Wortzwischenraum.
In Aufzählungen erhält der lange Strich einen Wortzwischenraum oder mehr zum folgenden Wort.

Auslassungszeichen
Die berühmten drei Pünktchen stehen für Fehlendes, Folgendes oder Gedachtes. Sie sollten nicht zu dicht aneinanderkleben und mit einem Wortzwischenraum vom vorangehenden Wort oder Satzzeichen getrennt stehen, es sei denn, sie ersetzen Teile eines Worts.

Schrägstrich
Schrägstriche stehen ohne Wortabstand bei entweder/oder-Verbindungen, Verhältnisangaben mit pro und Internetadressen.
Wenn Schrägstriche bei Aufzählungen das «und» oder das Komma ersetzen, können sie mit Wortzwischenraum gesetzt werden. Die Verwendung eines Schrägstrichs betont die Gleichwertigkeit der Elemente in so einer zwangsläufig linearen Aufzählung.

Riff-Forscher
Bindestrich

−45 °C
30.000,– €
– ausgezeichnete Lage
– gute Wasserqualität
– makellose Oberfläche

Halbgeviertstriche

Äpfel/Birnen *Apfel wie Birnen*
500 km/h *km pro Stunde*
2005/06 *2005 und 2006*
Meier / Müller *Meier und Müller*
http://www.abc.de/ *Slash*

Schrägstriche

Reges Treiben – wenn man es so nennen wollte – herrschte ringsumher.

Gedankenstriche

Wohin sollte das (...) nur führen ...
L... war keine schöne Stadt.
Für wichtig hielt er dieses u. a. ...

Auslassungszeichen

Was man nicht tun sollte

Verzerren von Schrift
Das Verzerren von Buchstaben und Schrift ist keine geeignete Möglichkeit, um Aufmerksamkeit zu erzeugen oder Platzprobleme zu lösen.
Schriften sind sorgfältig geplante und durchdachte Endprodukte mit bestimmten Proportionen und eigenem Charakter. Nachträgliches «Bearbeiten» der Zeichenbreite verschlechtert die Qualität der Schrift. Eine schlechte Schrift taugt nicht als Ausgangsmaterial für Satz und Gestaltung.
Auch aus Platzgründen sollte nicht auf diese Möglichkeit zurückgegriffen werden. Durch eine geringere Schriftgröße, einen schmaleren Schnitt, andere Zeilenabstände oder zurückhaltende Korrekturen von Wortabständen können solche Probleme meist schnell behoben werden.

**Schreibschrift und
gebrochene Schriften in Versalien**
Schreibschriften werden nie im Versalsatz gesetzt. Die typischen Buchstaben der Schreibschrift sind die ineinanderfließenden Kleinbuchstaben. Versalien setzen in diesem Fluss Akzente. Eine Flut von Akzenten ist nicht sinnvoll und nahezu unlesbar.
Gebrochene Schriften haben ihren Ursprung in den Minuskelschriften des Mittelalters. Versalien sollten später im Schriftbild Akzente setzen und waren nie dafür gedacht gewesen, in Reihe zu erscheinen – ganz im Gegensatz zu den lateinischen Schriften, die ihren Ursprung in der römischen Versalschrift haben und versalsatzgeeignet sind. Die Versalien der gebrochenen Schriften sind so wenig geläufig, dass ihr Entziffern extrem schwer fällt.

Ganz normal
Gewaltig verzerrt
Elend gequetscht

Schriften werden nicht schöner, indem man sie nachträglich dehnt oder staucht.

Wer kann das noch lesen?
WER KANN DAS NOCH LESEN?
WER KANN DAS NOCH LESEN

Versalsatz mit Schreibschriften oder gebrochenen Schriften ist nicht zu lesen.

Geschichtsvorlesung
GESCHICHTSVORLESUNG
GESCHICHTSVORLESUNG

*Am besten erfasst werden Wörter mit Groß- und Kleinbuchstaben.
Der Buchstabenabstand ist genau hierauf abgestimmt. Im Versalsatz müssen die Abstände vergrößert werden, um das Lesen zu erleichtern.*

Versalsatz ohne Abstand
Versalsatz ist schwer lesbar und sollte Auszeichnungen und Überschriften vorbehalten bleiben. Versalien haben große Binnenräume, an die der Buchstabenabstand angepasst werden muss. Wird der Zeichenabstand vergrößert, kommt mehr Luft zwischen die Zeichen. Man kann sie auch eine Winzigkeit kleiner setzen als den umgebenden Text.
Stehen Wörter in Versalien in einem Text, können sie pauschal um den gleichen Wert ausgeglichen werden. Bei großen Überschriften oder Firmennamen muss jeder einzelne Zwischenraum optisch ausgeglichen werden.

ß im Versalsatz
Der Buchstabe ß ist ein Kleinbuchstabe. Da er nie am Anfang eines Worts steht, gibt es ihn gar nicht als Großbuchstaben. Im Versalsatz wird ß deshalb durch SS ersetzt. Kapitälchenschnitte verfügen deshalb anstelle des ß über ein Doppel-S.

Zu kurze Gedankenstriche
Es stehen Striche verschiedener Längen zur Verfügung, die jeweils speziellen Bedeutungen gerecht werden. Die kurzen Bindestriche trennen Wörter am Ende der Zeile oder verbinden Wortpaare und -gruppen, wie z. B. Tiefsee-Erkundung oder EU-Führerschein. Bindestriche werden immer ohne Wortabstand gesetzt. In allen anderen Zusammenhängen verwendet man die längeren Gedankenstriche. Sie sind meist durch Wortabstände vom vorhergehenden und nachfolgenden Wort getrennt.

begießen und begrüßen
BEGIEßEN UND BEGRÜßEN

Begieben und Begrüben?

Andrea's Frisierstübchen
Imbiss'se

Apostroph: Nach neuer deutscher Rechtschreibung ist das Apostroph zur Vermeidung von Missverständnissen möglich. Aber Mehrzahl bleibt Mehrzahl.

Wohin sollte er auch gehen - wenn nicht dorthin, woher er gekommen war. *schlecht*

Wohin sollte er auch gehen – wenn nicht dorthin, woher er gekommen war. *gut*

Bindestriche sind keine Gedankenstriche, und es ist einfach schade, wenn große Gedanken auf kleinen Strichen Platz finden müssen.

Der Blindtext im folgenden Schriftteil
ist immer in 9 pt gesetzt, der Beispielsatz
in 14 pt.

Antiqua-Schriften mit Serifen
Seite 51–136

Serifenlose Linear-Antiqua
Seite 137–162

Antiqua-Varianten
Seite 163–196

Serifenlose Antiqua-Varianten
Seite 197–226

Gebrochene Schriften
Seite 227–240

Schreibschriften
Seite 241–264

Schmuckinitialen
Seite 265–280

Sonderzeichen und fremde Alphabete
Seite 281–292

Antiqua-Schriften mit Serifen

In diesem Kapitel werden Renaissance-, Barock- und klassizistische Antiqua-Schriften vorgestellt. Viele von ihnen eignen sich für den Satz längerer Texte. Alle abgebildeten Schriften befinden sich auf der beiliegenden DVD.

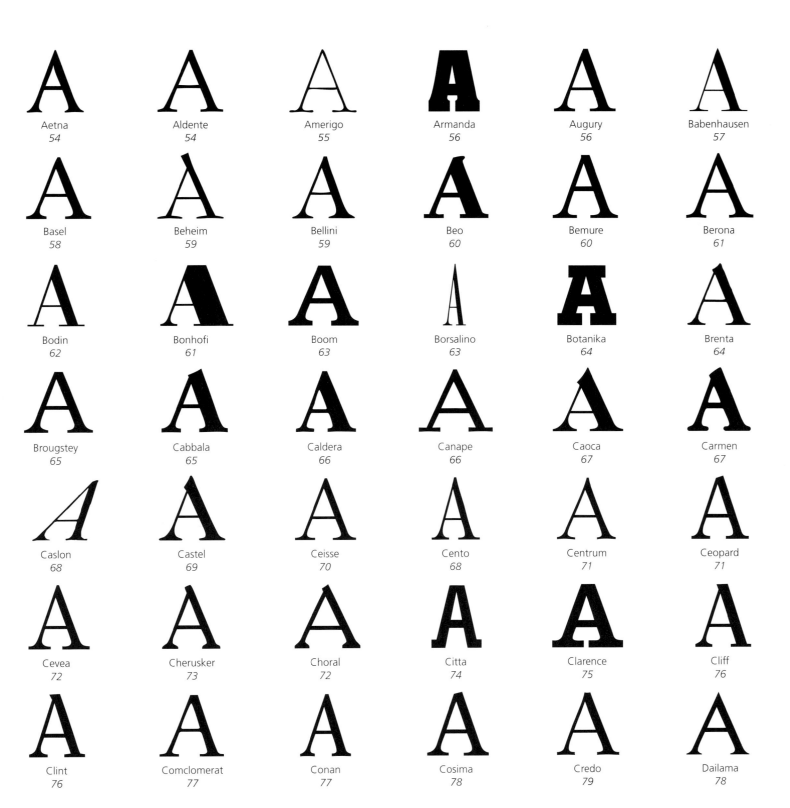

Aetna 54	Aldente 54	Amerigo 55	Armanda 56	Augury 56	Babenhausen 57
Basel 58	Beheim 59	Bellini 59	Beo 60	Bemure 60	Berona 61
Bodin 62	Bonhofi 61	Boom 63	Borsalino 63	Botanika 64	Brenta 64
Brougstey 65	Cabbala 65	Caldera 66	Canape 66	Caoca 67	Carmen 67
Caslon 68	Castel 69	Ceisse 70	Cento 68	Centrum 71	Ceopard 71
Cevea 72	Cherusker 73	Choral 72	Citta 74	Clarence 75	Cliff 76
Clint 76	Comclomerat 77	Conan 77	Cosima 78	Credo 79	Dailama 78

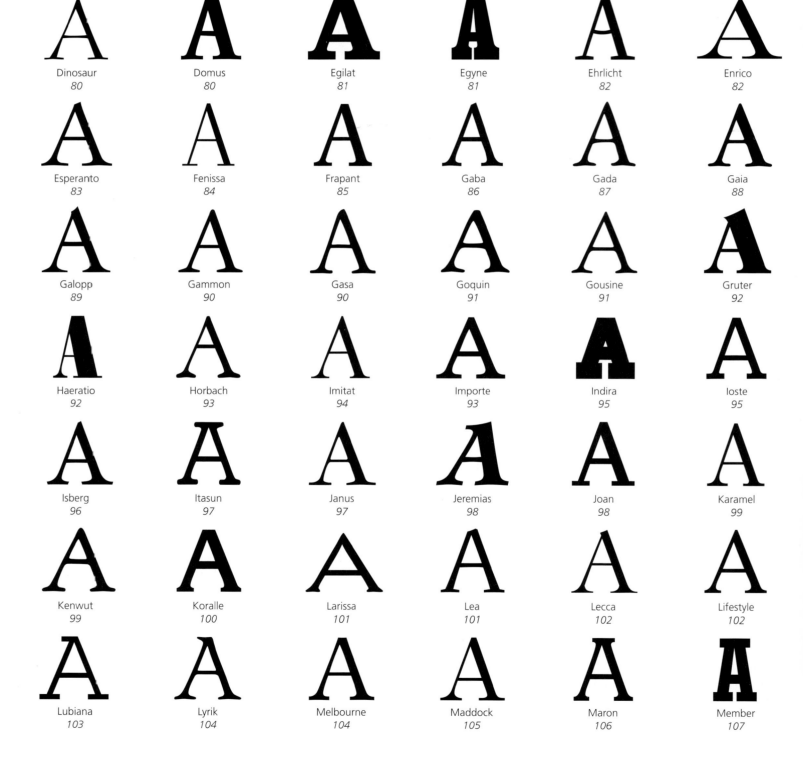

Aetna

Das Typische dieser Schrift sind die stark gekehlten Serifen. Die Achsen der Rundungen sind leicht nach rechts geneigt, und der geschriebene Duktus des kursiven Schnitts fällt ins Auge.

ABCDEFGHIJKLMNOPQRSTUVW
XYZabcdefghijklmnopqrstuvwxyz
0123456789.,:!?ß&*

Das ist ein Blindtext. Er vermittelt einen Eindruck vom visuellen Charakter der Schrift. An diesem Beispiel sind grundlegende Eigenschaften wie Laufweite, Wortabstand und Grauwert der Schrift in Ansätzen erkennbar. So können die Möglichkeiten und Grenzen ihres Einsatzes im Mengensatz abgewogen werden.

Lorem ipsum Dolor sit amet.
Aetna

Lorem ipsum Dolor sit amet.
Aetna Italic

Lorem ipsum Dolor sit amet.
Aetna Bold

Aldente

Der Aldente ist deutlich anzusehen, dass sie ihren Ursprung im Schreiben mit der Breitfeder hat.

ABCDEFGHIJKLMNOPQRSTUVW
XYZabcdefghijklmnopqrstuvwxyz
0123456789.,:!?ß&*

Das ist ein Blindtext. Er vermittelt einen Eindruck vom visuellen Charakter der Schrift. An diesem Beispiel sind grundlegende Eigenschaften wie Laufweite, Wortabstand und Grauwert der Schrift in Ansätzen erkennbar. So können die Möglichkeiten und Grenzen ihres Einsatzes im Mengensatz abgewogen werden.

Lorem ipsum Dolor sit amet.
Aldente

Lorem ipsum Dolor sit amet.
Aldente Caps Old

Lorem ipsum Dolor sit amet.
Aldente Italic

Amerigo

Sehr dekorativ ist das gleichmäßige Schriftbild der serifenbetonten Amerigo. Die abgerundeten Enden der Striche in den fetten Schnitten erinnern an den Charakter der Rundfeder.

Amerigo

ABCDEFGHIJKLMNOPQRSTUVW
XYZabcdefghijklmnopqrstuvwxyz
0123456789.,:!?ß&*

Amerigo Large

**ABCDEFGHIJKLMNOPQRST
UVWXYZabcdefghijklmnopqrst
uvwxyz0123456789.,:!?ß&***

Amerigo Condensed

ABCDEFGHIJKLMNOPQRSTUVWXYZ
abcdefghijklmnopqrstuvwxyz
0123456789.,:!?ß&*€

Das ist ein Blindtext. Er vermittelt einen Eindruck vom visuellen Charakter der Schrift. An diesem Beispiel sind grundlegende Eigenschaften wie Laufweite, Wortabstand und Grauwert der Schrift in Ansätzen erkennbar. So können die Möglichkeiten und Grenzen ihres Einsatzes im Mengensatz abgewogen werden.

Lorem ipsum Dolor sit amet.
Amerigo

Lorem ipsum Dolor sit amet.
Amerigo Condensed

Lorem ipsum Dolor sit amet.
Amerigo Condensed Large

Lorem ipsum Dolor sit amet.
Amerigo Large

Lorem ipsum Dolor sit amet.
Amerigo Bold

Antiqua-Schriften mit Serifen

Armanda
Die fetten Striche dieser Auszeichnungsschrift haben ihre balkendicken Serifen fast vollständig überlagert.

ABCDEFGHIJKLMNOPQRSTUVWXYZ
abcdefghijklmnopqrstuvwxyz
0123456789.,:!?ß&*

Das ist ein Blindtext. Er vermittelt einen Eindruck vom visuellen Charakter der Schrift. An diesem Beispiel sind grundlegende Eigenschaften wie Laufweite, Wortabstand und Grauwert der Schrift in Ansätzen erkennbar. So können die Möglichkeiten und Grenzen ihres Einsatzes im Mengensatz abgewogen werden.

Lorem ipsum Dolor sit amet.

Augury
Relativ starke Kontraste der Strichstärke und eine streng vertikale Achsstellung der Rundungen sind charakteristisch für die Augury.

ABCDEFGHIJKLMNOPQRSTUVW
XYZabcdefghijklmnopqrstuvwxyz
0123456789.,:!?ß&*

Das ist ein Blindtext. Er vermittelt einen Eindruck vom visuellen Charakter der Schrift. An diesem Beispiel sind grundlegende Eigenschaften wie Laufweite, Wortabstand und Grauwert der Schrift in Ansätzen erkennbar. So können die Möglichkeiten und Grenzen ihres Einsatzes im Mengensatz abgewogen werden.

Lorem ipsum Dolor sit amet.
Augury

Lorem ipsum Dolor sit amet.
Augury Medium

Lorem ipsum Dolor sit amet.
Augury Italic

Lorem ipsum Dolor sit amet.
Augury Bold

Babenhausen
Von großer Eleganz ist diese klassizistische Antiqua mit ihren haarfeinen Serifen und der betonten Vertikalität.

Babenhausen

ABCDEFGHIJKLMNOPQRSTUVW
XYZabcdefghijklmnopqrstuvwxyz
0123456789.,:!?ß&*

Babenhausen Medium

ABCDEFGHIJKLMNOPQRSTUVW
XYZabcdefghijklmnopqrstuvwxyz
0123456789.,:!?ß&*

Babenhausen Condensed

ABCDEFGHIJKLMNOPQRSTUVWXYZ
abcdefghijklmnopqrstuvwxyz
0123456789.,:!?ß&*

Das ist ein Blindtext. Er vermittelt einen Eindruck vom visuellen Charakter der Schrift. An diesem Beispiel sind grundlegende Eigenschaften wie Laufweite, Wortabstand und Grauwert der Schrift in Ansätzen erkennbar. So können die Möglichkeiten und Grenzen ihres Einsatzes im Mengensatz abgewogen werden.

Lorem ipsum Dolor sit amet.
Babenhausen

Lorem ipsum Dolor sit amet.
Babenhausen Condensed

Lorem ipsum Dolor sit amet.
Babenhausen Medium

Lorem ipsum Dolor sit amet.
Babenhausen Italic

Lorem ipsum Dolor sit amet.
Babenhausen Bold

Lorem ipsum Dolor sit amet.
Babenhausen Bold Italic

Antiqua-Schriften mit Serifen

Basel
Auffallend an dieser Barock-Antiqua sind der große Schweif des Buchstabens Q und die offene Schlaufe des kleinen g.

Basel

ABCDEFGHIJKLMNOPQRSTUV
WXYZabcdefghijklmnopqrstuvwxyz
0123456789.,:!?ß&*

Basel Large

ABCDEFGHIJKLMNOPQRST
UVWXYZabcdefghijklmnopqrs
tuvwxyz 0123456789.,:!?ß&*

Basel Old

*ABCDEFGHIJKLMNOPQRSTUVW
XYZabcdefghijklmnopqrstuvwxyz
0123456789.,:!?ß&**

Das ist ein Blindtext. Er vermittelt einen Eindruck vom visuellen Charakter der Schrift. An diesem Beispiel sind grundlegende Eigenschaften wie Laufweite, Wortabstand und Grauwert der Schrift in Ansätzen erkennbar. So können die Möglichkeiten und Grenzen ihres Einsatzes im Mengensatz abgewogen werden.

Lorem ipsum Dolor sit amet.
Basel

Lorem ipsum Dolor sit amet.
Basel Book

Lorem ipsum Dolor sit amet.
Basel Caps Old

Lorem ipsum Dolor sit amet.
Basel Caps Old Book

Lorem ipsum Dolor sit amet.
Basel Large

Lorem ipsum Dolor sit amet.
Basel Old

Beheim
Wie geschrieben wirkt diese feine Schrift mit ihren spitzen, überlangen Serifen.

ABCDEFGHIJKLMNOPQRSTUV
WXYZabcdefghijklmnopqrstuvwxyz
0123456789.,:!?ß&*

Das ist ein Blindtext. Er vermittelt einen Eindruck vom visuellen Charakter der Schrift. An diesem Beispiel sind grundlegende Eigenschaften wie Laufweite, Wortabstand und Grauwert der Schrift in Ansätzen erkennbar. So können die Möglichkeiten und Grenzen ihres Einsatzes im Mengensatz abgewogen werden.

Lorem ipsum Dolor sit amet.
Beheim

Lorem ipsum Dolor sit amet.
Beheim Italic

Lorem ipsum Dolor sit amet.
Beheim Bold

Lorem ipsum Dolor sit amet.
Beheim Bold Italic

Bellini
Gerade Serifen an den Minuskeln fallen bei dieser Schrift ins Auge. Der kursiven Variante fehlen diese Merkmale.

ABCDEFGHIJKLMNOPQRSTUV
WXYZabcdefghijklmnopqrstuvwxyz
0123456789.,:!?ß&*

Das ist ein Blindtext. Er vermittelt einen Eindruck vom visuellen Charakter der Schrift. An diesem Beispiel sind grundlegende Eigenschaften wie Laufweite, Wortabstand und Grauwert der Schrift in Ansätzen erkennbar. So können die Möglichkeiten und Grenzen ihres Einsatzes im Mengensatz abgewogen werden.

Lorem ipsum Dolor sit amet.
Bellini

LOREM IPSUM DOLOR SIT AMET.
Bellini Small Caps

Lorem ipsum Dolor sit amet.
Bellini Italic

Antiqua-Schriften mit Serifen

Beo
Eine Besonderheit dieser fetten Schrift ist der schräge Querstrich beim kleinen e. Wie die meisten fetten Schnitte ist sie nicht für den Mengensatz geeignet.

ABCDEFGHIJKLMNOPQRSTU
VWXYZabcdefghijklmnopqrstuvw
xyz 0123456789.,:!?ß&*

Das ist ein Blindtext. Er vermittelt einen Eindruck vom visuellen Charakter der Schrift. An diesem Beispiel sind grundlegende Eigenschaften wie Laufweite, Wortabstand und Grauwert der Schrift in Ansätzen erkennbar. So können die Möglichkeiten und Grenzen ihres Einsatzes im Mengensatz abgewogen werden.

Lorem ipsum Dolor sit amet.
Beo Bold

Lorem ipsum Dolor sit amet.
Beo Bold Italic

Lorem ipsum Dolor sit amet.
Beo Medium

Bemure
Eine gleichmäßig dahinfließende Schrift mit kursivem Schnitt, die sehr gut lesbar ist. Der Schnitt Bemure Old enthält anstelle der Versalziffern Mediävalziffern.

ABCDEFGHIJKLMNOPQRSTUV
WXYZabcdefghijklmnopqrstuvwxyz
0123456789.,:!?ß&*

Das ist ein Blindtext. Er vermittelt einen Eindruck vom visuellen Charakter der Schrift. An diesem Beispiel sind grundlegende Eigenschaften wie Laufweite, Wortabstand und Grauwert der Schrift in Ansätzen erkennbar. So können die Möglichkeiten und Grenzen ihres Einsatzes im Mengensatz abgewogen werden.

Lorem ipsum Dolor sit amet.
Bemure

Lorem ipsum Dolor sit amet.
Bemure Old

Lorem ipsum Dolor sit amet.
Bemure Italic

Lorem ipsum Dolor sit amet.
Bemure Bold

Berona

Typisch für diese Renaissance-Antiqua sind die schrägen Serifen der Minuskel-Oberlängen. Das Schreiben mit der Breitfeder ist noch deutlich am kleinen a zu erkennen.

ABCDEFGHIJKLMNOPQRSTUV
WXYZabcdefghijklmnopqrstuvwxyz
0123456789.,:!?ß&*

Das ist ein Blindtext. Er vermittelt einen Eindruck vom visuellen Charakter der Schrift. An diesem Beispiel sind grundlegende Eigenschaften wie Laufweite, Wortabstand und Grauwert der Schrift in Ansätzen erkennbar. So können die Möglichkeiten und Grenzen ihres Einsatzes im Mengensatz abgewogen werden.

Lorem ipsum Dolor sit amet.
Berona

Lorem ipsum Dolor sit amet.
Berona Italic

Lorem ipsum Dolor sit amet.
Berona Bold

Lorem ipsum Dolor sit amet.
Berona Bold Italic

Bonhofi

Eine dekorative Variante der klassizistischen Antiqua zu Auszeichnungszwecken stellt diese Schrift mit ihrem extremen Kontrast von fetten Balken und feinen Haarstrichen dar.

ABCDEFGHIJKLMNOPQRST
UVWXYZabcdefghijklmnopqrst
uvwxyz 0123456789.,:!?ß&*

Das ist ein Blindtext. Er vermittelt einen Eindruck vom visuellen Charakter der Schrift. An diesem Beispiel sind grundlegende Eigenschaften wie Laufweite, Wortabstand und Grauwert der Schrift in Ansätzen erkennbar. So können die Möglichkeiten und Grenzen ihres Einsatzes im Mengensatz abgewogen werden.

Lorem ipsum Dolor sit amet.

Bodin
Die klassizistische Bodin bietet einen reichen Bestand an verschiedenen Schnitten, einschließlich Kapitälchen.

Bodin

ABCDEFGHIJKLMNOPQRSTUVW
XYZabcdefghijklmnopqrstuvwxyz
0123456789.,:!?ß&*

Bodin Old Face Medium

ABCDEFGHIJKLMNOPQRSTUV
WXYZabcdefghijklmnopqrstuvwxyz
0123456789.,:!?ß&*

Bodin Condensed

ABCDEFGHIJKLMNOPQRSTUVWXYZ
abcdefghijklmnopqrstuvwxyz
0123456789.,:!?ß&*

Das ist ein Blindtext. Er vermittelt einen Eindruck vom visuellen Charakter der Schrift. An diesem Beispiel sind grundlegende Eigenschaften wie Laufweite, Wortabstand und Grauwert der Schrift in Ansätzen erkennbar. So können die Möglichkeiten und Grenzen ihres Einsatzes im Mengensatz abgewogen werden.

Lorem ipsum Dolor sit amet.
Bodin

Lorem ipsum Dolor sit amet.
Bodin Condensed

Lorem ipsum Dolor sit amet.
Bodin Condensed Medium

Lorem ipsum Dolor sit amet.
Bodin Old Face Caps Old

Lorem ipsum Dolor sit amet.
Bodin Old Face Medium

Lorem ipsum Dolor sit amet.
Bodin Small

Boom
Eine relativ breit laufende Schrift mit großer Mittelhöhe und ausdrucksstarken Serifen.

ABCDEFGHIJKLMNOPQRST
UVWXYZabcdefghijklmnopqrst
uvwxyz 0123456789.,:!?ß&*

Das ist ein Blindtext. Er vermittelt einen Eindruck vom visuellen Charakter der Schrift. An diesem Beispiel sind grundlegende Eigenschaften wie Laufweite, Wortabstand und Grauwert der Schrift in Ansätzen erkennbar. So können die Möglichkeiten und Grenzen ihres Einsatzes im Mengensatz abgewogen werden.

Lorem ipsum Dolor sit amet.
Boom

Lorem ipsum Dolor sit amet.
Boom Small

Lorem ipsum Dolor sit amet.
Boom Italic

Lorem ipsum Dolor sit amet.
Boom Bold

Lorem ipsum Dolor sit amet.
Boom Bold Italic

Borsalino
Für diese extrem schmale klassizistische Antiqua sind nur wenige Anwendungen vorstellbar. Als Lesetext ist sie ungeeignet.

ABCDEFGHIJKLMNOPQRSTUVWXYZabcdefghijklmnopqrstuvwxyz
0123456789.,:!?ß&*¨

Das ist ein Blindtext. Er vermittelt einen Eindruck vom visuellen Charakter der Schrift. An diesem Beispiel sind grundlegende Eigenschaften wie Laufweite, Wortabstand und Grauwert der Schrift in Ansätzen erkennbar. So können die Möglichkeiten und Grenzen ihres Einsatzes im Mengensatz abgewogen werden.

Lorem ipsum Dolor sit amet.

Botanika
Eine robuste und dekorative serifenbetonte Linear-Antiqua mit kursivem Schnitt.

ABCDEFGHIJKLMNOPQRSTUVW
XYZabcdefghijklmnopqrstuvwxyz
0123456789.,:!?ß&*

Das ist ein Blindtext. Er vermittelt einen Eindruck vom visuellen Charakter der Schrift. An diesem Beispiel sind grundlegende Eigenschaften wie Laufweite, Wortabstand und Grauwert der Schrift in Ansätzen erkennbar. So können die Möglichkeiten und Grenzen ihres Einsatzes im Mengensatz abgewogen werden.

Lorem ipsum Dolor sit amet.
Botanika

Lorem ipsum Dolor sit amet.
Botanika Italic

Lorem ipsum Dolor sit amet.
Botanika Bold

Brenta
Diese historische Antiqua entstammt dem 18. Jahrhundert. Sie verfügt weder über Satz- und Sonderzeichen noch über die Ziffer 0.

ABCDEFGHIJKLMNOPQSTUV
WXYZabcdefghijklmnopqrstuvwxyz
123456789 &

Das ist ein Blindtext. Er vermittelt einen Eindruck vom visuellen Charakter der Schrift. An diesem Beispiel sind grundlegende Eigenschaften wie Laufweite, Wortabstand und Grauwert der Schrift in Ansätzen erkennbar. So können die Möglichkeiten und Grenzen ihres Einsatzes im Mengensatz abgewogen werden.

Lorem ipsum Dolor sit amet.

Brougstey
Eine breit laufende Schrift mit hoher Mittelhöhe und individuellem Schweif am Q.

ABCDEFGHIJKLMNOPQRSTU VWXYZabcdefghijklmnopqrstuvw xyz 0123456789.,:!?ß&*

Das ist ein Blindtext. Er vermittelt einen Eindruck vom visuellen Charakter der Schrift. An diesem Beispiel sind grundlegende Eigenschaften wie Laufweite, Wortabstand und Grauwert der Schrift in Ansätzen erkennbar. So können die Möglichkeiten und Grenzen ihres Einsatzes im Mengensatz abgewogen werden.

Lorem ipsum Dolor sit amet.
Brougstey

Lorem ipsum Dolor sit amet.
Brougstey Italic

Lorem ipsum Dolor sit amet.
Brougstey Bold

Lorem ipsum Dolor sit amet.
Brougstey Bold Italic

Cabbala
Zu beachten ist, dass die Cabbala nur in einem Schnitt vorliegt.

ABCDEFGHIJKLMNOPQRSTU VWXYZabcdefghijklmnopqrstuvw xyz 0123456789.,:!?ß&*

Das ist ein Blindtext. Er vermittelt einen Eindruck vom visuellen Charakter der Schrift. An diesem Beispiel sind grundlegende Eigenschaften wie Laufweite, Wortabstand und Grauwert der Schrift in Ansätzen erkennbar. So können die Möglichkeiten und Grenzen ihres Einsatzes im Mengensatz abgewogen werden.

Lorem ipsum Dolor sit amet.

Antiqua-Schriften mit Serifen

Caldera

Stark gekehlte Serifen sind für die Caldera typisch.

ABCDEFGHIJKLMNOPQRSTUVW
XYZabcdefghijklmnopqrstuvwxyz
0123456789.,:!?ß&*

Das ist ein Blindtext. Er vermittelt einen Eindruck vom visuellen Charakter der Schrift. An diesem Beispiel sind grundlegende Eigenschaften wie Laufweite, Wortabstand und Grauwert der Schrift in Ansätzen erkennbar. So können die Möglichkeiten und Grenzen ihres Einsatzes im Mengensatz abgewogen werden.

Lorem ipsum Dolor sit amet.
Caldera

Lorem ipsum Dolor sit amet.
Caldera Bold

Canape

Die balkenartigen Serifen sitzen recht unvermittelt an den Schäften der Buchstaben. Trotz dieser gewissen Sprödigkeit ist sie gut lesbar.

ABCDEFGHIJKLMNOPQRSTUV
WXYZabcdefghijklmnopqrstuvwxyz
0123456789.,:!?ß&*

Das ist ein Blindtext. Er vermittelt einen Eindruck vom visuellen Charakter der Schrift. An diesem Beispiel sind grundlegende Eigenschaften wie Laufweite, Wortabstand und Grauwert der Schrift in Ansätzen erkennbar. So können die Möglichkeiten und Grenzen ihres Einsatzes im Mengensatz abgewogen werden.

Lorem ipsum Dolor sit amet.
Canape

Lorem ipsum Dolor sit amet.
Canape Condensed

Lorem ipsum Dolor sit amet.
Canape Italic

Lorem ipsum Dolor sit amet.
Canape Bold

Caoca
Der starke Strichstärkenkontrast schließt die Verwendung der Caoca in sehr kleinen Graden aus.

ABCDEFGHIJKLMNOPQRSTU VWXYZabcdefghijklmnopqrstuvwxyz 0123456789.,:!?ß&*

Das ist ein Blindtext. Er vermittelt einen Eindruck vom visuellen Charakter der Schrift. An diesem Beispiel sind grundlegende Eigenschaften wie Laufweite, Wortabstand und Grauwert der Schrift in Ansätzen erkennbar. So können die Möglichkeiten und Grenzen ihres Einsatzes im Mengensatz abgewogen werden.

Lorem ipsum Dolor sit amet.

Carmen
Zu Auszeichnungszwecken eignet sich die Carmen.

ABCDEFGHIJKLMNOPQRSTUVW XYZabcdefghijklmnopqrstuvwxyz 0123456789.,:!?ß&*

Das ist ein Blindtext. Er vermittelt einen Eindruck vom visuellen Charakter der Schrift. An diesem Beispiel sind grundlegende Eigenschaften wie Laufweite, Wortabstand und Grauwert der Schrift in Ansätzen erkennbar. So können die Möglichkeiten und Grenzen ihres Einsatzes im Mengensatz abgewogen werden.

Lorem ipsum Dolor sit amet.

Caslon
Die Verwendung dieser Schrift aus dem 18. Jahrhundert erfordert sehr viele manuelle Korrekturen von Buchstaben- und Wortabständen. Über eigene Satzzeichen verfügt sie nicht.

ABCDEFGHIJKLMNOPQRSTUV WXYZabcdefghijklmnopqrstuvwxyz 0123456789&

Das ist ein Blindtext. Er vermittelt einen Eindruck vom visuellen Charakter der Schrift. An diesem Beispiel sind grundlegende Eigenschaften wie Laufweite, Wortabstand und Grauwert der Schrift in Ansätzen erkennbar. So können die Möglichkeiten und Grenzen ihres Einsatzes im Mengensatz abgewogen werden.

Lorem ipsum Dolor sit amet.
Caslon a

Lorem ipsum Dolor sit amet.
Caslon b

Cento
Der schmale und enge Charakter der Cento erfordert eine Anpassung der Wortabstände.

ABCDEFGHIJKLMNOPQRSTUVWXYZabc defghijklmnopqrstuvwxyz0123456789.,:!?ß&*

Das ist ein Blindtext. Er vermittelt einen Eindruck vom visuellen Charakter der Schrift. An diesem Beispiel sind grundlegende Eigenschaften wie Laufweite, Wortabstand und Grauwert der Schrift in Ansätzen erkennbar. So können die Möglichkeiten und Grenzen ihres Einsatzes im Mengensatz abgewogen werden.

Lorem ipsum Dolor sit amet.

Castel
Eine klassische Barock-Antiqua mit diversen Schnitten für den vielseitigen Gebrauch.

Castel

ABCDEFGHIJKLMNOPQRSTUV
WXYZabcdefghijklmnopqrstuvwxyz
0123456789.,:!?ß&*

Castel Large Italic

ABCDEFGHIJKLMNOPQRSTU
VWXYZabcdefghijklmnopqrstuv
xyz 0123456789.,:!?ß&*

Castel Book

ABCDEFGHIJKLMNOPQRSTUVW
XYZabcdefghijklmnopqrstuvwxyz
0123456789.,:!?ß&*

Das ist ein Blindtext. Er vermittelt einen Eindruck vom visuellen Charakter der Schrift. An diesem Beispiel sind grundlegende Eigenschaften wie Laufweite, Wortabstand und Grauwert der Schrift in Ansätzen erkennbar. So können die Möglichkeiten und Grenzen ihres Einsatzes im Mengensatz abgewogen werden.

Lorem ipsum Dolor sit amet.
Castel

Lorem ipsum Dolor sit amet.
Castel Book

LOREM IPSUM DOLOR SIT AMET.
Castel Caps Old

Lorem ipsum Dolor sit amet.
Castel Large Italic

Lorem ipsum Dolor sit amet.
Castel Italic

Lorem ipsum Dolor sit amet.
Castel Bold

Antiqua-Schriften mit Serifen

Ceisse
Die Ceisse ist eine gut lesbare Schrift, die sich auch aufgrund diverser Schnitte für viele Anwendungen empfiehlt.

Ceisse

ABCDEFGHIJKLMNOPQRSTUVW
XYZabcdefghijklmnopqrstuvwxyz
0123456789.,:!?ß&*

Ceisse Medium

ABCDEFGHIJKLMNOPQRSTUVW
XYZabcdefghijklmnopqrstuvwxyz
0123456789.,:!?ß&*

Ceisse Condensed

ABCDEFGHIJKLMNOPQRSTUVWXYZ
abcdefghijklmnopqrstuvwxyz
0123456789.,:!?ß&*

Das ist ein Blindtext. Er vermittelt einen Eindruck vom visuellen Charakter der Schrift. An diesem Beispiel sind grundlegende Eigenschaften wie Laufweite, Wortabstand und Grauwert der Schrift in Ansätzen erkennbar. So können die Möglichkeiten und Grenzen ihres Einsatzes im Mengensatz abgewogen werden.

Lorem ipsum Dolor sit amet.
Ceisse

Lorem ipsum Dolor sit amet.
Ceisse Condensed

Lorem ipsum Dolor sit amet.
Ceisse Medium

Lorem ipsum Dolor sit amet.
Ceisse Small Caps

Lorem ipsum Dolor sit amet.
Ceisse Italic

Lorem ipsum Dolor sit amet.
Ceisse Bold

Antiqua-Schriften mit Serifen

Centrum
Eine leichte und gut lesbare
venezianische Renaissance-Antiqua.

ABCDEFGHIJKLMNOPQRSTUV
WXYZabcdefghijklmnopqrstuvwxyz
0123456789.,:!?ß&*

Das ist ein Blindtext. Er vermittelt einen Eindruck vom visuellen Charakter der Schrift. An diesem Beispiel sind grundlegende Eigenschaften wie Laufweite, Wortabstand und Grauwert der Schrift in Ansätzen erkennbar. So können die Möglichkeiten und Grenzen ihres Einsatzes im Mengensatz abgewogen werden.

Lorem ipsum Dolor sit amet.
Centrum

Lorem ipsum Dolor sit amet.
Centrum Italic

Ceopard
Die ruhige und gut lesbare Ceopard liegt in drei Schnitten vor.

ABCDEFGHIJKLMNOPQRSTUVW
XYZabcdefghijklmnopqrstuvwxyz
0123456789.,:!?ß&*

Das ist ein Blindtext. Er vermittelt einen Eindruck vom visuellen Charakter der Schrift. An diesem Beispiel sind grundlegende Eigenschaften wie Laufweite, Wortabstand und Grauwert der Schrift in Ansätzen erkennbar. So können die Möglichkeiten und Grenzen ihres Einsatzes im Mengensatz abgewogen werden.

Lorem ipsum Dolor sit amet.
Ceopard

Lorem ipsum Dolor sit amet.
Ceopard Italic

Lorem ipsum Dolor sit amet.
Ceopard Bold

Antiqua-Schriften mit Serifen

Cevea
Eine Schrift mit recht starkem Fett-Fein-Kontrast.

ABCDEFGHIJKLMNOPQRSTUVW
XYZabcdefghijklmnopqrstuvwxyz
0123456789.,:!?ß&*

Das ist ein Blindtext. Er vermittelt einen Eindruck vom visuellen Charakter der Schrift. An diesem Beispiel sind grundlegende Eigenschaften wie Laufweite, Wortabstand und Grauwert der Schrift in Ansätzen erkennbar. So können die Möglichkeiten und Grenzen ihres Einsatzes im Mengensatz abgewogen werden.

Lorem ipsum Dolor sit amet.
Cevea

Lorem ipsum Dolor sit amet.
Cevea Italic

Lorem ipsum Dolor sit amet.
Cevea Bold

Lorem ipsum Dolor sit amet.
Cevea Bold Italic

Choral
Mit dreieckigen Serifen stemmen sich die Buchstaben der Choral gegen die Grundlinie.

ABCDEFGHIJKLMNOPQRSTUVW
XYZabcdefghijklmnopqrstuvwxyz
0123456789.,:!?ß&*

Das ist ein Blindtext. Er vermittelt einen Eindruck vom visuellen Charakter der Schrift. An diesem Beispiel sind grundlegende Eigenschaften wie Laufweite, Wortabstand und Grauwert der Schrift in Ansätzen erkennbar. So können die Möglichkeiten und Grenzen ihres Einsatzes im Mengensatz abgewogen werden.

Lorem ipsum Dolor sit amet.
Choral

Lorem ipsum Dolor sit amet.
Choral Italic

Cherusker
Ein breites Spektrum verschiedener Schnitte bietet diese Schrift.

Cherusker

ABCDEFGHIJKLMNOPQRSTUVW
XYZabcdefghijklmnopqrstuvwxyz
0123456789.,:!?ß&*

Cherusker Medium

ABCDEFGHIJKLMNOPQRSTUVWXYZ
abcdefghijklmnopqrstuvwxyz
0123456789.,:!?ß&*

Cherusker Condensed

ABCDEFGHIJKLMNOPQRSTUVWXYZ
abcdefghijklmnopqrstuvwxyz
0123456789.,:!?ß&*

Das ist ein Blindtext. Er vermittelt einen Eindruck vom visuellen Charakter der Schrift. An diesem Beispiel sind grundlegende Eigenschaften wie Laufweite, Wortabstand und Grauwert der Schrift in Ansätzen erkennbar. So können die Möglichkeiten und Grenzen ihres Einsatzes im Mengensatz abgewogen werden.

Lorem ipsum Dolor sit amet.
Cherusker

Lorem ipsum Dolor sit amet.
Cherusker Condensed

Lorem ipsum Dolor sit amet.
Cherusker Condensed Medium

Lorem ipsum Dolor sit amet.
Cherusker Medium

Lorem ipsum Dolor sit amet.
Cherusker Italic

Lorem ipsum Dolor sit amet.
Cherusker Bold

Antiqua-Schriften mit Serifen

Citta

Diese serifenbetonte Linear-Antiqua fällt auf durch ihre zum Teil einseitig ausgestellten Serifen. Für den normalen Schnitt existieren keine adäquaten Ausrufe- und Fragezeichen.

Citta

ABCDEFGHIJKLMNOPQRSTUVWXYZ
abcdefghijklmnopqrstuvwxyz
0123456789.,:!?ß&*

Citta Small

ABCDEFGHIJKLMNOPQRSTUVWXYZ
abcdefghijklmnopqrstuvwxyz
0123456789.,:!?ß&*

Das ist ein Blindtext. Er vermittelt einen Eindruck vom visuellen Charakter der Schrift. An diesem Beispiel sind grundlegende Eigenschaften wie Laufweite, Wortabstand und Grauwert der Schrift in Ansätzen erkennbar. So können die Möglichkeiten und Grenzen ihres Einsatzes im Mengensatz abgewogen werden.

Lorem ipsum Dolor sit amet.
Citta

Lorem ipsum Dolor sit amet.
Citta Small

Lorem ipsum Dolor sit amet.
Citta Italic

Lorem ipsum Dolor sit amet.
Citta Bold

Lorem ipsum Dolor sit amet.
Citta Bold Italic

Clarence
Diese Schrift ist ein Beispiel für eine Egyptienne mit deutlich sichtbarem Fett-Fein-Kontrast.

Clarence

ABCDEFGHIJKLMNOPQRSTU
VWXYZabcdefghijklmnopqrstuv
wxyz 0123456789.,:!?ß&*

Clarence Small

ABCDEFGHIJKLMNOPQRSTU
VWXYZabcdefghijklmnopqrstuvw
xyz 0123456789.,:!?ß&*

Clarence Condensed

ABCDEFGHIJKLMNOPQRSTUVWXYZ
abcdefghijklmnopqrstuvw
xyz 0123456789.,:!?ß&*

Das ist ein Blindtext. Er vermittelt einen Eindruck vom visuellen Charakter der Schrift. An diesem Beispiel sind grundlegende Eigenschaften wie Laufweite, Wortabstand und Grauwert der Schrift in Ansätzen erkennbar. So können die Möglichkeiten und Grenzen ihres Einsatzes im Mengensatz abgewogen werden.

Lorem ipsum Dolor sit amet.
Clarence

Lorem ipsum Dolor sit amet.
Clarence Condensed

Lorem ipsum Dolor sit amet.
Clarence Small

Lorem ipsum Dolor sit amet.
Clarence Bold

Antiqua-Schriften mit Serifen

A Cliff

Um eine etwas kräftigere Variante zur unten stehenden handelt es sich bei dieser Schrift.

ABCDEFGHIJKLMNOPQRSTUVWXYZ
abcdefghijklmnopqrstuvwxyz
0123456789.,:!?ß&*

Das ist ein Blindtext. Er vermittelt einen Eindruck vom visuellen Charakter der Schrift. An diesem Beispiel sind grundlegende Eigenschaften wie Laufweite, Wortabstand und Grauwert der Schrift in Ansätzen erkennbar. So können die Möglichkeiten und Grenzen ihres Einsatzes im Mengensatz abgewogen werden.

Lorem ipsum Dolor sit amet.
Cliff

Lorem ipsum Dolor sit amet.
Cliff Elongated

Lorem ipsum Dolor sit amet.
Cliff Bold

A Clint

Ein helleres Schriftbild erzeugt diese Schrift gegenüber der oben stehenden.

ABCDEFGHIJKLMNOPQRSTUVWXYZ
abcdefghijklmnopqrstuvwxyz
0123456789.,:!?ß&*

Das ist ein Blindtext. Er vermittelt einen Eindruck vom visuellen Charakter der Schrift. An diesem Beispiel sind grundlegende Eigenschaften wie Laufweite, Wortabstand und Grauwert der Schrift in Ansätzen erkennbar. So können die Möglichkeiten und Grenzen ihres Einsatzes im Mengensatz abgewogen werden.

Lorem ipsum Dolor sit amet.
Clint

Lorem ipsum Dolor sit amet.
Clint Large

Lorem ipsum Dolor sit amet.
Clint Italic

Lorem ipsum Dolor sit amet.
Clint Bold

Comclomerat
Gerade Serifen und ein relativ starker Strichstärkenkontrast kennzeichnen die Comclomerat.

ABCDEFGHIJKLMNOPQRSTUVW XYZabcdefghijklmnopqrstuvwxyz 0123456789.,:!?ß&*

Das ist ein Blindtext. Er vermittelt einen Eindruck vom visuellen Charakter der Schrift. An diesem Beispiel sind grundlegende Eigenschaften wie Laufweite, Wortabstand und Grauwert der Schrift in Ansätzen erkennbar. So können die Möglichkeiten und Grenzen ihres Einsatzes im Mengensatz abgewogen werden.

Lorem ipsum Dolor sit amet.
Comclomerat

Lorem ipsum Dolor sit amet.
Comclomerat Italic

Lorem ipsum Dolor sit amet.
Comclomerat Bold

Conan
Eine kräftige und recht schmal laufende Barock-Antiqua, die sehr gut auch für den Mengensatz geeignet ist.

ABCDEFGHIJKLMNOPQRSTUVWXYZ abcdefghijklmnopqrstuvwxyz 0123456789.,:!?ß&*

Das ist ein Blindtext. Er vermittelt einen Eindruck vom visuellen Charakter der Schrift. An diesem Beispiel sind grundlegende Eigenschaften wie Laufweite, Wortabstand und Grauwert der Schrift in Ansätzen erkennbar. So können die Möglichkeiten und Grenzen ihres Einsatzes im Mengensatz abgewogen werden.

Lorem ipsum Dolor sit amet.
Conan

Lorem ipsum Dolor sit amet.
Conan Small Caps

Lorem ipsum Dolor sit amet.
Conan Italic

Lorem ipsum Dolor sit amet.
Conan Bold

Antiqua-Schriften mit Serifen

Cosima
Um den ruhigen Charakter dieser Schrift im Textbild zu erhalten, muss ihre Laufweite erhöht werden.

ABCDEFGHIJKLMNOPQRSTUVW
XYZabcdefghijklmnopqrstuvwxyz
0123456789.,:!?ß&*

Das ist ein Blindtext. Er vermittelt einen Eindruck vom visuellen Charakter der Schrift. An diesem Beispiel sind grundlegende Eigenschaften wie Laufweite, Wortabstand und Grauwert der Schrift in Ansätzen erkennbar. So können die Möglichkeiten und Grenzen ihres Einsatzes im Mengensatz abgewogen werden.

Lorem ipsum Dolor sit amet.
Cosima

Lorem ipsum Dolor sit amet.
Cosima Italic

Lorem ipsum Dolor sit amet.
Cosima Bold

Dailama
Die zum Teil sehr spitz auslaufenden Serifen führen dazu, dass sie in kleinen Schriftgraden oder bei großer Entfernung fast unsichtbar sind.

ABCDEFGHIJKLMNOPQRSTUVW
XYZabcdefghijklmnopqrstuvwxyz
0123456789.,:!?ß&*

Das ist ein Blindtext. Er vermittelt einen Eindruck vom visuellen Charakter der Schrift. An diesem Beispiel sind grundlegende Eigenschaften wie Laufweite, Wortabstand und Grauwert der Schrift in Ansätzen erkennbar. So können die Möglichkeiten und Grenzen ihres Einsatzes im Mengensatz abgewogen werden.

Lorem ipsum Dolor sit amet.
Dailama

Lorem ipsum Dolor sit amet.
Dailama Medium

Lorem ipsum Dolor sit amet.
Dailama Italic

Lorem ipsum Dolor sit amet.
Dailama Bold

Credo
Bestandteil dieser Schriftfamilie sind Kapitälchen, zu ihnen gehören die gut in einen Text zu integrierenden Mediävalziffern.

Credo

ABCDEFGHIJKLMNOPQRSTUVW
XYZabcdefghijklmnopqrstuvwxyz
0123456789.,:!?ß&*

Credo Small Caps

ABCDEFGHIJKLMNOPQRSTUVW
XYZABCDEFGHIJKLMNOPQRSTUVWXYZ
0123456789.,:!?©&*

Credo Bold

ABCDEFGHIJKLMNOPQRSTUV
WXYZabcdefghijklmnopqrstuvwxyz
0123456789.,:!?ß&*

Das ist ein Blindtext. Er vermittelt einen Eindruck vom visuellen Charakter der Schrift. An diesem Beispiel sind grundlegende Eigenschaften wie Laufweite, Wortabstand und Grauwert der Schrift in Ansätzen erkennbar. So können die Möglichkeiten und Grenzen ihres Einsatzes im Mengensatz abgewogen werden.

Lorem ipsum Dolor sit amet.
Credo

Lorem ipsum Dolor sit amet.
Credo Small Caps

Lorem ipsum Dolor sit amet.
Credo Italic

Lorem ipsum Dolor sit amet.
Credo Bold

Lorem ipsum Dolor sit amet.
Credo Bold Italic

Antiqua-Schriften mit Serifen

Dinosaur
Diese elegante Schrift trägt noch viele Merkmale geschriebener Buchstaben in sich. Zum kursiven Schnitt Swash Letters gehören schwungvolle Versalien.

ABCDEFGHIJKLMNOPQRSTUVW
XYZabcdefghijklmnopqrstuvwxyz
0123456789.,:!?ß&*

Das ist ein Blindtext. Er vermittelt einen Eindruck vom visuellen Charakter der Schrift. An diesem Beispiel sind grundlegende Eigenschaften wie Laufweite, Wortabstand und Grauwert der Schrift in Ansätzen erkennbar. So können die Möglichkeiten und Grenzen ihres Einsatzes im Mengensatz abgewogen werden.

Lorem ipsum Dolor sit amet.
Dinosaur

Lorem ipsum Dolor sit amet.
Dinosaur Swash Letters

Lorem ipsum Dolor sit amet.
Dinosaur Italic

Domus
Eine kräftige, gerade stehende Antiqua in nur einem Schnitt.

ABCDEFGHIJKLMNOPQRSTUVW
XYZabcdefghijklmnopqrstuvwxyz
0123456789.,:!?ß&*

Das ist ein Blindtext. Er vermittelt einen Eindruck vom visuellen Charakter der Schrift. An diesem Beispiel sind grundlegende Eigenschaften wie Laufweite, Wortabstand und Grauwert der Schrift in Ansätzen erkennbar. So können die Möglichkeiten und Grenzen ihres Einsatzes im Mengensatz abgewogen werden.

Lorem ipsum Dolor sit amet.

Egilat
Eine gut lesbare Schrift
mit großen Binnenräumen.

ABCDEFGHIJKLMNOPQRSTU
VWXYZabcdefghijklmnopqrstuvw
xyz 0123456789.,:!?ß&*

Das ist ein Blindtext. Er vermittelt einen Eindruck vom visuellen Charakter der Schrift. An diesem Beispiel sind grundlegende Eigenschaften wie Laufweite, Wortabstand und Grauwert der Schrift in Ansätzen erkennbar. So können die Möglichkeiten und Grenzen ihres Einsatzes im Mengensatz abgewogen werden.

Lorem ipsum Dolor sit amet.
Egilat

Lorem ipsum Dolor sit amet.
Egilat Italic

Lorem ipsum Dolor sit amet.
Egilat Bold

Lorem ipsum Dolor sit amet.
Egilat Bold Italic

Egyne
Um 1900 entstand diese schmalfette Egyptienne,
die gut zu Auszeichnungszwecken nutzbar ist.

**ABCDEFGHIJKLMNOPQRSTUVWXYZ
abcdefghijklmnopqrstuvwxyz
0123456789.,:!?ß&***

Das ist ein Blindtext. Er vermittelt einen Eindruck vom visuellen Charakter der Schrift. An diesem Beispiel sind grundlegende Eigenschaften wie Laufweite, Wortabstand und Grauwert der Schrift in Ansätzen erkennbar. So können die Möglichkeiten und Grenzen ihres Einsatzes im Mengensatz abgewogen werden.

Lorem ipsum Dolor sit amet.

Antiqua-Schriften mit Serifen

Ehrlicht
Flache konische Serifen, die ohne Wölbung an den Strichen sitzen, sind charakteristisch für die Ehrlicht.

ABCDEFGHIJKLMNOPQRSTUVW
XYZabcdefghijklmnopqrstuvwxyz
0123456789.,:!?ß&*

Das ist ein Blindtext. Er vermittelt einen Eindruck vom visuellen Charakter der Schrift. An diesem Beispiel sind grundlegende Eigenschaften wie Laufweite, Wortabstand und Grauwert der Schrift in Ansätzen erkennbar. So können die Möglichkeiten und Grenzen ihres Einsatzes im Mengensatz abgewogen werden.

Lorem ipsum Dolor sit amet.
Ehrlicht

Lorem ipsum Dolor sit amet.
Ehrlicht Italic

Lorem ipsum Dolor sit amet.
Ehrlicht Bold

Enrico
Die sehr breite klassizistische Antiqua verfügt anstelle der Minuskeln über Kapitälchen.

ABCDEFGHIJKLMNOPQ
RSTUVWXYZABCDEFGHIJ
KLMNOPQRSTUVWXYZ
0123456789.,:!?©&*

DAS IST EIN BLINDTEXT. ER VERMITTELT EINEN EINDRUCK VOM VISUELLEN CHARAKTER DER SCHRIFT. AN DIESEM BEISPIEL SIND GRUNDLEGENDE EIGENSCHAFTEN WIE LAUFWEITE, WORTABSTAND UND GRAUWERT DER SCHRIFT IN ANSÄTZEN ERKENNBAR. SO KÖNNEN DIE MÖGLICHKEITEN UND GRENZEN IHRES EINSATZES IM MENGENSATZ ABGEWOGEN WERDEN.

LOREM IPSUM DOLOR SIT AMET.
Enrico

LOREM IPSUM DOLOR SIT AMET.
Enrico Bold

 **Esperanto**
Ein ausgewogener Charakter und gekehlte Serifen zeichnen diese Schrift aus. Mit ihren verschiedenen Schnitten eignet sie sich für unterschiedliche Aufgaben.

Esperanto

ABCDEFGHIJKLMNOPQRSTUVWXYZabcdefghijklmnopqrstuvwxyz0123456789.,:!?ß&*

Esperanto Medium

ABCDEFGHIJKLMNOPQRSTUVWXYZabcdefghijklmnopqrstuvwxyz0123456789.,:!?ß&*

Esperanto Caps Old

ABCDEFGHIJKLMNOPQRSTUVWXYZABCDEFGHIJKLMNOPQRSTUVWXYZ0123456789.,:!?©&*

Das ist ein Blindtext. Er vermittelt einen Eindruck vom visuellen Charakter der Schrift. An diesem Beispiel sind grundlegende Eigenschaften wie Laufweite, Wortabstand und Grauwert der Schrift in Ansätzen erkennbar. So können die Möglichkeiten und Grenzen ihres Einsatzes im Mengensatz abgewogen werden.

Lorem ipsum Dolor sit amet.
Esperanto

Lorem ipsum Dolor sit amet.
Esperanto Caps Old

Lorem ipsum Dolor sit amet.
Esperanto Medium

Lorem ipsum Dolor sit amet.
Esperanto Italic

Lorem ipsum Dolor sit amet.
Esperanto Bold

Lorem ipsum Dolor sit amet.
Esperanto Bold Italic

Antiqua-Schriften mit Serifen

Fenissa

Die Fenissa gehört mit ihren haarfeinen und unvermittelt ansetzenden Serifen zu den klassizistischen Antiqua. Typisch ist, dass auch im extrem fetten Schnitt die Stärke der Haarlinien unverändert bleibt.

Fenissa

ABCDEFGHIJKLMNOPQRSTUVWXYZ
abcdefghijklmnopqrstuvwxyz
0123456789.,:!?ß&*

Fenissa Large

ABCDEFGHIJKLMNOPQRSTUVWXYZabcdefghijklmnopqrstuvwxyz 0123456789.,:!?ß&*

Fenissa Medium

ABCDEFGHIJKLMNOPQRSTUVWXYZ
abcdefghijklmnopqrstuvwxyz
0123456789.,:!?ß&*

Das ist ein Blindtext. Er vermittelt einen Eindruck vom visuellen Charakter der Schrift. An diesem Beispiel sind grundlegende Eigenschaften wie Laufweite, Wortabstand und Grauwert der Schrift in Ansätzen erkennbar. So können die Möglichkeiten und Grenzen ihres Einsatzes im Mengensatz abgewogen werden.

Lorem ipsum Dolor sit amet.
Fenissa

Lorem ipsum Dolor sit amet.
Fenissa Caps Old

Lorem ipsum Dolor sit amet.
Fenissa Large

Lorem ipsum Dolor sit amet.
Fenissa Medium

Lorem ipsum Dolor sit amet.
Fenissa Italic

Lorem ipsum Dolor sit amet.
Fenissa Bold

Frapant Antiqua
Eine gut lesbare Schrift mit großem Fett-Fein-Unterschied, die ohne Kursive auskommen muss.

Frapant Antiqua

ABCDEFGHIJKLMNOPQRSTUVW
XYZabcdefghijklmnopqrstuvwxyz
0123456789.,:!?ß&*

Frapant Antiqua Medium

**ABCDEFGHIJKLMNOPQRSTUVW
XYZabcdefghijklmnopqrstuvwxyz
0123456789.,:!?ß&***

Frapant Antiqua Small Caps

ABCDEFGHIJKLMNOPQRSTUVW
XYZabcdefghijklmnopqrstuvwxyz
0123456789.,:!?©&*

Das ist ein Blindtext. Er vermittelt einen Eindruck vom visuellen Charakter der Schrift. An diesem Beispiel sind grundlegende Eigenschaften wie Laufweite, Wortabstand und Grauwert der Schrift in Ansätzen erkennbar. So können die Möglichkeiten und Grenzen ihres Einsatzes im Mengensatz abgewogen werden.

Lorem ipsum Dolor sit amet.
Frapant Antiqua

Lorem ipsum Dolor sit amet.
Frapant Antiqua Medium

LOREM IPSUM DOLOR SIT AMET.
Frapant Antiqua Small Caps

Lorem ipsum Dolor sit amet.
Frapant Antiqua Bold

Antiqua-Schriften mit Serifen

Gaba
Für viele Anwendungen geeignet ist diese Renaissance-Antiqua. Der Schnitt Caps Old hält auch Mediävalziffern als Alternative zu den Versalziffern bereit.

Gaba

ABCDEFGHIJKLMNOPQRSTUVW
XYZabcdefghijklmnopqrstuvwxyz
0123456789.,:!?ß&*

Gaba Medium

ABCDEFGHIJKLMNOPQRSTUVW
XYZabcdefghijklmnopqrstuvwxyz
0123456789.,:!?ß&*

Gaba Condensed

ABCDEFGHIJKLMNOPQRSTUVWXYZ
abcdefghijklmnopqrstuvwxyz 0123456789.,:!?ß&*

Das ist ein Blindtext. Er vermittelt einen Eindruck vom visuellen Charakter der Schrift. An diesem Beispiel sind grundlegende Eigenschaften wie Laufweite, Wortabstand und Grauwert der Schrift in Ansätzen erkennbar. So können die Möglichkeiten und Grenzen ihres Einsatzes im Mengensatz abgewogen werden.

Lorem ipsum Dolor sit amet.
Gaba

Lorem ipsum Dolor sit amet.
Gaba Caps Old

Lorem ipsum Dolor sit amet.
Gaba Condensed

Lorem ipsum Dolor sit amet.
Gaba Medium

Lorem ipsum Dolor sit amet.
Gaba Old

Lorem ipsum Dolor sit amet.
Gaba Small Caps

Lorem ipsum Dolor sit amet.
Gaba Swash Letters

Gada
Die Gada verfügt über Mediävalziffern, besonders ausgeprägt im kursiven Schnitt.

Gada

ABCDEFGHIJKLMNOPQRSTUVWXYZabcdefghijklmnopqrstuvwxyz
0123456789.,:!?ß&*

Gada Old

ABCDEFGHIJKLMNOPQRSTUVWXYZ
abcdefghijklmnopqrstuvwxyz
0123456789.,:!?ß&*

Gada Small Caps

ABCDEFGHIJKLMNOPQRSTUVW
XYZABCDEFGHIJKLMNOPQRSTUVWXYZ
0123456789.,:!?©&*

Das ist ein Blindtext. Er vermittelt einen Eindruck vom visuellen Charakter der Schrift. An diesem Beispiel sind grundlegende Eigenschaften wie Laufweite, Wortabstand und Grauwert der Schrift in Ansätzen erkennbar. So können die Möglichkeiten und Grenzen ihres Einsatzes im Mengensatz abgewogen werden.

Lorem ipsum Dolor sit amet.
Gada

Lorem ipsum Dolor sit amet.
Gada Old

LOREM IPSUM DOLOR SIT AMET.
Gada Small Caps

Lorem ipsum Dolor sit amet.
Gada Italic

Lorem ipsum Dolor sit amet.
Gada Bold

Lorem ipsum Dolor sit amet.
Gada Bold Italic

Antiqua-Schriften mit Serifen

Gaia
Die Qualität dieser Renaissance-Antiqua kommt am stärksten in ihrem normalen Schnitt zum Tragen.

Gaia

ABCDEFGHIJKLMNOPQRSTUVW
XYZabcdefghijklmnopqrstuvwxyz
0123456789.,:!?ß&*

Gaia Large

**ABCDEFGHIJKLMNOPQRST
UVWXYZabcdefghijklmnopqrs
tuvwxyz 0123456789.,:!?ß&***

Gaia Small

ABCDEFGHIJKLMNOPQRSTUVWXYZ
abcdefghijklmnopqrstuvwxyz
0123456789.,:!?ß&*

Das ist ein Blindtext. Er vermittelt einen Eindruck vom visuellen Charakter der Schrift. An diesem Beispiel sind grundlegende Eigenschaften wie Laufweite, Wortabstand und Grauwert der Schrift in Ansätzen erkennbar. So können die Möglichkeiten und Grenzen ihres Einsatzes im Mengensatz abgewogen werden.

Lorem ipsum Dolor sit amet.
Gaia

Lorem ipsum Dolor sit amet.
Gaia Condensed

Lorem ipsum Dolor sit amet.
Gaia Condensed Bold

Lorem ipsum Dolor sit amet.
Gaia Condensed Small

Lorem ipsum Dolor sit amet.
Gaia Large

Lorem ipsum Dolor sit amet.
Gaia Small

Galopp
Diverse Schnitte stehen für die Nutzung dieser Renaissance-Antiqua zur Verfügung.

Galopp

ABCDEFGHIJKLMNOPQRSTU
VWXYZabcdefghijklmnopqrstuvwxyz
0123456789.,:!?ß&*

Galopp Large

**ABCDEFGHIJKLMNOPQRST
UVWXYZabcdefghijklmnopqrstu
vwxyz0123456789.,:!?ß&***

Galopp Caps Old

ABCDEFGHIJKLMNOPQRSTUV
WXYZABCDEFGHIJKLMNOPQRSTUVW
XYZ 123456789.,:!?©&*

Das ist ein Blindtext. Er vermittelt einen Eindruck vom visuellen Charakter der Schrift. An diesem Beispiel sind grundlegende Eigenschaften wie Laufweite, Wortabstand und Grauwert der Schrift in Ansätzen erkennbar. So können die Möglichkeiten und Grenzen ihres Einsatzes im Mengensatz abgewogen werden.

Lorem ipsum Dolor sit amet.
Galopp

LOREM IPSUM DOLOR SIT AMET. LOREM IPSUm
Galopp Caps Old

Dolor sit amet.
Galopp Large

Lorem ipsum Dolor sit amet.
Galopp Italic

Lorem ipsum Dolor sit amet.
Galopp Bold

Lorem ipsum Dolor sit amet.
Galopp Bold Italic

A Gammon

Gut lesbar ist die Gammon mit ihren kräftigen Serifen.

ABCDEFGHIJKLMNOPQRSTUVW
XYZabcdefghijklmnopqrstuvwxyz
0123456789.,:!?ß&*

Das ist ein Blindtext. Er vermittelt einen Eindruck vom visuellen Charakter der Schrift. An diesem Beispiel sind grundlegende Eigenschaften wie Laufweite, Wortabstand und Grauwert der Schrift in Ansätzen erkennbar. So können die Möglichkeiten und Grenzen ihres Einsatzes im Mengensatz abgewogen werden.

Lorem ipsum Dolor sit amet.
Gammon

Lorem ipsum Dolor sit amet.
Gammon Medium

Lorem ipsum Dolor sit amet.
Gammon Italic

Lorem ipsum Dolor sit amet.
Gammon Bold

A Gasa

Im Schnitt Caps Old finden sich Mediävalziffern.

ABCDEFGHIJKLMNOPQRSTUV
WXYZabcdefghijklmnopqrstuvwxyz
0123456789.,:!?ß&*

Das ist ein Blindtext. Er vermittelt einen Eindruck vom visuellen Charakter der Schrift. An diesem Beispiel sind grundlegende Eigenschaften wie Laufweite, Wortabstand und Grauwert der Schrift in Ansätzen erkennbar. So können die Möglichkeiten und Grenzen ihres Einsatzes im Mengensatz abgewogen werden.

Lorem ipsum Dolor sit amet.
Gasa

Lorem ipsum Dolor sit amet.
Gasa Caps Old

Lorem ipsum Dolor sit amet.
Gasa Italic

Lorem ipsum Dolor sit amet.
Gasa Bold

Gocquin
Diese Schrift mit stark gekehlten Serifen bringt zwei Schnitte mit.

ABCDEFGHIJKLMNOPQRSTUVW XYZabcdefghijklmnopqrstuvwxyz 0123456789.,:!?ß&*

Das ist ein Blindtext. Er vermittelt einen Eindruck vom visuellen Charakter der Schrift. An diesem Beispiel sind grundlegende Eigenschaften wie Laufweite, Wortabstand und Grauwert der Schrift in Ansätzen erkennbar. So können die Möglichkeiten und Grenzen ihres Einsatzes im Mengensatz abgewogen werden.

Lorem ipsum Dolor sit amet.
Goquin

Lorem ipsum Dolor sit amet.
Goquin Italic

Gousine
Eine gut nutzbare französische Renaissance-Antiqua mit auffallenden rautenförmigen i-Punkten und schwungvoll angesetzten Serifen an den unteren Armen von E und Z.

ABCDEFGHIJKLMNOPQRSTUV WXYZabcdefghijklmnopqrstuvwxyz 0123456789.,:!?ß&*

Das ist ein Blindtext. Er vermittelt einen Eindruck vom visuellen Charakter der Schrift. An diesem Beispiel sind grundlegende Eigenschaften wie Laufweite, Wortabstand und Grauwert der Schrift in Ansätzen erkennbar. So können die Möglichkeiten und Grenzen ihres Einsatzes im Mengensatz abgewogen werden.

Lorem ipsum Dolor sit amet.
Gousine

Lorem ipsum Dolor sit amet.
Gousine Italic

Antiqua-Schriften mit Serifen

Gruter
Eine plakative Spielart aus der Gruppe der klassizistischen Antiqua-Schriften.

ABCDEFGHIJKLMNOPQRSTUV WXYZabcdefghijklmnopqrstuvw xyz 0123456789.,:!?ß&*

Das ist ein Blindtext. Er vermittelt einen Eindruck vom visuellen Charakter der Schrift. An diesem Beispiel sind grundlegende Eigenschaften wie Laufweite, Wortabstand und Grauwert der Schrift in Ansätzen erkennbar. So können die Möglichkeiten und Grenzen ihres Einsatzes im Mengensatz abgewogen werden.

Lorem ipsum Dolor sit amet.

Haeratio Condensed
Eine formschöne und dekorative klassizistische Antiqua zu Auszeichnungszwecken ist die Haeratio Condensed.

ABCDEFGHIJKLMNOPQRSTUVWXYZ abcdefghijklmnopqrstuvwxyz 0123456789.,:!?ß&*

Das ist ein Blindtext. Er vermittelt einen Eindruck vom visuellen Charakter der Schrift. An diesem Beispiel sind grundlegende Eigenschaften wie Laufweite, Wortabstand und Grauwert der Schrift in Ansätzen erkennbar. So können die Möglichkeiten und Grenzen ihres Einsatzes im Mengensatz abgewogen werden.

Lorem ipsum Dolor sit amet.

Horbach
Die venezianische Renaissance-Antiqua liegt in drei Schnitten vor.

ABCDEFGHIJKLMNOPQRSTUVW
XYZabcdefghijklmnopqrstuvwxyz
0123456789.,:!?ß&*

Das ist ein Blindtext. Er vermittelt einen Eindruck vom visuellen Charakter der Schrift. An diesem Beispiel sind grundlegende Eigenschaften wie Laufweite, Wortabstand und Grauwert der Schrift in Ansätzen erkennbar. So können die Möglichkeiten und Grenzen ihres Einsatzes im Mengensatz abgewogen werden.

Lorem ipsum Dolor sit amet.
Horbach

Lorem ipsum Dolor sit amet.
Horbach Italic

Lorem ipsum Dolor sit amet.
Horbach Bold

Importe
Diese kräftige, serifenbetonte Linear-Antiqua hinterlässt bei Erhöhung der Laufweite ein gut lesbares Schriftbild.

ABCDEFGHIJKLMNOPQRSTUV
WXYZabcdefghijklmnopqrstuvwxyz
0123456789.,:!?ß&*

Das ist ein Blindtext. Er vermittelt einen Eindruck vom visuellen Charakter der Schrift. An diesem Beispiel sind grundlegende Eigenschaften wie Laufweite, Wortabstand und Grauwert der Schrift in Ansätzen erkennbar. So können die Möglichkeiten und Grenzen ihres Einsatzes im Mengensatz abgewogen werden.

Lorem ipsum Dolor sit amet.
Importe

Lorem ipsum Dolor sit amet.
Importe Italic

Lorem ipsum Dolor sit amet.
Importe Bold

Antiqua-Schriften mit Serifen

 **Imitat**
Die Offenheit der Versalien C und G sowie der gerade Anstrich des kleinen a fallen ins Auge.

Imitat

ABCDEFGHIJKLMNOPQRSTUVWXYZ
abcdefghijklmnopqrstuvwxyz
0123456789.,:!?ß&*

Imitat Medium

ABCDEFGHIJKLMNOPQRSTUVWXYZ
abcdefghijklmnopqrstuvwxyz
0123456789.,:!?ß&*

Imitat Condensed

ABCDEFGHIJKLMNOPQRSTUVWXYZ
abcdefghijklmnopqrstuvwxyz
0123456789.,:!?ß&*

Das ist ein Blindtext. Er vermittelt einen Eindruck vom visuellen Charakter der Schrift. An diesem Beispiel sind grundlegende Eigenschaften wie Laufweite, Wortabstand und Grauwert der Schrift in Ansätzen erkennbar. So können die Möglichkeiten und Grenzen ihres Einsatzes im Mengensatz abgewogen werden.

Lorem ipsum Dolor sit amet.
Imitat

Lorem ipsum Dolor sit amet.
Imitat Condensed

Lorem ipsum Dolor sit amet.
Imitat Medium

Lorem ipsum Dolor sit amet.
Imitat Italic

Lorem ipsum Dolor sit amet.
Imitat Bold

Indira
Diese zu Auszeichnungszwecken geeignete serifenbetonte Linear-Antiqua fällt durch gleiche Strichstärke aller Linien, auch der Serifen, und durch fehlende Rundungen ins Auge.

ABCDEFGHIJKLMNOPQRSTUVW
XYZ abcdefghijklmnopqrstuvwxyz
0123456789.,:!?&*

Das ist ein Blindtext. Er vermittelt einen Eindruck vom visuellen Charakter der Schrift. An diesem Beispiel sind grundlegende Eigenschaften wie Laufweite, Wortabstand und Grauwert der Schrift in Ansätzen erkennbar. So können die Möglichkeiten und Grenzen ihres Einsatzes im Mengensatz abgewogen werden.

Lorem ipsum Dolor sit amet.
Indira

Lorem ipsum Dolor sit amet.
Indira Solid

Ioste
Eine serifenbetonte Linear-Antiqua mit Strichstärkenkontrast und rechtwinklig beschnittenen Anstrichen der Minuskeln. Die Achsstellung der Rundungen ist leicht nach links geneigt.

ABCDEFGHIJKLMNOPQRSTUVW
XYZabcdefghijklmnopqrstuvwxyz
0123456789.,:!?ß&*

Das ist ein Blindtext. Er vermittelt einen Eindruck vom visuellen Charakter der Schrift. An diesem Beispiel sind grundlegende Eigenschaften wie Laufweite, Wortabstand und Grauwert der Schrift in Ansätzen erkennbar. So können die Möglichkeiten und Grenzen ihres Einsatzes im Mengensatz abgewogen werden.

Lorem ipsum Dolor sit amet.
Ioste

Lorem ipsum Dolor sit amet.
Ioste Italic

Lorem ipsum Dolor sit amet.
Ioste Bold

Antiqua-Schriften mit Serifen

Isberg

Rautenförmige i-Punkte, ein schräg gestellter Grundstrich beim kleinen a und sehr lang gezogene Serifen an den Armen der Versalien kennzeichnen diese Schrift.

Isberg

ABCDEFGHIJKLMNOPQRSTUVW
XYZabcdefghijklmnopqrstuvwxyz
0123456789.,:!?ß&*

Isberg Medium

ABCDEFGHIJKLMNOPQRSTUVW
XYZabcdefghijklmnopqrstuvwxyz
0123456789.,:!?ß&*

Isberg Small Caps

ABCDEFGHIJKLMNOPQRSTUVW
XYZABCDEFGHIJKLMNOPQRSTUVWXYZ
0123456789.,:!?©&*

Das ist ein Blindtext. Er vermittelt einen Eindruck vom visuellen Charakter der Schrift. An diesem Beispiel sind grundlegende Eigenschaften wie Laufweite, Wortabstand und Grauwert der Schrift in Ansätzen erkennbar. So können die Möglichkeiten und Grenzen ihres Einsatzes im Mengensatz abgewogen werden.

Lorem ipsum Dolor sit amet.
Isberg

Lorem ipsum Dolor sit amet.
Isberg Medium

LOREM IPSUM DOLOR SIT AMET.
Isberg Small Caps

Lorem ipsum Dolor sit amet.
Isberg Italic

Lorem ipsum Dolor sit amet.
Isberg Bold

Lorem ipsum Dolor sit amet.
Isberg Bold Italic

Itasun

Analog zum Querstrich des kleinen e sind die meisten anderen An- und Querstriche der Minuskeln schräg gestellt.

ABCDEFGHIJKLMNOPQRSTUVW
XYZabcdefghijklmnopqrstuvwxyz
0123456789.,:!?ß&*

Das ist ein Blindtext. Er vermittelt einen Eindruck vom visuellen Charakter der Schrift. An diesem Beispiel sind grundlegende Eigenschaften wie Laufweite, Wortabstand und Grauwert der Schrift in Ansätzen erkennbar. So können die Möglichkeiten und Grenzen ihres Einsatzes im Mengensatz abgewogen werden.

Lorem ipsum Dolor sit amet.
Itasun

Lorem ipsum Dolor sit amet.
Itasun Medium

Lorem ipsum Dolor sit amet.
Itasun Bold

Janus

Fein gearbeitet ist diese Barock-Antiqua mit schönem Schweif am Q und angedeutetem Fuß am Schaft des G.

ABCDEFGHIJKLMNOPQRSTUV
WXYZabcdefghijklmnopqrstuvwxyz
0123456789.,:!?ß&*

Das ist ein Blindtext. Er vermittelt einen Eindruck vom visuellen Charakter der Schrift. An diesem Beispiel sind grundlegende Eigenschaften wie Laufweite, Wortabstand und Grauwert der Schrift in Ansätzen erkennbar. So können die Möglichkeiten und Grenzen ihres Einsatzes im Mengensatz abgewogen werden.

Lorem ipsum Dolor sit amet.
Janus

Lorem ipsum Dolor sit amet.
Janus Caps Old

Lorem ipsum Dolor sit amet.
Janus Italic

Antiqua-Schriften mit Serifen

A Jeremias
Ausschließlich als Kursive liegt diese fette Schrift vor.

ABCDEFGHIJKLMNOPQRSTU
VWXYZabcdefghijklmnopqrstuvwxyz
*0123456789.,:!?ß&**

Das ist ein Blindtext. Er vermittelt einen Eindruck vom visuellen Charakter der Schrift. An diesem Beispiel sind grundlegende Eigenschaften wie Laufweite, Wortabstand und Grauwert der Schrift in Ansätzen erkennbar. So können die Möglichkeiten und Grenzen ihres Einsatzes im Mengensatz abgewogen werden.

Lorem ipsum Dolor sit amet.
Jeremias

Lorem ipsum Dolor sit amet.
Jeremias Medium

A Joan
Eine gut lesbare Schrift aus der Klasse der serifenbetonten Linear-Antiqua ist die Joan.

ABCDEFGHIJKLMNOPQRSTUVW
XYZabcdefghijklmnopqrstuvwxyz
0123456789.,:!?ß&*

Das ist ein Blindtext. Er vermittelt einen Eindruck vom visuellen Charakter der Schrift. An diesem Beispiel sind grundlegende Eigenschaften wie Laufweite, Wortabstand und Grauwert der Schrift in Ansätzen erkennbar. So können die Möglichkeiten und Grenzen ihres Einsatzes im Mengensatz abgewogen werden.

Lorem ipsum Dolor sit amet.
Joan

Lorem ipsum Dolor sit amet.
Joan Medium

Lorem ipsum Dolor sit amet.
Joan Bold

Karamel
Ein ganz eigentümliches Fähnchen ziert
das kleine g dieser klassizistischen Antiqua.

ABCDEFGHIJKLMNOPQRSTUVWXYZ
abcdefghijklmnopqrstuvwxyz
0123456789.,:!?ß&*

Das ist ein Blindtext. Er vermittelt einen Eindruck vom visuellen Charakter der Schrift. An diesem Beispiel sind grundlegende Eigenschaften wie Laufweite, Wortabstand und Grauwert der Schrift in Ansätzen erkennbar. So können die Möglichkeiten und Grenzen ihres Einsatzes im Mengensatz abgewogen werden.

Lorem ipsum Dolor sit amet.
Karamel

Lorem ipsum Dolor sit amet.
Karamel Italic

Kenwut
Mediävalziffern verbergen sich hinter dem Schnitt Caps Old.

ABCDEFGHIJKLMNOPQRSTUV
WXYZabcdefghijklmnopqrstuvwxyz
0123456789.,:!?ß&*

Das ist ein Blindtext. Er vermittelt einen Eindruck vom visuellen Charakter der Schrift. An diesem Beispiel sind grundlegende Eigenschaften wie Laufweite, Wortabstand und Grauwert der Schrift in Ansätzen erkennbar. So können die Möglichkeiten und Grenzen ihres Einsatzes im Mengensatz abgewogen werden.

Lorem ipsum Dolor sit amet.
Kenwut

Lorem ipsum Dolor sit amet.
Kenwut Caps Old

Lorem ipsum Dolor sit amet.
Kenwut Italic

Lorem ipsum Dolor sit amet.
Kenwut Bold

A Koralle
In verschiedenen Schnitten liegt diese dynamische serifenbetonte Schrift vor.

Koralle

ABCDEFGHIJKLMNOPQRSTUVW
XYZabcdefghijklmnopqrstuvwxyz
0123456789.,:!?ß&*

Koralle Medium

ABCDEFGHIJKLMNOPQRSTUVW
XYZabcdefghijklmnopqrstuvwxyz
0123456789.,:!?ß&*

Koralle Outline

ABCDEFGHIJKLMNOPQRSTUVW
XYZabcdefghijklmnopqrstuvwxyz
0123456789.,:!?ß&*

Das ist ein Blindtext. Er vermittelt einen Eindruck vom visuellen Charakter der Schrift. An diesem Beispiel sind grundlegende Eigenschaften wie Laufweite, Wortabstand und Grauwert der Schrift in Ansätzen erkennbar. So können die Möglichkeiten und Grenzen ihres Einsatzes im Mengensatz abgewogen werden.

Lorem ipsum Dolor sit amet.
Koralle

Lorem ipsum Dolor sit amet.
Koralle Medium

Lorem ipsum Dolor sit amet.
Koralle Outline

Lorem ipsum Dolor sit amet.
Koralle Italic

Lorem ipsum Dolor sit amet.
Koralle Bold

Lorem ipsum Dolor sit amet.
Koralle Bold Italic

Larissa
Sehr kleine Serifen schmücken diese nur in Versalien und Kapitälchen vorliegende Auszeichnungsschrift.

ABCDEFGHIJKLMNOPQRSTU
VWXYZABCDEFGHIJKLMNOPQRST
UVWXYZ 0123456789.,:!?©&*

DAS IST EIN BLINDTEXT. ER VERMITTELT EINEN EIN-
DRUCK VOM VISUELLEN CHARAKTER DER SCHRIFT. AN
DIESEM BEISPIEL SIND GRUNDLEGENDE EIGENSCHAFTEN
WIE LAUFWEITE, WORTABSTAND UND GRAUWERT DER
SCHRIFT IN ANSÄTZEN ERKENNBAR. SO KÖNNEN DIE
MÖGLICHKEITEN UND GRENZEN IHRES EINSATZES IM
MENGENSATZ ABGEWOGEN WERDEN.

LOREM IPSUM DOLOR SIT AMET.
Larissa

LOREM IPSUM DOLOR SIT AMET.
Larissa Bold

Lea
Ein ausgeprägter Schreib-
duktus charakterisiert die Lea.

ABCDEFGHIJKLMNOPQRSTUV
WXYZabcdefghijklmnopqrstuvwxyz
0123456789.,:!?ß&*

Das ist ein Blindtext. Er vermittelt einen Eindruck vom visuellen Charakter der Schrift. An diesem Beispiel sind grundlegende Eigenschaften wie Laufweite, Wortabstand und Grauwert der Schrift in Ansätzen erkennbar. So können die Möglichkeiten und Grenzen ihres Einsatzes im Mengensatz abgewogen werden.

Lorem ipsum Dolor sit amet.
Lea

LOREM IPSUM DOLOR SIT AMET.
Lea Caps Old

Lorem ipsum Dolor sit amet.
Lea Caps Medium

Lorem ipsum Dolor sit amet.
Lea Italic

Lecca
Sehr feine Haarstriche stehen bei der Lecca kräftigen Grundstrichen und ausdrucksstarken Serifen gegenüber.

ABCDEFGHIJKLMNOPQRSTUV
WXYZabcdefghijklmnopqrstuvwxyz
0123456789.,:!?ß&*

Das ist ein Blindtext. Er vermittelt einen Eindruck vom visuellen Charakter der Schrift. An diesem Beispiel sind grundlegende Eigenschaften wie Laufweite, Wortabstand und Grauwert der Schrift in Ansätzen erkennbar. So können die Möglichkeiten und Grenzen ihres Einsatzes im Mengensatz abgewogen werden.

Lorem ipsum Dolor sit amet.
Lecca

Lorem ipsum Dolor sit amet.
Lecca Medium

Lorem ipsum Dolor sit amet.
Lecca Italic

Lifestyle
Um eine klare und gut lesbare Barock-Antiqua handelt es sich bei der Lifestyle.

ABCDEFGHIJKLMNOPQRSTUVW
XYZabcdefghijklmnopqrstuvwxyz
0123456789.,:!?ß&*

Das ist ein Blindtext. Er vermittelt einen Eindruck vom visuellen Charakter der Schrift. An diesem Beispiel sind grundlegende Eigenschaften wie Laufweite, Wortabstand und Grauwert der Schrift in Ansätzen erkennbar. So können die Möglichkeiten und Grenzen ihres Einsatzes im Mengensatz abgewogen werden.

Lorem ipsum Dolor sit amet.
Lifestyle

Lorem ipsum Dolor sit amet.
Lifestyle Italic

Lorem ipsum Dolor sit amet.
Lifestyle Bold

Lubiana

Die serifenbetonte Schrift weist ähnliche Merkmale wie die serifenlose Avantage auf. Konsequent gleich bleibende Strichstärke und eine Konstruktion auf der Basis von geometrischen Gundformen sind typisch.

Lubiana

ABCDEFGHIJKLMNOPQRSTUVW
XYZabcdefghijklmnopqrstuvwxyz
0123456789.,:!?ß&*

Lubiana Large

**ABCDEFGHIJKLMNOPQRSTUV
WXYZabcdefghijklmnopqrstuvw
xyz 0123456789.,:!?ß&***

Lubiana Small

ABCDEFGHIJKLMNOPQRSTUVW
XYZabcdefghijklmnopqrstuvwxyz
0123456789.,:!?ß&*

Das ist ein Blindtext. Er vermittelt einen Eindruck vom visuellen Charakter der Schrift. An diesem Beispiel sind grundlegende Eigenschaften wie Laufweite, Wortabstand und Grauwert der Schrift in Ansätzen erkennbar. So können die Möglichkeiten und Grenzen ihres Einsatzes im Mengensatz abgewogen werden.

Lorem ipsum Dolor sit amet.
Lubiana

Lorem ipsum Dolor sit amet.
Lubiana Large

Lorem ipsum Dolor sit amet.
Lubiana Small

Lorem ipsum Dolor sit amet.
Lubiana Small Caps

Lorem ipsum Dolor sit amet.
Lubiana Italic

Lorem ipsum Dolor sit amet.
Lubiana Bold

Antiqua-Schriften mit Serifen

Lyrik
Schräge Serifen an den horizontal endenden Strichen der Versalien, konische i-Punkte und die offene Schlaufe des kleinen g fallen ins Auge.

ABCDEFGHIJKLMNOPQRSTUVW XYZabcdefghijklmnopqrstuvwxyz 0123456789.,:!?ß&*

Das ist ein Blindtext. Er vermittelt einen Eindruck vom visuellen Charakter der Schrift. An diesem Beispiel sind grundlegende Eigenschaften wie Laufweite, Wortabstand und Grauwert der Schrift in Ansätzen erkennbar. So können die Möglichkeiten und Grenzen ihres Einsatzes im Mengensatz abgewogen werden.

Lorem ipsum Dolor sit amet.
Lyrik

Lorem ipsum Dolor sit amet.
Lyrik Medium

Lorem ipsum Dolor sit amet.
Lyrik Italic

Lorem ipsum Dolor sit amet.
Lyrik Bold

Melbourne
Die sehr gerade stehende Melbourne fällt durch das sehr große Auge im kleinen e auf.

ABCDEFGHIJKLMNOPQRSTUVW XYZabcdefghijklmnopqrstuvwxyz 0123456789.,:!?ß&*

Das ist ein Blindtext. Er vermittelt einen Eindruck vom visuellen Charakter der Schrift. An diesem Beispiel sind grundlegende Eigenschaften wie Laufweite, Wortabstand und Grauwert der Schrift in Ansätzen erkennbar. So können die Möglichkeiten und Grenzen ihres Einsatzes im Mengensatz abgewogen werden.

Lorem ipsum Dolor sit amet.
Melbourne

Lorem ipsum Dolor sit amet.
Melbourne Italic

Lorem ipsum Dolor sit amet.
Melbourne Bold

Maddock
Große, leicht nach innen gerollte Tropfen akzentuieren die strenge Vertikalität dieser klassizistischen Antiqua.

Maddock

ABCDEFGHIJKLMNOPQRSTUVW
XYZabcdefghijklmnopqrstuvwxyz
0123456789.,:!?ß&*

Maddock Large

ABCDEFGHIJKLMNOPQRS
TUVWXYZabcdefghijklmnop
qrstuvwxyz0123456789.,:!?ß&*

Maddock Condensed

ABCDEFGHIJKLMNOPQRSTUVWXYZ
abcdefghijklmnopqrstuvwxyz
0123456789.,:!?ß&*

Das ist ein Blindtext. Er vermittelt einen Eindruck vom visuellen Charakter der Schrift. An diesem Beispiel sind grundlegende Eigenschaften wie Laufweite, Wortabstand und Grauwert der Schrift in Ansätzen erkennbar. So können die Möglichkeiten und Grenzen ihres Einsatzes im Mengensatz abgewogen werden.

Lorem ipsum Dolor sit amet.
Maddock

Lorem ipsum Dolor sit amet.
Maddock Condensed

Lorem ipsum Dolor sit amet.
Maddock Large

Lorem ipsum Dolor sit amet.
Maddock Italic

Lorem ipsum Dolor sit amet.
Maddock Bold

Antiqua-Schriften mit Serifen

Maron
Eine ausdrucksstarke Schrift mit betonten Serifen, deren Laufweite im Satz unbedingt erhöht werden muss.

Maron

ABCDEFGHIJKLMNOPQRSTUVWXYZ
abcdefghijklmnopqrstuvwxyz
0123456789.,:!?ß&*

Maron Medium

ABCDEFGHIJKLMNOPQRSTUVW
XYZabcdefghijklmnopqrstuvwxyz
0123456789.,:!?ß&*

Maron Small

ABCDEFGHIJKLMNOPQRSTUVWXYZ
abcdefghijklmnopqrstuvwxyz
0123456789.,:!?ß&*

Das ist ein Blindtext. Er vermittelt einen Eindruck vom visuellen Charakter der Schrift. An diesem Beispiel sind grundlegende Eigenschaften wie Laufweite, Wortabstand und Grauwert der Schrift in Ansätzen erkennbar. So können die Möglichkeiten und Grenzen ihres Einsatzes im Mengensatz abgewogen werden.

Lorem ipsum Dolor sit amet.
Maron

Lorem ipsum Dolor sit amet.
Maron Medium

Lorem ipsum Dolor sit amet.
Maron Small

Lorem ipsum Dolor sit amet.
Maron Italic

Member
Die Member ist eine serifenbetonte Linear-Antiqua mit differenzierter Strichstärke.

Member

ABCDEFGHIJKLMNOPQRSTUVWXYZ
abcdefghijklmnopqrstuvwxyz
0123456789.,:!?ß&*

Member Medium

ABCDEFGHIJKLMNOPQRSTUVW
XYZabcdefghijklmnopqrstuvwxyz
0123456789.,:!?ß&*

Member Small

ABCDEFGHIJKLMNOPQRSTUVW
XYZabcdefghijklmnopqrstuvwxyz
0123456789.,:!?ß&*

Das ist ein Blindtext. Er vermittelt einen Eindruck vom visuellen Charakter der Schrift. An diesem Beispiel sind grundlegende Eigenschaften wie Laufweite, Wortabstand und Grauwert der Schrift in Ansätzen erkennbar. So können die Möglichkeiten und Grenzen ihres Einsatzes im Mengensatz abgewogen werden.

Lorem ipsum Dolor sit amet.
Member

Lorem ipsum Dolor sit amet.
Member Medium

Lorem ipsum Dolor sit amet.
Member Small

Antiqua-Schriften mit Serifen

Merian
Zeilen in dieser französischen Renaissance-Antiqua ergeben ein gleichmäßiges Graubild. Sie ist gut als Lesetext geeignet.

Merian

ABCDEFGHIJKLMNOPQRSTUV
WXYZabcdefghijklmnopqrstuvwxyz
0123456789.,:!?ß&*

Merian Medium

ABCDEFGHIJKLMNOPQRSTU
VWXYZabcdefghijklmnopqrstuvw
xyz 0123456789.,:!?ß&*

Merian Italic

*ABCDEFGHIJKLMNOPQRSTUVW
XYZabcdefghijklmnopqrstuvwxyz
0123456789.,:!?ß&**

Das ist ein Blindtext. Er vermittelt einen Eindruck vom visuellen Charakter der Schrift. An diesem Beispiel sind grundlegende Eigenschaften wie Laufweite, Wortabstand und Grauwert der Schrift in Ansätzen erkennbar. So können die Möglichkeiten und Grenzen ihres Einsatzes im Mengensatz abgewogen werden.

Lorem ipsum Dolor sit amet.
Merian

Lorem ipsum Dolor sit amet.
Merian Medium

Lorem ipsum Dolor sit amet.
Merian Italic

Lorem ipsum Dolor sit amet.
Merian Bold

Lorem ipsum Dolor sit amet.
Merian Italic

Moderat

Ein schönes und artifizielles Beispiel für eine späte Renaissance-Antiqua mit weit hochgezogenen, haarfeinen Schwüngen am Fuß des R, an Q, t und a.

Moderat

ABCDEFGHIJKLMNOPQRSTUVW
XYZabcdefghijklmnopqrstuvwxyz
0123456789.,:!?ß&*

Moderat Extended Italic

*ABCDEFGHIJKLMNOPQRSTUVW
XYZabcdefghijklmnopqrstuvwxyz
0123456789.,:!?ß&**

Das ist ein Blindtext. Er vermittelt einen Eindruck vom visuellen Charakter der Schrift. An diesem Beispiel sind grundlegende Eigenschaften wie Laufweite, Wortabstand und Grauwert der Schrift in Ansätzen erkennbar. So können die Möglichkeiten und Grenzen ihres Einsatzes im Mengensatz abgewogen werden.

Lorem ipsum Dolor sit amet.
Moderat

Lorem ipsum Dolor sit amet.
Moderat Extended

A Monamour

Weitere Schnitte ergänzen unter diesem Namen die vorangegangene Schrift.

Monamour

ABCDEFGHIJKLMNOPQRSTUV
WXYZabcdefghijklmnopqrstuvw
xyz 0123456789.,:!?ß&*

Monamour Small Caps

ABCDEFGHIJKLMNOPQRSTUVW
XYZABCDEFGHIJKLMNOPQRSTUVW
XYZ 0123456789.,:!?©&*

Monamour Italic

ABCDEFGHIJKLMNOPQRSTU
VWXYZabcdefghijklmnopqrstuvw
*xyz 0123456789.,:!?ß&**

Das ist ein Blindtext. Er vermittelt einen Eindruck vom visuellen Charakter der Schrift. An diesem Beispiel sind grundlegende Eigenschaften wie Laufweite, Wortabstand und Grauwert der Schrift in Ansätzen erkennbar. So können die Möglichkeiten und Grenzen ihres Einsatzes im Mengensatz abgewogen werden.

Lorem ipsum Dolor sit amet.
Monamour

LOREM IPSUM DOLOR SIT AMET.
Monamour Small Caps

Lorem ipsum Dolor sit amet.
Monamour Italic

Lorem ipsum Dolor sit amet.
Monamour Bold

Lorem ipsum Dolor sit amet.
Monamour Bold Italic

Newtwo
Ihr historischer Charakter und die sehr geringe Mittelhöhe macht diese schmale klassizistische Antiqua zu einer reinen Auszeichnungsschrift.

ABCDEFGHIJKLMNOPQRSTUVWXYZ
abcdefghijklmnopqrstuvwxyz
0123456789.,:!?ß&*@

Das ist ein Blindtext. Er vermittelt einen Eindruck vom visuellen Charakter der Schrift. An diesem Beispiel sind grundlegende Eigenschaften wie Laufweite, Wortabstand und Grauwert der Schrift in Ansätzen erkennbar. So können die Möglichkeiten und Grenzen ihres Einsatzes im Mengensatz abgewogen werden.

Lorem ipsum Dolor sit amet.
Newtwo

Lorem ipsum Dolor sit amet.
Newtwo Engraved

Norga
Sehr dekorativ ist diese fette Variante einer klassizistischen Antiqua.

ABCDEFGHIJKLMNOPQRSTUVWXYZabcdefghijklmnopqrstuvwxyz0123456789.,:!?ß&

Das ist ein Blindtext. Er vermittelt einen Eindruck vom visuellen Charakter der Schrift. An diesem Beispiel sind grundlegende Eigenschaften wie Laufweite, Wortabstand und Grauwert der Schrift in Ansätzen erkennbar. So können die Möglichkeiten und Grenzen ihres Einsatzes im Mengensatz abgewogen werden.

Lorem ipsum Dolor sit amet.
Norga

Lorem ipsum Dolor sit amet.
Norga Italic

Nussbaum
Vielfältig einsetzbar ist diese Barock-Antiqua.
Der Kapitälchenschnitt enthält Mediävalziffern.

Nussbaum

ABCDEFGHIJKLMNOPQRSTUVW
XYZabcdefghijklmnopqrstuvwxyz
0123456789.,:!?ß&*

Nussbaum Medium

ABCDEFGHIJKLMNOPQRSTVW
XYZabcdefghijklmnopqrstuvwxyz
0123456789.,:!?ß&*

Nussbaum Caps Old

ABCDEFGHIJKLMNOPQRSTUV
WXYZabcdefghijklmnopqrstuvw
xyz 0123456789.,:!?©&*

Das ist ein Blindtext. Er vermittelt einen Eindruck vom visuellen Charakter der Schrift. An diesem Beispiel sind grundlegende Eigenschaften wie Laufweite, Wortabstand und Grauwert der Schrift in Ansätzen erkennbar. So können die Möglichkeiten und Grenzen ihres Einsatzes im Mengensatz abgewogen werden.

Lorem ipsum Dolor sit amet.
Nussbaum

Lorem ipsum Dolor sit amet.
Nussbaum Caps Old

Lorem ipsum Dolor sit amet.
Nussbaum Medium

Lorem ipsum Dolor sit amet.
Nussbaum Italic

Lorem ipsum Dolor sit amet.
Nussbaum Bold

Lorem ipsum Dolor sit amet.
Nussbaum Bold Italic

Osiander
Diese serifenbetonte Antiqua fällt durch die gekippten Serifen an den Enden horizontaler Striche auf.

ABCDEFGHIJKLMNOPQRSTUVWXYZabcdefghijklmnopqrstuvwxyz 0123456789.,:!?ß&*

Das ist ein Blindtext. Er vermittelt einen Eindruck vom visuellen Charakter der Schrift. An diesem Beispiel sind grundlegende Eigenschaften wie Laufweite, Wortabstand und Grauwert der Schrift in Ansätzen erkennbar. So können die Möglichkeiten und Grenzen ihres Einsatzes im Mengensatz abgewogen werden.

Lorem ipsum Dolor sit amet.
Osiander

Lorem ipsum Dolor sit amet.
Osiander Small

Palmer
Dass sie ursprünglich mit der Breitfeder geschrieben wurde, ist dieser Schrift noch deutlich anzusehen. Sie ist gut lesbar, und der Kapitälchensatz verfügt über Mediävalziffern.

ABCDEFGHIJKLMNOPQRSTUVWXYZabcdefghijklmnopqrstuvwxyz 0123456789.,:!?ß&*

Das ist ein Blindtext. Er vermittelt einen Eindruck vom visuellen Charakter der Schrift. An diesem Beispiel sind grundlegende Eigenschaften wie Laufweite, Wortabstand und Grauwert der Schrift in Ansätzen erkennbar. So können die Möglichkeiten und Grenzen ihres Einsatzes im Mengensatz abgewogen werden.

Lorem ipsum Dolor sit amet.
Palmer

Lorem ipsum Dolor sit amet.
Palmer Caps Old

Lorem ipsum Dolor sit amet.
Palmer Italic

Lorem ipsum Dolor sit amet.
Palmer Bold

Peru
Fast gerade Serifen an den Minuskeln und dynamisch gewölbte Bäuche an b, d, p und q fallen ins Auge.

ABCDEFGHIJKLMNOPQRSTUVW
XYZabcdefghijklmnopqrstuvwxyz
0123456789.,:!?ß&*

Das ist ein Blindtext. Er vermittelt einen Eindruck vom visuellen Charakter der Schrift. An diesem Beispiel sind grundlegende Eigenschaften wie Laufweite, Wortabstand und Grauwert der Schrift in Ansätzen erkennbar. So können die Möglichkeiten und Grenzen ihres Einsatzes im Mengensatz abgewogen werden.

Lorem ipsum Dolor sit amet.
Peru

Lorem ipsum Dolor sit amet.
Peru Large

Lorem ipsum Dolor sit amet.
Peru Italic

Lorem ipsum Dolor sit amet.
Peru Bold

Plan
Der Zeichenabstand dieser französischen Renaissance-Antiqua muss nachträglich erhöht werden. Dann ist sie gut lesbar und vielseitig einzusetzen.

ABCDEFGHIJKLMNOPQRSTUVW
XYZabcdefghijklmnopqrstuvwxyz
0123456789.,:!?ß&*

Das ist ein Blindtext. Er vermittelt einen Eindruck vom visuellen Charakter der Schrift. An diesem Beispiel sind grundlegende Eigenschaften wie Laufweite, Wortabstand und Grauwert der Schrift in Ansätzen erkennbar. So können die Möglichkeiten und Grenzen ihres Einsatzes im Mengensatz abgewogen werden.

Lorem ipsum Dolor sit amet.
Plan

Lorem ipsum Dolor sit amet.
Plan Small

Lorem ipsum Dolor sit amet.
Plan Italic

Lorem ipsum Dolor sit amet.
Plan Bold

Popcorn
Wenn der Zeichenabstand dieser
Schrift vergrößert wird, ist sie gut lesbar.

ABCDEFGHIJKLMNOPQRSTUVW XYZabcdefghijklmnopqrstuvwxyz 0123456789.,:!?ß&*

Das ist ein Blindtext. Er vermittelt einen Eindruck vom visuellen Charakter der Schrift. An diesem Beispiel sind grundlegende Eigenschaften wie Laufweite, Wortabstand und Grauwert der Schrift in Ansätzen erkennbar. So können die Möglichkeiten und Grenzen ihres Einsatzes im Mengensatz abgewogen werden.

Lorem ipsum Dolor sit amet.
Popcorn

Lorem ipsum Dolor sit amet.
Popcorn Italic

Lorem ipsum Dolor sit amet.
Popcorn Bold

Prima
Diese fette Schrift ist gut zu Auszeichnungszwecken geeignet.

ABCDEFGHIJKLMNOPQRSTUV WXYZabcdefghijklmnopqrstuvwxyz 0123456789.,:!?ß&*

Das ist ein Blindtext. Er vermittelt einen Eindruck vom visuellen Charakter der Schrift. An diesem Beispiel sind grundlegende Eigenschaften wie Laufweite, Wortabstand und Grauwert der Schrift in Ansätzen erkennbar. So können die Möglichkeiten und Grenzen ihres Einsatzes im Mengensatz abgewogen werden.

Lorem ipsum Dolor sit amet.

Antiqua-Schriften mit Serifen

Quana
In nur einem kursiven Schnitt liegt diese Schrift vor. Ihre Anwendungsmöglichkeiten sind damit stark eingeschränkt.

ABCDEFGHIJKLMNOPQRSTUVW XYZabcdefghijklmnopqrstuvwxyz 0123456789.,:!?ß&*

Das ist ein Blindtext. Er vermittelt einen Eindruck vom visuellen Charakter der Schrift. An diesem Beispiel sind grundlegende Eigenschaften wie Laufweite, Wortabstand und Grauwert der Schrift in Ansätzen erkennbar. So können die Möglichkeiten und Grenzen ihres Einsatzes im Mengensatz abgewogen werden.

Lorem ipsum Dolor sit amet.

Renoir
Sehr steif und aufrecht steht die Renoir auf dem Blatt.

ABCDEFGHIJKLMNOPQRSTUVWXYZ
abcdefghijklmnopqrstuvwxyz
0123456789.,:!?ß&*

Das ist ein Blindtext. Er vermittelt einen Eindruck vom visuellen Charakter der Schrift. An diesem Beispiel sind grundlegende Eigenschaften wie Laufweite, Wortabstand und Grauwert der Schrift in Ansätzen erkennbar. So können die Möglichkeiten und Grenzen ihres Einsatzes im Mengensatz abgewogen werden.

Lorem ipsum Dolor sit amet.
Renoir

Lorem ipsum Dolor sit amet.
Renoir Italic

Lorem ipsum Dolor sit amet.
Renoir Bold

Rocky

Die vielen Schnitte der Rocky erlauben reiche Differenzierungen im Text, darüber hinaus ist sie gut lesbar. Nur sollte der Buchstabenabstand so weit erhöht werden, dass die Serifen einander auf keinen Fall berühren.

Rocky

ABCDEFGHIJKLMNOPQRSTUVW
XYZabcdefghijklmnopqrstuvwxyz
0123456789.,:!?ß&*

Rocky Large

ABCDEFGHIJKLMNOPQRSTU
VWXYZabcdefghijklmnopqrst
uvwxyz 0123456789.,:!?ß&*

Rocky Small

ABCDEFGHIJKLMNOPQRSTUVXYZ
abcdefghijklmnopqrstuvwxyz
0123456789.,:!?ß&*

Das ist ein Blindtext. Er vermittelt einen Eindruck vom visuellen Charakter der Schrift. An diesem Beispiel sind grundlegende Eigenschaften wie Laufweite, Wortabstand und Grauwert der Schrift in Ansätzen erkennbar. So können die Möglichkeiten und Grenzen ihres Einsatzes im Mengensatz abgewogen werden.

Lorem ipsum Dolor sit amet.
Rocky

Lorem ipsum Dolor sit amet.
Rocky Condensed

Lorem ipsum Dolor sit amet.
Rocky Large

Lorem ipsum Dolor sit amet.
Rocky Small

Lorem ipsum Dolor sit amet.
Rocky Italic

Lorem ipsum Dolor sit amet.
Rocky Bold

Antiqua-Schriften mit Serifen

Samba
Im Kapitälchensatz der Samba verbergen sich auch Mediävalziffern.

ABCDEFGHIJKLMNOPQRSTUVW XYZabcdefghijklmnopqrstuvwxyz 0123456789.,:!?ß&*

Das ist ein Blindtext. Er vermittelt einen Eindruck vom visuellen Charakter der Schrift. An diesem Beispiel sind grundlegende Eigenschaften wie Laufweite, Wortabstand und Grauwert der Schrift in Ansätzen erkennbar. So können die Möglichkeiten und Grenzen ihres Einsatzes im Mengensatz abgewogen werden.

Lorem ipsum Dolor sit amet.
Samba Antiqua

Lorem ipsum Dolor sit amet.
Samba Antiqua Small Caps

Lorem ipsum Dolor sit amet.
Samba Italic

Lorem ipsum Dolor sit amet.
Samba Antiqua Bold

Sensual
Diese weiche Antiqua mit ihren sich kaum verjüngenden, gekehlten Serifen verfügt über vier verschiedene Schnitte.

ABCDEFGHIJKLMNOPQRSTUVW XYZabcdefghijklmnopqrstuvwxyz 0123456789.,:!?ß&*

Das ist ein Blindtext. Er vermittelt einen Eindruck vom visuellen Charakter der Schrift. An diesem Beispiel sind grundlegende Eigenschaften wie Laufweite, Wortabstand und Grauwert der Schrift in Ansätzen erkennbar. So können die Möglichkeiten und Grenzen ihres Einsatzes im Mengensatz abgewogen werden.

Lorem ipsum Dolor sit amet.
Sensual

Lorem ipsum Dolor sit amet.
Sensual Large

Lorem ipsum Dolor sit amet.
Sensual Small

Lorem ipsum Dolor sit amet.
Sensual Italic

 Seni
Stark gerundete Übergänge zwischen Schaft und Serife und eine sehr aufrecht stehende Kursive kennzeichnen die Seni.

Seni Antiqua

ABCDEFGHIJKLMNOPQRSTUV
WXYZabcdefghijklmnopqrstuvw
xyz 0123456789.,:!?ß&*

Seni Antiqua Small

ABCDEFGHIJKLMNOPQRSTUV
WXYZabcdefghijklmnopqrstuvw
xyz 0123456789.,:!?ß&*

Seni Bold Italic

**ABCDEFGHIJKLMNOPQRSTUV
WXYZ*abcdefghijklmnopqrstuvw*
xyz 0123456789.,:!?ß&***

Das ist ein Blindtext. Er vermittelt einen Eindruck vom visuellen Charakter der Schrift. An diesem Beispiel sind grundlegende Eigenschaften wie Laufweite, Wortabstand und Grauwert der Schrift in Ansätzen erkennbar. So können die Möglichkeiten und Grenzen ihres Einsatzes im Mengensatz abgewogen werden.

Lorem ipsum Dolor sit amet.
Seni

Lorem ipsum Dolor sit amet.
Seni Antiqua

Lorem ipsum Dolor sit amet.
Seni Antiqua Small

Lorem ipsum Dolor sit amet.
Seni Bold Italic

Antiqua-Schriften mit Serifen

Serena
Eine serifenbetonte Schrift mit differierender Strichstärke. In den fetten Schnitten ist eine Laufweitenerhöhung unabdingbar.

Serena

ABCDEFGHIJKLMNOPQRSTUV
WXYZabcdefghijklmnopqrstuvw
xyz 0123456789.,:!?ß&*

Serena Small

ABCDEFGHIJKLMNOPQRSTUVW
XYZabcdefghijklmnopqrstuvwxyz
0123456789.,:!?ß&*

Serena Condensed

ABCDEFGHIJKLMNOPQRSTUVWXYZ
abcdefghijklmnopqrstuvwxyz
0123456789.,:!?ß&*

Das ist ein Blindtext. Er vermittelt einen Eindruck vom visuellen Charakter der Schrift. An diesem Beispiel sind grundlegende Eigenschaften wie Laufweite, Wortabstand und Grauwert der Schrift in Ansätzen erkennbar. So können die Möglichkeiten und Grenzen ihres Einsatzes im Mengensatz abgewogen werden.

Lorem ipsum Dolor sit amet.
Serena

Lorem ipsum Dolor sit amet.
Serena Condensed

Lorem ipsum Dolor sit amet.
Serena Small

Lorem ipsum Dolor sit amet.
Serena Italic

Lorem ipsum Dolor sit amet.
Serena Bold

Sorrento
Auf kräftigen und konischen Serifen steht diese Schrift. Die Serifen der Kleinbuchstaben sind oben und unten gerade angesetzt.

Sorrento

ABCDEFGHIJKLMNOPQRSTUVW XYZabcdefghijklmnopqrstuvwxyz 0123456789.,:!?ß&*

Sorrento Medium

ABCDEFGHIJKLMNOPQRSTUVW XYZabcdefghijklmnopqrstuvwxyz 0123456789.,:!?ß&*

Sorrento Condensed

ABCDEFGHIJKLMNOPQRSTUVW XYZabcdefghijklmnopqrstuvwxyz 0123456789.,:!?ß&*

Das ist ein Blindtext. Er vermittelt einen Eindruck vom visuellen Charakter der Schrift. An diesem Beispiel sind grundlegende Eigenschaften wie Laufweite, Wortabstand und Grauwert der Schrift in Ansätzen erkennbar. So können die Möglichkeiten und Grenzen ihres Einsatzes im Mengensatz abgewogen werden.

Lorem ipsum Dolor sit amet.
Sorrento

Lorem ipsum Dolor sit amet.
Sorrento Condensed

Lorem ipsum Dolor sit amet.
Sorrento Medium

Lorem ipsum Dolor sit amet.
Sorrento Italic

Lorem ipsum Dolor sit amet.
Sorrento Bold

Antiqua-Schriften mit Serifen

Sirene
Bei dieser serifenbetonten Linear-Antiqua handelt es sich um eine Monospace-Schrift mit archaischem Charme.

ABCDEFGHIJKLMNOPQRSTUVW
XYZabcdefghijklmnopqrstuvw
xyz0123456789.,:!?ß&*

Das ist ein Blindtext. Er vermittelt einen Eindruck vom visuellen Charakter der Schrift. An diesem Beispiel sind grundlegende Eigenschaften wie Laufweite, Wortabstand und Grauwert der Schrift in Ansätzen erkennbar. So können die Möglichkeiten und Grenzen ihres Einsatzes im Mengensatz abgewogen werden.

Lorem ipsum Dolor sit amet.

Style
Eine konstruierte serifenbetonte Linear-Antiqua mit Serifen auch an den Scheiteln der Versalien.

ABCDEFGHIJKLMNOPQRSTUVW
XYZabcdefghijklmnopqrstuvwxyz
0123456789.,:!?ß&*

Das ist ein Blindtext. Er vermittelt einen Eindruck vom visuellen Charakter der Schrift. An diesem Beispiel sind grundlegende Eigenschaften wie Laufweite, Wortabstand und Grauwert der Schrift in Ansätzen erkennbar. So können die Möglichkeiten und Grenzen ihres Einsatzes im Mengensatz abgewogen werden.

Lorem ipsum Dolor sit amet.
Style

Lorem ipsum Dolor sit amet.
Style Large

Lorem ipsum Dolor sit amet.
Style Italic

Lorem ipsum Dolor sit amet.
Style Bold

Tiflis

Markante Überkreuzungen der Schenkel an K, M, N, R, V und W fallen bei dieser Barock-Antiqua ins Auge. Die Zeilenstruktur wird durch den schräg gestellten Querstrich des kleinen e belebt.

Tiflis

ABCDEFGHIJKLMNOPQRSTUV
WXYZabcdefghijklmnopqrstuvwxyz
0123456789.,:!?ß&*

Tiflis Large

ABCDEFGHIJKLMNOPQRSTUV
WXYZabcdefghijklmnopqrstuvw
xyz 0123456789.,:!?ß&*

Tiflis Small Caps

ABCDEFGHIJKLMNOPQRSTU
VWXYZabcdefghijklmnopqrstuvw
xyz 0123456789.,:!?©&*

Das ist ein Blindtext. Er vermittelt einen Eindruck vom visuellen Charakter der Schrift. An diesem Beispiel sind grundlegende Eigenschaften wie Laufweite, Wortabstand und Grauwert der Schrift in Ansätzen erkennbar. So können die Möglichkeiten und Grenzen ihres Einsatzes im Mengensatz abgewogen werden.

Lorem ipsum Dolor sit amet.
Tiflis

Lorem ipsum Dolor sit amet.
Tiflis Large

Lorem ipsum Dolor sit amet.
Tiflis Small Caps

Lorem ipsum Dolor sit amet.
Tiflis Italic

Lorem ipsum Dolor sit amet.
Tiflis Bold

Lorem ipsum Dolor sit amet.
Tiflis Bold Italic

A Timothey
Aus kursiven und fetten Schnitten besteht diese Schriftfamilie.

ABCDEFGHIJKLMNOPQRSTUVWXYZ
abcdefghijklmnopqrstuvwxyz
0123456789.,:!?ß&*

Das ist ein Blindtext. Er vermittelt einen Eindruck vom visuellen Charakter der Schrift. An diesem Beispiel sind grundlegende Eigenschaften wie Laufweite, Wortabstand und Grauwert der Schrift in Ansätzen erkennbar. So können die Möglichkeiten und Grenzen ihres Einsatzes im Mengensatz abgewogen werden.

Lorem ipsum Dolor sit amet.
Timothey

Lorem ipsum Dolor sit amet.
Timothey Large

Lorem ipsum Dolor sit amet.
Timothey Bold

Lorem ipsum Dolor sit amet.
Timothey Bold Italic

A Tivoli
Eine fette Schrift, die vor allem zur Auszeichnung verwandt werden sollte.

ABCDEFGHIJKLMNOPQRSTUVWXYZabcdefghijklmnopqrstuvwxyz 0123456789.,:!?ß&*

Das ist ein Blindtext. Er vermittelt einen Eindruck vom visuellen Charakter der Schrift. An diesem Beispiel sind grundlegende Eigenschaften wie Laufweite, Wortabstand und Grauwert der Schrift in Ansätzen erkennbar. So können die Möglichkeiten und Grenzen ihres Einsatzes im Mengensatz abgewogen werden.

Lorem ipsum Dolor sit amet.
Tivoli

Lorem ipsum Dolor sit amet.
Tivoli Italic

Trinar
Schräg stehende obere und gerade stehende untere Serifen sind kennzeichnend für die Trinar.

ABCDEFGHIJKLMNOPQRSTUVW
XYZabcdefghijklmnopqrstuvwxyz
0123456789.,:!?ß&*

Das ist ein Blindtext. Er vermittelt einen Eindruck vom visuellen Charakter der Schrift. An diesem Beispiel sind grundlegende Eigenschaften wie Laufweite, Wortabstand und Grauwert der Schrift in Ansätzen erkennbar. So können die Möglichkeiten und Grenzen ihres Einsatzes im Mengensatz abgewogen werden.

Lorem ipsum Dolor sit amet.
Trinar
LOREM IPSUM DOLOR SIT AMET.
Trinar Small Caps

Trinidad
Eine Variation zur oben stehenden Schrift, die sich durch eine andere Laufweite auszeichnet.

ABCDEFGHIJKLMNOPQRSTUV
WXYZabcdefghijklmnopqrstuvwxyz
0123456789.,:!?ß&*

Das ist ein Blindtext. Er vermittelt einen Eindruck vom visuellen Charakter der Schrift. An diesem Beispiel sind grundlegende Eigenschaften wie Laufweite, Wortabstand und Grauwert der Schrift in Ansätzen erkennbar. So können die Möglichkeiten und Grenzen ihres Einsatzes im Mengensatz abgewogen werden.

Lorem ipsum Dolor sit amet.
Trinidad
LOREM IPSUM DOLOR SIT AMET.
Trinidad Caps Old

Antiqua-Schriften mit Serifen

Truman

Der französischen Renaissance-Antiqua wohnt ein ausgeprägter Schreibduktus inne. Auffällig sind einige lang gezogene Serifen. Trotz ihres etwas eckigen Aussehens ist sie eine gut zu lesende Schrift.

Truman

ABCDEFGHIJKLMNOPQRSTUVW
XYZabcdefghijklmnopqrstuvwxyz
0123456789.,:!?ß&*

Truman Large

**ABCDEFGHIJKLMNOPQRST
UVWXYZabcdefghijklmnopqr
stuvwxyz 0123456789.,:!?ß&***

Truman Caps Old

ABCDEFGHIJKLMNOPQRSTU
VWXYZABCDEFGHIJKLMNOPQRSTUV
WXYZ 0123456789.,:!?© &*

Das ist ein Blindtext. Er vermittelt einen Eindruck vom visuellen Charakter der Schrift. An diesem Beispiel sind grundlegende Eigenschaften wie Laufweite, Wortabstand und Grauwert der Schrift in Ansätzen erkennbar. So können die Möglichkeiten und Grenzen ihres Einsatzes im Mengensatz abgewogen werden.

Lorem ipsum Dolor sit amet.
Truman

LOREM IPSUM DOLOR SIT AMET.
Truman Caps Old

Lorem ipsum Dolor sit amet.
Truman Large

Lorem ipsum Dolor sit amet.
Truman Old

Lorem ipsum Dolor sit amet.
Truman Italic

Lorem ipsum Dolor sit amet.
Truman Bold

Usher
Eine lebendige Schrift mit feinen, gekehlten Serifen und Mediävalziffern im Kapitälchenschnitt.

Usher

ABCDEFGHIJKLMNOPQRSTUVW
XYZabcdefghijklmnopqrstuvwxyz
0123456789.,:!?ß&*

Usher Large

ABCDEFGHIJKLMNOPQRST
UVWXYZabcdefghijklmnopqrst
uvwxyz 0123456789.,:!?ß&*

Usher Caps Old

ABCDEFGHIJKLMNOPQRSTUVW
XYZABCDEFGHIJKLMNOPQRSTUVWXYZ
0123456789.,:!?©&*

Das ist ein Blindtext. Er vermittelt einen Eindruck vom visuellen Charakter der Schrift. An diesem Beispiel sind grundlegende Eigenschaften wie Laufweite, Wortabstand und Grauwert der Schrift in Ansätzen erkennbar. So können die Möglichkeiten und Grenzen ihres Einsatzes im Mengensatz abgewogen werden.

Lorem ipsum Dolor sit amet.
Usher

LOREM IPSUM DOLOR SIT AMET.
Usher Caps Old

Lorem ipsum Dolor sit amet.
Usher Large

Lorem ipsum Dolor sit amet.
Usher Medium

Lorem ipsum Dolor sit amet.
Usher Italic

Lorem ipsum Dolor sit amet.
Usher Bold

Antiqua-Schriften mit Serifen

Vadi
Ohne fetten oder halbfetten Schnitt muss auskommen, wer sich für diese Barock-Antiqua entscheidet.

Vadi

ABCDEFGHIJKLMNOPQRSTUVW
XYZabcdefghijklmnopqrstuvwxyz
0123456789.,:!?ß&★

Vadi Book

ABCDEFGHIJKLMNOPQRSTUVW
XYZabcdefghijklmnopqrstuvwxyz
0123456789.,:!?ß&★

Vadi Small Caps

ABCDEFGHIJKLMNOPQRSTUVW
XYZabcdefghijklmnopqrstuvwxyz
0123456789.,:!?© &★

Das ist ein Blindtext. Er vermittelt einen Eindruck vom visuellen Charakter der Schrift. An diesem Beispiel sind grundlegende Eigenschaften wie Laufweite, Wortabstand und Grauwert der Schrift in Ansätzen erkennbar. So können die Möglichkeiten und Grenzen ihres Einsatzes im Mengensatz abgewogen werden.

Lorem ipsum Dolor sit amet.
Vadi

Lorem ipsum Dolor sit amet.
Vadi Book

Lorem ipsum Dolor sit amet.
Vadi Small Caps

Lorem ipsum Dolor sit amet.
Vadi Italic

Velio

Eine schöne venezianische Renaissance-Antiqua mit konischen Serifen, die vor allem an den Minuskeln ins Auge fallen. Im Satz ist genug Luft zwischen die Buchstaben zu bringen, sodass sich die Serifen auf keinen Fall berühren.

Velio

ABCDEFGHIJKLMNOPQRSTUV
WXYZabcdefghijklmnopqrstuvwxyz
0123456789.,:!?ß&*

Velio Large

ABCDEFGHIJKLMNOPQRSTUV
WXYZabcdefghijklmnopqrstuvw
xyz 0123456789.,:!?ß&*

Velio Caps Old

ABCDEFGHIJKLMNOPQRSTUV
WXYZABCDEFGHIJKLMNOPQRSTUVW
XYZ 0123456789.,:!?©&*

Das ist ein Blindtext. Er vermittelt einen Eindruck vom visuellen Charakter der Schrift. An diesem Beispiel sind grundlegende Eigenschaften wie Laufweite, Wortabstand und Grauwert der Schrift in Ansätzen erkennbar. So können die Möglichkeiten und Grenzen ihres Einsatzes im Mengensatz abgewogen werden.

Lorem ipsum Dolor sit amet.
Velio

Lorem ipsum Dolor sit amet.
Velio Caps Old

Lorem ipsum Dolor sit amet.
Velio Large

Lorem ipsum Dolor sit amet.
Velio Italic

Lorem ipsum Dolor sit amet.
Velio Bold

Lorem ipsum Dolor sit amet.
Velio Bold Italic

A Ventura

Eine etwas kantige Schrift, deren Laufweite heraufgesetzt werden muss.

Ventura

ABCDEFGHIJKLMNOPQRSTUVW
XYZabcdefghijklmnopqrstuvwxyz
0123456789.,:!?ß&*

Ventura Large

ABCDEFGHIJKLMNOPQRST
UVWXYZabcdefghijklmnopqr
stuvwxyz 0123456789.,:!?ß&*

Ventura Condensed

ABCDEFGHIJKLMNOPQRSTUVWXYZ
abcdefghijklmnopqrstuvwxyz
0123456789.,:!?ß&*

Das ist ein Blindtext. Er vermittelt einen Eindruck vom visuellen Charakter der Schrift. An diesem Beispiel sind grundlegende Eigenschaften wie Laufweite, Wortabstand und Grauwert der Schrift in Ansätzen erkennbar. So können die Möglichkeiten und Grenzen ihres Einsatzes im Mengensatz abgewogen werden.

Lorem ipsum Dolor sit amet.
Ventura

Lorem ipsum Dolor sit amet.
Ventura Condensed

Lorem ipsum Dolor sit amet.
Ventura Large

Lorem ipsum Dolor sit amet.
Ventura Italic

Lorem ipsum Dolor sit amet.
Ventura Bold

Lorem ipsum Dolor sit amet.
Ventura Bold Italic

Wagabund
Eine klassizistische Antiqua, die ihre ganze Schönheit entfaltet, wenn der Zeichenabstand vergrößert wird.

Wagabund

ABCDEFGHIJKLMNOPQRSTUVW
XYZabcdefghijklmnopqrstuvwxyz
0123456789.,:!?ß&*

Wagabund Medium

ABCDEFGHIJKLMNOPQRSTUV
WXYZabcdefghijklmnopqrstuvwxyz
0123456789.,:!?ß&*

Wagabund Caps Old

ABCDEFGHIJKLMNOPQRSTUV
WXYZABCDEFGHIJKLMNOPQRSTUVW
XYZ 0123456789.,:!?©&*

Das ist ein Blindtext. Er vermittelt einen Eindruck vom visuellen Charakter der Schrift. An diesem Beispiel sind grundlegende Eigenschaften wie Laufweite, Wortabstand und Grauwert der Schrift in Ansätzen erkennbar. So können die Möglichkeiten und Grenzen ihres Einsatzes im Mengensatz abgewogen werden.

Lorem ipsum Dolor sit amet.
Wagabund

LOREM IPSUM DOLOR SIT AMET. LOREM IPSUM
Wagabund Caps Old

Dolor sit amet.
Wagabund Medium

Lorem ipsum Dolor sit amet.
Wagabund Italic

Lorem ipsum Dolor sit amet.
Wagabund Bold

Lorem ipsum Dolor sit amet.
Wagabund Bold Italic

Antiqua-Schriften mit Serifen

A Walser
Der Zeichenabstand dieser klassizistischen Antiqua ist zu erhöhen.

Walser

ABCDEFGHIJKLMNOPQRSTUVW
XYZabcdefghijklmnopqrstuvwxyz
0123456789.,:!?ß&*

Walser Italic

*ABCDEFGHIJKLMNOPQRSTUVW
XYZabcdefghijklmnopqrstuvwxyz
0123456789.,:!?ß&*

Walser Caps Old

ABCDEFGHIJKLMNOPQRSTUVW
XYZabcdefghijklmnopqrstuvwxyz
0123456789.,:!?©&*

Das ist ein Blindtext. Er vermittelt einen Eindruck vom visuellen Charakter der Schrift. An diesem Beispiel sind grundlegende Eigenschaften wie Laufweite, Wortabstand und Grauwert der Schrift in Ansätzen erkennbar. So können die Möglichkeiten und Grenzen ihres Einsatzes im Mengensatz abgewogen werden.

Lorem ipsum Dolor sit amet.
Walser

Lorem ipsum Dolor sit amet.
Walser Caps Old

Lorem ipsum Dolor sit amet.
Walser Italic

Lorem ipsum Dolor sit amet.
Walser Bold

A Weise-Antiqua
Zu der Renaissance-Antiqua gehören unterschiedlich fette Schnitte.

Weise-Antiqua

ABCDEFGHIJKLMNOPQRSTUVWXYZ
abcdefghijklmnopqrstuvwxyz
0123456789.,:!?ß&*

Weise-Antiqua Large

**ABCDEFGHIJKLMNOPQRSTUVW
XYZabcdefghijklmnopqrstuvwxyz
0123456789.,:!?ß&***

Weise-Antiqua Condensed

**ABCDEFGHIJKLMNOPQRSTUVWXYZ
abcdefghijklmnopqrstuvwxyz
0123456789.,:!?ß&***

Das ist ein Blindtext. Er vermittelt einen Eindruck vom visuellen Charakter der Schrift. An diesem Beispiel sind grundlegende Eigenschaften wie Laufweite, Wortabstand und Grauwert der Schrift in Ansätzen erkennbar. So können die Möglichkeiten und Grenzen ihres Einsatzes im Mengensatz abgewogen werden.

Lorem ipsum Dolor sit amet.
Weise-Antiqua

Lorem ipsum Dolor sit amet.
Weise-Antiqua Condensed

Lorem ipsum Dolor sit amet.
Weise-Antiqua Large

Lorem ipsum Dolor sit amet.
Weise-Antiqua Medium

Lorem ipsum Dolor sit amet.
Weise-Antiqua Bold

Antiqua-Schriften mit Serifen

Wiedow

Auffallend an der Wiedow sind die sehr geringen Unterschiede in der Strichstärke von fetten und feinen Linien.

Wiedow

ABCDEFGHIJKLMNOPQRSTUVWXYZ
abcdefghijklmnopqrstuvwxyz
0123456789.,:!?ß&*

Wiedow Medium

ABCDEFGHIJKLMNOPQRSTUVWXYZ
abcdefghijklmnopqrstuvwxyz
0123456789.,:!?ß&*

Wiedow Caps Old

ABCDEFGHIJKLMNOPQRSTUVWXYZ
ABCDEFGHIJKLMNOPQRSTUVWXYZ
0123456789.,:!?©&*

Das ist ein Blindtext. Er vermittelt einen Eindruck vom visuellen Charakter der Schrift. An diesem Beispiel sind grundlegende Eigenschaften wie Laufweite, Wortabstand und Grauwert der Schrift in Ansätzen erkennbar. So können die Möglichkeiten und Grenzen ihres Einsatzes im Mengensatz abgewogen werden.

Lorem ipsum Dolor sit amet.
Wiedow

Lorem ipsum Dolor sit amet.
Wiedow Medium

Lorem ipsum Dolor sit amet.
Wiedow Caps Old

Lorem ipsum Dolor sit amet.
Wiedow Italic

Lorem ipsum Dolor sit amet.
Wiedow Bold

Lorem ipsum Dolor sit amet.
Wiedow Bold Italic

Zablonski
Die Haarstriche dieser klassizistischen Antiqua schwellen zu den Serifen hin an. Der Zablonski fehlt ein normaler Schnitt.

Zablonski

ABCDEFGHIJKLMNOPQRSTUVW
XYZabcdefghijklmnopqrstuvwxyz
0123456789.,:!?ß&*

Zablonski Large

ABCDEFGHIJKLMNOPQRSTU
VWXYZabcdefghijklmnopqrstuv
wxyz 0123456789.,:!?ß&*

Zablonski Bold

ABCDEFGHIJKLMNOPQRST
UVWXYZabcdefghijklmnopqrst
uvwxyz 0123456789.,:!?ß&*

Das ist ein Blindtext. Er vermittelt einen Eindruck vom visuellen Charakter der Schrift. An diesem Beispiel sind grundlegende Eigenschaften wie Laufweite, Wortabstand und Grauwert der Schrift in Ansätzen erkennbar. So können die Möglichkeiten und Grenzen ihres Einsatzes im Mengensatz abgewogen werden.

Lorem ipsum Dolor sit amet.
Zablonski

Lorem ipsum Dolor sit amet.
Zablonski Large

Lorem ipsum Dolor sit amet.
Zablonski Bold

Lorem ipsum Dolor sit amet.
Zablonski Bold Italic

Antiqua-Schriften mit Serifen

Zaire
Einen etwas abgenutzten und überstrahlten
Eindruck machen die Buchstaben der Zaire.

Zaire

ABCDEFGHIJKLMNOPQRSTUV
WXYZabcdefghijklmnopqrstuvw
xyz 0123456789.,:!?ß&*

Zaire Large

ABCDEFGHIJKLMNOPQRSTU
VWXYZabcdefghijklmnopqrstuv
wxyz 0123456789.,:!?ß&*

Das ist ein Blindtext. Er vermittelt einen Eindruck vom visuellen Charakter der Schrift. An diesem Beispiel sind grundlegende Eigenschaften wie Laufweite, Wortabstand und Grauwert der Schrift in Ansätzen erkennbar. So können die Möglichkeiten und Grenzen ihres Einsatzes im Mengensatz abgewogen werden.

Lorem ipsum Dolor sit amet.
Zaire

Lorem ipsum Dolor sit amet.
Zaire Large

Lorem ipsum Dolor sit amet.
Zaire Italic

Lorem ipsum Dolor sit amet.
Zaire Bold

Lorem ipsum Dolor sit amet.
Zaire Bold Italic

Serifenlose Linear-Antiqua

Die Schriften dieses Kapitels sind durch fehlende Serifen und nahezu gleichbleibende Strichstärke gekennzeichnet. Für serifenlosen Satz längerer Texte wird man hier fündig. Alle abgebildeten Schriften befinden sich auf der beiliegenden DVD.

Agba
138

Agotha
139

Agsine
139

Akzelerat
140

Antonio
141

Avantage
142

Blohm
143

Comander
143

Digitanus
144

Eberhard
144

Erasmus
145

Erich
146

Europa
147

Folan
148

Frapant
149

Frucht
150

Futon
151

Gilbert
152

Gilberish
153

Gral
153

Grote
154

Imcart
154

Helten
155

Kabale
156

Kalten
157

Nango
198

Negatti
158

Nessi
159

Nicola
159

Perhead
160

Syndikat
160

University
161

137

Agba
Die serifenlose Linear-Antiqua verfügt über ein breites Spektrum an verschiedenen Schnitten und ist damit für viele Anwendungen geeignet.

Agba

ABCDEFGHIJKLMNOPQRSTUVW
XYZabcdefghijklmnopqrstuvwxyz
0123456789.,:!?ß&*

Agba Medium

**ABCDEFGHIJKLMNOPQRSTUVW
XYZabcdefghijklmnopqrstuvwxyz
0123456789.,:!?ß&***

Agba Condensed

ABCDEFGHIJKLMNOPQRSTUVWXYZ
abcdefghijklmnopqrstuvwxyz0123456789.,:!?ß&*

Das ist ein Blindtext. Er vermittelt einen Eindruck vom visuellen Charakter der Schrift. An diesem Beispiel sind grundlegende Eigenschaften wie Laufweite, Wortabstand und Grauwert der Schrift in Ansätzen erkennbar. So können die Möglichkeiten und Grenzen ihres Einsatzes im Mengensatz abgewogen werden.

Lorem ipsum Dolor sit amet.
Agba Condensed Small

Lorem ipsum Dolor sit amet.
Agba Extended

Lorem ipsum Dolor sit amet.
Agba Extended Medium

Lorem ipsum Dolor sit amet.
Agba Extended Small

Lorem ipsum Dolor sit amet.
Agba Medium

Lorem ipsum Dolor sit amet.
Agba Outline

Lorem ipsum Dolor sit amet.
Agba Small

Lorem ipsum Dolor sit amet.
Agba Condensed

Agotha

Für diese serifenlose Schrift, der klassizistische Formen zugrunde liegen, stehen zwei verschiedene Schnitte zur Verfügung.

ABCDEFGHIJKLMNOPQRSTUVW
XYZabcdefghijklmnopqrstuvwxyz
0123456789.,:!?ß&*

Das ist ein Blindtext. Er vermittelt einen Eindruck vom visuellen Charakter der Schrift. An diesem Beispiel sind grundlegende Eigenschaften wie Laufweite, Wortabstand und Grauwert der Schrift in Ansätzen erkennbar. So können die Möglichkeiten und Grenzen ihres Einsatzes im Mengensatz abgewogen werden.

Lorem ipsum Dolor sit amet.
Agotha

Lorem ipsum Dolor sit amet.
Agotha Bold

Agsine

Die Agsine ist eine konstruierte serifenlose Linear-Antiqua. Auffallend ist die Ähnlichkeit der Versalien I und J. Ihre Unterscheidung im Text ist nicht unproblematisch.

ABCDEFGHIJKLMNOPQRSTUVW
XYZabcdefghijklmnopqrstuvwxyz
0123456789.,:!?ß&*

Das ist ein Blindtext. Er vermittelt einen Eindruck vom visuellen Charakter der Schrift. An diesem Beispiel sind grundlegende Eigenschaften wie Laufweite, Wortabstand und Grauwert der Schrift in Ansätzen erkennbar. So können die Möglichkeiten und Grenzen ihres Einsatzes im Mengensatz abgewogen werden.

Lorem ipsum Dolor sit amet.
Agsine

Lorem ipsum Dolor sit amet.
Agsine Bold

Serifenlose Linear-Antiqua

Akzelerat

Schmale, fette und breite Schnitte stehen für diese klassische Grotesk-Schrift zur Verfügung. Neben den abgebildeten Schnitten liegen folgende vor: Condensed Small, Condensed Large und Super.

Akzelerat

ABCDEFGHIJKLMNOPQRSTUVW
XYZabcdefghijklmnopqrstuvwxyz
0123456789.,:!?ß&*

Akzelerat Large

**ABCDEFGHIJKLMNOPQRSTUVW
XYZabcdefghijklmnopqrstuvwxyz
0123456789.,:!?ß&***

Akzelerat Condensed

ABCDEFGHIJKLMNOPQRSTUVWXYZ
abcdefghijklmnopqrstuvwxyz
0123456789.,:!?ß&*

Das ist ein Blindtext. Er vermittelt einen Eindruck vom visuellen Charakter der Schrift. An diesem Beispiel sind grundlegende Eigenschaften wie Laufweite, Wortabstand und Grauwert der Schrift in Ansätzen erkennbar. So können die Möglichkeiten und Grenzen ihres Einsatzes im Mengensatz abgewogen werden.

Lorem ipsum Dolor sit amet.
Akzelerat

Lorem ipsum Dolor sit amet.
Akzelerat Condensed

Lorem ipsum Dolor sit amet.
Akzelerat Extended

Lorem ipsum Dolor sit amet.
Akzelerat Extended Large

Lorem ipsum Dolor sit amet.
Akzelerat Large

Lorem ipsum Dolor sit amet.
Akzelerat Small

Antonio
Typisch für diese Schrift sind die vertikal beschnittenen Enden aller Rundungen wie z. B. bei den Buchstaben a, c, r, und s, aber auch bei Ziffern wie 1, 3 und 6.

Antonio

ABCDEFGHIJKLMNOPQRSTUVWXYZ
abcdefghijklmnopqrstuvwxyz
0123456789.,:!?ß&*

Antonio Large

ABCDEFGHIJKLMNOPQRSTUVWXYZ
abcdefghijklmnopqrstuvwxyz
0123456789.,:!?ß&*

Antonio Condensed

ABCDEFGHIJKLMNOPQRSTUVWXYZ
abcdefghijklmnopqrstuvwxyz
0123456789.,:!?ß&*

Das ist ein Blindtext. Er vermittelt einen Eindruck vom visuellen Charakter der Schrift. An diesem Beispiel sind grundlegende Eigenschaften wie Laufweite, Wortabstand und Grauwert der Schrift in Ansätzen erkennbar. So können die Möglichkeiten und Grenzen ihres Einsatzes im Mengensatz abgewogen werden.

Lorem ipsum Dolor sit amet.
Antonio

Lorem ipsum Dolor sit amet.
Antonio Compact

Lorem ipsum Dolor sit amet.
Antonio Condensed

Lorem ipsum Dolor sit amet.
Antonio Extended

Lorem ipsum Dolor sit amet.
Antonio Large

Lorem ipsum Dolor sit amet.
Antonio Nord

Serifenlose Linear-Antiqua

Avantage

Die Avantage ist deutlich sichtbar aus geometrischen Formen konstruiert. Die formale Konsequenz macht sie eher unbrauchbar, für Lesetexte aber sehr geeignet für Auszeichnungen.

Avantage

ABCDEFGHIJKLMNOPQRSTUVWXYZ
abcdefghijklmnopqrstuvwxyz
0123456789.,:!?ß&*

Avantage Medium

ABCDEFGHIJKLMNOPQRSTUVWXYZ
abcdefghijklmnopqrstuvwxyz
0123456789.,:!?ß&*

Avantage Condensed

ABCDEFGHIJKLMNOPQRSTUVWXYZ
abcdefghijklmnopqrstuvwxyz
0123456789.,:!?ß&*

Das ist ein Blindtext. Er vermittelt einen Eindruck vom visuellen Charakter der Schrift. An diesem Beispiel sind grundlegende Eigenschaften wie Laufweite, Wortabstand und Grauwert der Schrift in Ansätzen erkennbar. So können die Möglichkeiten und Grenzen ihres Einsatzes im Mengensatz abgewogen werden.

Lorem ipsum Dolor sit amet.
Avantage

Lorem ipsum Dolor sit amet.
Avantage Condensed

Lorem ipsum Dolor sit amet.
Avantage Condensed Medium

Lorem ipsum Dolor sit amet.
Avantage Medium

Lorem ipsum Dolor sit amet.
Avantage Small

Serifenlose Linear-Antiqua

Blohm
Dieser fetten Schrift fehlen Ecken und Kanten. Als Auszeichnungsschrift ist sie vorstellbar.

ABCDEFGHIJKLMNOPQRSTUVWXYZ
abcdefghijklmnopqrstuvwxyz
0123456789.,:!?ß&*

Das ist ein Blindtext. Er vermittelt einen Eindruck vom visuellen Charakter der Schrift. An diesem Beispiel sind grundlegende Eigenschaften wie Laufweite, Wortabstand und Grauwert der Schrift in Ansätzen erkennbar. So können die Möglichkeiten und Grenzen ihres Einsatzes im Mengensatz abgewogen werden.

Lorem ipsum Dolor sit amet.
Blohm

Lorem ipsum Dolor sit amet.
Blohm Condensed

Lorem ipsum Dolor sit amet.
Blohm Extra Condensed

Comander
Eine fette, sehr schmale Schrift, die als Auszeichnungsschrift infrage kommt.

ABCDEFGHIJKLMNOPQRSTUVWXYZ
abcdefghijklmnopqrstuvwxyz
0123456789.,:!?ß&*

Das ist ein Blindtext. Er vermittelt einen Eindruck vom visuellen Charakter der Schrift. An diesem Beispiel sind grundlegende Eigenschaften wie Laufweite, Wortabstand und Grauwert der Schrift in Ansätzen erkennbar. So können die Möglichkeiten und Grenzen ihres Einsatzes im Mengensatz abgewogen werden.

Lorem ipsum Dolor sit amet.

Serifenlose Linear-Antiqua

Digitanus
Eine schmale Grotesk-Schrift in einer Variante.

ABCDEFGHIJKLMNOPQRSTUVWXYZ
abcdefghijklmnopqrstuvwxyz
0123456789.,:!?ß&*

Das ist ein Blindtext. Er vermittelt einen Eindruck vom visuellen Charakter der Schrift. An diesem Beispiel sind grundlegende Eigenschaften wie Laufweite, Wortabstand und Grauwert der Schrift in Ansätzen erkennbar. So können die Möglichkeiten und Grenzen ihres Einsatzes im Mengensatz abgewogen werden.

Lorem ipsum Dolor sit amet.

Eberhard
Noch schmaler als die oben stehende ist die Eberhard.

ABCDEFGHIJKLMNOPQRSTUVWXYZ
abcdefghijklmnopqrstuvwxyz
0123456789.,:!?ß&*

Das ist ein Blindtext. Er vermittelt einen Eindruck vom visuellen Charakter der Schrift. An diesem Beispiel sind grundlegende Eigenschaften wie Laufweite, Wortabstand und Grauwert der Schrift in Ansätzen erkennbar. So können die Möglichkeiten und Grenzen ihres Einsatzes im Mengensatz abgewogen werden.

Lorem ipsum Dolor sit amet.

Erasmus
Dieser Schrift ist ihre Nähe zu den Serifenschriften anzusehen. Sie hat deutlich sichtbare Strichstärkenunterschiede, und die Buchstabenschäfte verjüngen sich zur Mitte hin.

Erasmus

ABCDEFGHIJKLMNOPQRSTUVW
XYZabcdefghijklmnopqrstuvwxyz
0123456789.,:!?ß&*

Erasmus Large

**ABCDEFGHIJKLMNOPQRSTUVW
XYZabcdefghijklmnopqrstuvwxyz
0123456789.,:!?ß&***

Erasmus Small

ABCDEFGHIJKLMNOPQRSTUVW
XYZabcdefghijklmnopqrstuvwxyz
0123456789.,:!?ß&*

Das ist ein Blindtext. Er vermittelt einen Eindruck vom visuellen Charakter der Schrift. An diesem Beispiel sind grundlegende Eigenschaften wie Laufweite, Wortabstand und Grauwert der Schrift in Ansätzen erkennbar. So können die Möglichkeiten und Grenzen ihres Einsatzes im Mengensatz abgewogen werden.

Lorem ipsum Dolor sit amet.
Erasmus

Lorem ipsum Dolor sit amet.
Erasmus Large

Lorem ipsum Dolor sit amet.
Erasmus Small

Lorem ipsum Dolor sit amet.
Erasmus Bold

Serifenlose Linear-Antiqua

Erich
Ganz verschiedene Schnitte stehen
für diese elegante Schrift zur Verfügung.

Erich

ABCDEFGHIJKLMNOPQRSTUVWXYZ
abcdefghijklmnopqrstuvwxyz
0123456789.,:!?ß&*

Erich Black

ABCDEFGHIJKLMNOPQRSTU
VWXYZabcdefghjklmnopqrstu
vwxyz0123456789.,:!?ß&*

Erich Contour

ABCDEFGHIJKLMNOPQRSTUV
WXYZabcdefghijklmnopqrstuvw
xyz 0123456789.,:!?ß&*

Das ist ein Blindtext. Er vermittelt einen Eindruck vom visuellen Charakter der Schrift. An diesem Beispiel sind grundlegende Eigenschaften wie Laufweite, Wortabstand und Grauwert der Schrift in Ansätzen erkennbar. So können die Möglichkeiten und Grenzen ihres Einsatzes im Mengensatz abgewogen werden.

Lorem ipsum Dolor sit amet.
Erich

Lorem ipsum Dolor sit amet.
Erich Black

Lorem ipsum Dolor sit amet.
Erich Contour

Lorem ipsum Dolor sit amet.
Erich Light

Serifenlose Linear-Antiqua

Europa
Von allen runden Formen sind bei dieser Schrift nur gerundete Ecken geblieben. Die formale Übereinstimmung ist durch wechselnde Strichstärken belebt. Sie ist gut lesbar.

Europa

ABCDEFGHIJKLMNOPQRSTUVW
XYZabcdefghijklmnopqrstuvwxyz
0123456789.,:!?ß&✳

Europa Extended

ABCDEFGHIJKLMNOPQ
RSTUVWXYZabcdefghijk
lmnopqrstuvwxyz
0123456789.,:!?ß&✳

Europa Condensed

ABCDEFGHIJKLMNOPQRSTUVWXYZ
abcdefghijklmnopqrstuvwxyz 0123456789.,:!?ß&✳

Das ist ein Blindtext. Er vermittelt einen Eindruck vom visuellen Charakter der Schrift. An diesem Beispiel sind grundlegende Eigenschaften wie Laufweite, Wortabstand und Grauwert der Schrift in Ansätzen erkennbar. So können die Möglichkeiten und Grenzen ihres Einsatzes im Mengensatz abgewogen werden.

Lorem ipsum Dolor sit amet.
Europa

Lorem ipsum Dolor sit amet.
Europa Condensed

Lorem ipsum Dolor sit amet.
Europa Extended

Lorem ipsum Dolor sit amet.
Europa Italic

Lorem ipsum Dolor sit amet.
Europa Bold

Serifenlose Linear-Antiqua

Folan
Eine klassische Grotesk-Schrift, die ein recht helles Schriftbild ergibt und universell einsetzbar ist.

Folan

ABCDEFGHIJKLMNOPQRSTUVWXYZ
abcdefghijklmnopqrstuvwxyz
0123456789.,:!?ß&*

Folan Small

ABCDEFGHIJKLMNOPQRSTUVWXYZ
abcdefghijklmnopqrstuvwxyz
0123456789.,:!?ß&*

Folan Condensed

ABCDEFGHIJKLMNOPQRSTUVWXYZ
abcdefghijklmnopqrstuvwxyz
0123456789.,:!?ß&*

Das ist ein Blindtext. Er vermittelt einen Eindruck vom visuellen Charakter der Schrift. An diesem Beispiel sind grundlegende Eigenschaften wie Laufweite, Wortabstand und Grauwert der Schrift in Ansätzen erkennbar. So können die Möglichkeiten und Grenzen ihres Einsatzes im Mengensatz abgewogen werden.

Lorem ipsum Dolor sit amet.
Folan

Lorem ipsum Dolor sit amet.
Folan Condensed

Lorem ipsum Dolor sit amet.
Folan Condensed Small

Lorem ipsum Dolor sit amet.
Folan Bold

Serifenlose Linear-Antiqua

Frapant

Die gut lesbare Schrift hat einen deutlich sichtbaren Fett-Fein-Kontrast. Auffällig ist das kleine g, das in seiner Form an die klassischen Antiqua-Schriften erinnert.

Frapant

ABCDEFGHIJKLMNOPQRSTUVWXYZ
abcdefghijklmnopqrstuvwxyz
0123456789.,:!?ß&*

Frapant Book

ABCDEFGHIJKLMNOPQRSTUVWXYZ
abcdefghijklmnopqrstuvwxyz
0123456789.,:!?ß&*

Frapant Condensed

ABCDEFGHIJKLMNOPQRSTUVWXYZ
abcdefghijklmnopqrstuvwxyz
0123456789.,:!?ß&*

Das ist ein Blindtext. Er vermittelt einen Eindruck vom visuellen Charakter der Schrift. An diesem Beispiel sind grundlegende Eigenschaften wie Laufweite, Wortabstand und Grauwert der Schrift in Ansätzen erkennbar. So können die Möglichkeiten und Grenzen ihres Einsatzes im Mengensatz abgewogen werden.

Lorem ipsum Dolor sit amet.
Frapant

Lorem ipsum Dolor sit amet.
Frapant Book

Karl hört bunte Schafe grasend.
Frapant Condensed

Lorem ipsum Dolor sit amet.
Frapant Condensed Outline

Lorem ipsum Dolor sit amet.
Frapant Extended

Lorem ipsum Dolor sit amet.
Frapant Large

Serifenlose Linear-Antiqua

 **Frucht**
Eine gut lesbare und für viele Anwendungen geeignete serifenlose Schrift. Ausgangspunkt für ihre Entwicklung waren Schriften der Renaissance-Antiqua.

Frucht

ABCDEFGHIJKLMNOPQRSTUVWXYZ
abcdefghijklmnopqrstuvwxyz
0123456789.,:!?ß&*

Frucht Large

ABCDEFGHIJKLMNOPQRSTUVW
XYZabcdefghijklmnopqrstuvwxyz
0123456789.,:!?ß&*

Das ist ein Blindtext. Er vermittelt einen Eindruck vom visuellen Charakter der Schrift. An diesem Beispiel sind grundlegende Eigenschaften wie Laufweite, Wortabstand und Grauwert der Schrift in Ansätzen erkennbar. So können die Möglichkeiten und Grenzen ihres Einsatzes im Mengensatz abgewogen werden.

Lorem ipsum Dolor sit amet.
Frucht

Lorem ipsum Dolor sit amet.
Frucht Large

Lorem ipsum Dolor sit amet.
Frucht Bold

Lorem ipsum Dolor sit amet.
Frucht Italic

Lorem ipsum Dolor sit amet.
Frucht Bold Italic

Futon

Die Futon ist eine konstruierte serifenlose Schrift mit sorgfältig ausgearbeiteten Proportionen und vielen verschiedenen Schnitten. Neben den abgebildeten liegt noch die Condensed Small vor.

Futon

ABCDEFGHIJKLMNOPQRSTUVWXYZ
abcdefghijklmnopqrstuvwxyz
0123456789.,:!?ß&*

Futon Large

ABCDEFGHIJKLMNOPQRSTUVWXYZ
abcdefghijklmnopqrstuvwxyz
0123456789.,:!?ß&*

Futon Display

ABCDEFGHIJKLMNOPQRSTUVWXYZ
abcdefghijklmnopqrstuvwxyz
0123456789.,:!?ß&*

Das ist ein Blindtext. Er vermittelt einen Eindruck vom visuellen Charakter der Schrift. An diesem Beispiel sind grundlegende Eigenschaften wie Laufweite, Wortabstand und Grauwert der Schrift in Ansätzen erkennbar. So können die Möglichkeiten und Grenzen ihres Einsatzes im Mengensatz abgewogen werden.

Lorem ipsum Dolor sit amet.
Futon

Lorem ipsum Dolor sit amet.
Futon Condensed

Lorem ipsum Dolor sit amet.
Futon Display

Lorem ipsum Dolor sit amet.
Futon Large

Lorem ipsum Dolor sit amet.
Futon Medium

Lorem ipsum Dolor sit amet.
Futon Small

Serifenlose Linear-Antiqua

Gilbert
Eine klassische Grotesk-Schrift von großer Qualität.
Die gut lesbare Schrift liegt in diversen Schnitten vor.

Gilbert

ABCDEFGHIJKLMNOPQRSTUVWXYZ
abcdefghijklmnopqrstuvwxyz
0123456789.,:!?ß&*

Gilbert Large

ABCDEFGHIJKLMNOPQRSTUV WXYZ abcdefghijklmnopqrstuv wxyz 0123456789.,:!?ß&*

Gilbert Condensed

ABCDEFGHIJKLMNOPQRSTUVWXYZ
abcdefghijklmnopqrstuvwxyz
0123456789.,:!?ß&*

Das ist ein Blindtext. Er vermittelt einen Eindruck vom visuellen Charakter der Schrift. An diesem Beispiel sind grundlegende Eigenschaften wie Laufweite, Wortabstand und Grauwert der Schrift in Ansätzen erkennbar. So können die Möglichkeiten und Grenzen ihres Einsatzes im Mengensatz abgewogen werden.

Lorem ipsum Dolor sit amet.
Gilbert

Lorem ipsum Dolor sit amet.
Gibert Condensed

Lorem ipsum Dolor sit amet.
Gilbert Extra Condensed

Lorem ipsum Dolor sit amet.
Gilbert Large

Lorem ipsum Dolor sit amet.
Gilbert Small

Gilberish
Die fette Schrift mit deutlichem Strichstärkenunterschied ist sehr dekorativ und am besten für Auszeichnungszwecke geeignet.

ABCDEFGHIJKLMNOPQRSTUVW XYZ abcdefghijklmnopqrstuv wxyz 0123456789.,:!?ß&*

Das ist ein Blindtext. Er vermittelt einen Eindruck vom visuellen Charakter der Schrift. An diesem Beispiel sind grundlegende Eigenschaften wie Laufweite, Wortabstand und Grauwert der Schrift in Ansätzen erkennbar. So können die Möglichkeiten und Grenzen ihres Einsatzes im Mengensatz abgewogen werden.

Lorem ipsum Dolor sit amet.

Gral
Die fette Schrift mit sichtbarem Strichstärkenunterschied ist erst in größeren Graden sinnvoll.

ABCDEFGHIJKLMNOPQRSTUVW XYZ abcdefghijklmnopqrstuvw xyz 0123456789.,:!?ß&*

Das ist ein Blindtext. Er vermittelt einen Eindruck vom visuellen Charakter der Schrift. An diesem Beispiel sind grundlegende Eigenschaften wie Laufweite, Wortabstand und Grauwert der Schrift in Ansätzen erkennbar. So können die Möglichkeiten und Grenzen ihres Einsatzes im Mengensatz abgewogen werden.

Lorem ipsum Dolor sit amet.

Serifenlose Linear-Antiqua

Grote
Eine sehr schmale Schrift und wie alle Extreme schwer lesbar.

ABCDEFGHIJKLMNOPQRSTUVWXYZ
abcdefghijklmnopqrstuvwxyz
0123456789.,:!?ß&*

Das ist ein Blindtext. Er vermittelt einen Eindruck vom visuellen Charakter der Schrift. An diesem Beispiel sind grundlegende Eigenschaften wie Laufweite, Wortabstand und Grauwert der Schrift in Ansätzen erkennbar. So können die Möglichkeiten und Grenzen ihres Einsatzes im Mengensatz abgewogen werden.

Lorem ipsum Dolor sit amet.
Grote

Lorem ipsum Dolor sit amet.
Grote Bold

Lorem ipsum Dolor sit amet.
Grote Bold Italic

Imcart
Eine schmalfette Auszeichnungsschrift von fast klassizistischer Strenge.

ABCDEFGHIJKLMNOPQRSTUVWXYZ
abcdefghijklmnopqrstuvwxyz
0123456789.,:!?ß&*

Das ist ein Blindtext. Er vermittelt einen Eindruck vom visuellen Charakter der Schrift. An diesem Beispiel sind grundlegende Eigenschaften wie Laufweite, Wortabstand und Grauwert der Schrift in Ansätzen erkennbar. So können die Möglichkeiten und Grenzen ihres Einsatzes im Mengensatz abgewogen werden.

Lorem ipsum Dolor sit amet.

Serifenlose Linear-Antiqua

Helten

Die gut lesbare Schrift mit ausgewogenen Proportionen und sorgfältig gearbeiteten Details liegt in diversen Schnitten vor. Neben den abgebildeten existieren folgende: Condensed Small, Extended Medium, Medium und Small.

Helten

ABCDEFGHIJKLMNOPQRSTUVWXYZ
abcdefghijklmnopqrstuvwxyz
0123456789.,:!?ß&*

Helten Large

ABCDEFGHIJKLMNOPQRSTUVW
XYZ abcdefghijklmnopqrstuvwxyz
0123456789.,:!?ß&*

Helten Condensed

ABCDEFGHIJKLMNOPQRSTUVWXYZ
abcdefghijklmnopqrstuvwxyz
0123456789.,:!?ß&*

Das ist ein Blindtext. Er vermittelt einen Eindruck vom visuellen Charakter der Schrift. An diesem Beispiel sind grundlegende Eigenschaften wie Laufweite, Wortabstand und Grauwert der Schrift in Ansätzen erkennbar. So können die Möglichkeiten und Grenzen ihres Einsatzes im Mengensatz abgewogen werden.

Lorem ipsum Dolor sit amet.
Helten

Lorem ipsum Dolor sit amet.
Helten Condensed

Lorem ipsum Dolor sit amet.
Helten Condensed Medium

Lorem ipsum Dolor sit amet.
Helten Diagonal

Lorem ipsum Dolor sit amet.
Helten Extended

Lorem ipsum Dolor sit amet.
Helten Inserat

Serifenlose Linear-Antiqua

Kabale

Eine auffällige, konstruierte Grotesk-Schrift mit geringer Mittelhöhe. Besonderen Wiedererkennungswert besitzt der Buchstabe e mit seinem schrägen Querstrich.

Kabale

ABCDEFGHIJKLMNOPQRSTUVWXYZ
abcdefghijklmnopqrstuvwxyz
0123456789.,:!?ß&*

Kabale Large

ABCDEFGHIJKLMNOPQRSTUVWXYZ
abcdefghijklmnopqrstuvwxyz
**0123456789.,:!?ß&*

Kabale Medium

ABCDEFGHIJKLMNOPQRSTUVWXYZ
abcdefghijklmnopqrstuvwxyz
0123456789.,:!?ß&*

Das ist ein Blindtext. Er vermittelt einen Eindruck vom visuellen Charakter der Schrift. An diesem Beispiel sind grundlegende Eigenschaften wie Laufweite, Wortabstand und Grauwert der Schrift in Ansätzen erkennbar. So können die Möglichkeiten und Grenzen ihres Einsatzes im Mengensatz abgewogen werden.

Lorem ipsum Dolor sit amet.
Kabale

Lorem ipsum Dolor sit amet.
kabale Large

Lorem ipsum Dolor sit amet.
Kabale Medium

Lorem ipsum Dolor sit amet.
Kabale Bold

Kalten
Der nebenstehenden ähnlich, verfügt die Kalten über einige differierende Schnitte.

Kalten

ABCDEFGHIJKLMNOPQRSTUVWXYZ
abcdefghijklmnopqrstuvwxyz
0123456789.,:!?ß&*

Kalten Large

ABCDEFGHIJKLMNOPQRSTUVWXYZ
abcdefghijklmnopqrstuvwxyz
0123456789.,:!?ß&*

Kalten Condensed

ABCDEFGHIJKLMNOPQRSTUVWXYZ
abcdefghijklmnopqrstuvwxyz
0123456789.,:!?ß&*

Das ist ein Blindtext. Er vermittelt einen Eindruck vom visuellen Charakter der Schrift. An diesem Beispiel sind grundlegende Eigenschaften wie Laufweite, Wortabstand und Grauwert der Schrift in Ansätzen erkennbar. So können die Möglichkeiten und Grenzen ihres Einsatzes im Mengensatz abgewogen werden.

Lorem ipsum Dolor sit amet.
Kalten

Lorem ipsum Dolor sit amet.
Kalten Condensed

Lorem ipsum Dolor sit amet.
Kalten Condensed Medium

Lorem ipsum Dolor sit amet.
Kalten Medium

Lorem ipsum Dolor sit amet.
Kalten Bold

Serifenlose Linear-Antiqua

A Nango
Recht schmal läuft diese Schrift mit deutlichem Strichstärkenunterschied.

ABCDEFGHIJKLMNOPQRSTUVWXYZ
abcdefghijklmnopqrstuvwxyz
0123456789.,:!?ß&*

Das ist ein Blindtext. Er vermittelt einen Eindruck vom visuellen Charakter der Schrift. An diesem Beispiel sind grundlegende Eigenschaften wie Laufweite, Wortabstand und Grauwert der Schrift in Ansätzen erkennbar. So können die Möglichkeiten und Grenzen ihres Einsatzes im Mengensatz abgewogen werden.

Lorem ipsum Dolor sit amet.
Nango

Lorem ipsum Dolor sit amet.
Nango Condensed

Lorem ipsum Dolor sit amet.
Nango Italic

Lorem ipsum Dolor sit amet.
Nango Bold

A Negatti
Die fette, schmal laufende Schrift verfügt über einen Schnitt.

ABCDEFGHIJKLMNOPQRSTUVWXYZ
abcdefghijklmnopqrstuvwxyz
0123456789.,:!?ß&*

Das ist ein Blindtext. Er vermittelt einen Eindruck vom visuellen Charakter der Schrift. An diesem Beispiel sind grundlegende Eigenschaften wie Laufweite, Wortabstand und Grauwert der Schrift in Ansätzen erkennbar. So können die Möglichkeiten und Grenzen ihres Einsatzes im Mengensatz abgewogen werden.

Lorem ipsum Dolor sit amet.

Nessi
Die konstruierte serifenlose Linear-Antiqua
liegt in den Schnitten Bold und Normal vor.

ABCDEFGHIJKLMNOPQRSTUVWXYZ
abcdefghijklmnopqrstuvwxyz
0123456789.,:!?ß&*

Das ist ein Blindtext. Er vermittelt einen Eindruck vom visuellen Charakter der Schrift. An diesem Beispiel sind grundlegende Eigenschaften wie Laufweite, Wortabstand und Grauwert der Schrift in Ansätzen erkennbar. So können die Möglichkeiten und Grenzen ihres Einsatzes im Mengensatz abgewogen werden.

Lorem ipsum Dolor sit amet.
Nessi

Lorem ipsum Dolor sit amet.
Nessi Bold

Nicola
Die runden Formen dieser extrem breit ausgebauten
Schrift sind zu Quadraten mit abgerundeten Ecken geworden.
Sie ist zu Auszeichnungszwecken geeignet.

ABCDEFGHIJKLMNOPQR
STUVWXYZabcdefghijklmnop
qrstuvwxyz0123456789.,:!?

Das ist ein Blindtext. Er vermittelt einen Eindruck vom visuellen Charakter der Schrift. An diesem Beispiel sind grundlegende Eigenschaften wie Laufweite, Wortabstand und Grauwert der Schrift in Ansätzen erkennbar. So können die Möglichkeiten und Grenzen ihres Einsatzes im Mengensatz abgewogen werden.

Lorem ipsum Dolor sit amet.

Serifenlose Linear-Antiqua

Perhead
Die Perhead ist eine schmal laufende, fette Auszeichnungsschrift.

ABCDEFGHIJKLMNOPQRSTUVWXYZ
abcdefghijklmnopqrstuvwxyz
0123456789.,:!?ß&*

Das ist ein Blindtext. Er vermittelt einen Eindruck vom visuellen Charakter der Schrift. An diesem Beispiel sind grundlegende Eigenschaften wie Laufweite, Wortabstand und Grauwert der Schrift in Ansätzen erkennbar. So können die Möglichkeiten und Grenzen ihres Einsatzes im Mengensatz abgewogen werden.

Lorem ipsum Dolor sit amet.

Syndikat
Sehr reduziert, aber keinesfalls gleichförmig sind die Buchstaben der Syndikat. Ins Auge fallen die rechtwinklig beschnittenen Linienenden. Um optimale Lesbarkeit zu erzielen, sollte die Laufweite erhöht werden.

ABCDEFGHIJKLMNOPQRSTUVWXYZ
abcdefghijklmnopqrstuvwxyz
0123456789.,:!?ß&*

Das ist ein Blindtext. Er vermittelt einen Eindruck vom visuellen Charakter der Schrift. An diesem Beispiel sind grundlegende Eigenschaften wie Laufweite, Wortabstand und Grauwert der Schrift in Ansätzen erkennbar. So können die Möglichkeiten und Grenzen ihres Einsatzes im Mengensatz abgewogen werden.

Lorem ipsum Dolor sit amet.

Serifenlose Linear-Antiqua

University

Die sehr gut lesbare Schrift verfügt über eine Vielzahl fein aufeinander abgestimmter Schnitte und empfiehlt sich daher für viele Zwecke. Neben den abgebildeten liegen noch folgende Schnitte vor: Condensed Medium, Expanded Large und Extra Condensed Small.

University

ABCDEFGHIJKLMNOPQRSTUVWXYZ
abcdefghijklmnopqrstuvwxyz
0123456789.,:!?ß&*

University Large

ABCDEFGHIJKLMNOPQRSTUV
WXYZ abcdefghijklmnopqrstuvw
xyz 0123456789.,:!?ß&*

University Condensed

ABCDEFGHIJKLMNOPQRSTUVWXYZ
abcdefghijklmnopqrstuvwxyz
0123456789.,:!?ß&*

Das ist ein Blindtext. Er vermittelt einen Eindruck vom visuellen Charakter der Schrift. An diesem Beispiel sind grundlegende Eigenschaften wie Laufweite, Wortabstand und Grauwert der Schrift in Ansätzen erkennbar. So können die Möglichkeiten und Grenzen ihres Einsatzes im Mengensatz abgewogen werden.

Lorem ipsum Dolor sit amet.
University

Lorem ipsum Dolor sit amet.
University Condensed

Lorem ipsum Dolor sit amet.
University Expanded

Lorem ipsum Dolor sit amet.
University Extra Condensed

Lorem ipsum Dolor sit amet.
University Large

Lorem ipsum Dolor sit amet.
University Medium

Serifenlose Linear-Antiqua

Antiqua-Varianten

Die Schriften dieses Kapitels weichen vom klassischen Formenkanon der Renaissance-, Barock- und klassizistischen Antiqua ab, verfügen aber über Serifen oder den typischen Kontrast von fetten und feinen Linien.
Alle abgebildeten Schriften befinden sich auf der beiliegenden DVD.

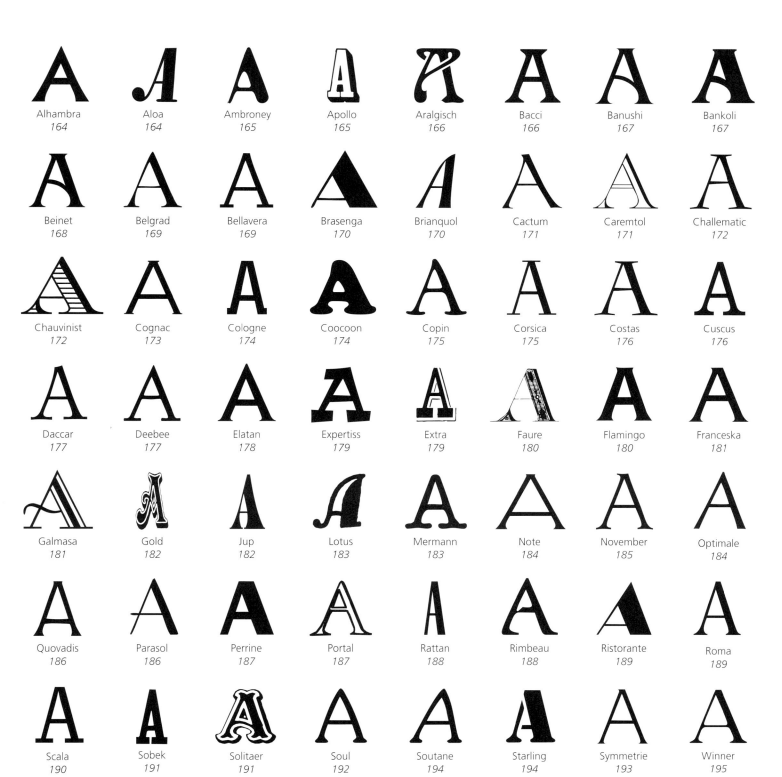

Alhambra
Eigentlich keine echte Serifenschrift, die verdickten Schaftenden lassen aber daran denken.

ABCDEFGHIJKLMNOPQRSTUVW
XYZabcdefghijklmnopqrstuvwxyz
0123456789.,:!?ß&*

Das ist ein Blindtext. Er vermittelt einen Eindruck vom visuellen Charakter der Schrift. An diesem Beispiel sind grundlegende Eigenschaften wie Laufweite, Wortabstand und Grauwert der Schrift in Ansätzen erkennbar. So können die Möglichkeiten und Grenzen ihres Einsatzes im Mengensatz abgewogen werden.

Lorem ipsum Dolor sit amet.

Aloa
Diese etwas altmodisch wirkende Auszeichnungsschrift fällt durch ihren Breitfederduktus und die dicken Punkte am auslaufenden Ende der Haarstriche ins Auge.

ABCDEFGHIJKLM.NOPQRSTUVWXYZ
abcdefghijklmnopqrstuvwxyz
0123456789.,:!?ß&

Das ist ein Blindtext. Er vermittelt einen Eindruck vom visuellen Charakter der Schrift. An diesem Beispiel sind grundlegende Eigenschaften wie Laufweite, Wortabstand und Grauwert der Schrift in Ansätzen erkennbar. So können die Möglichkeiten und Grenzen ihres Einsatzes im Mengensatz abgewogen werden.

Lorem ipsum Dolor sit amet.

Ambroney
Serifenlos, aber mit starkem Kontrast zwischen fetten und feinen Linien, so kommt diese futuristisch wirkende Schrift daher.

A B C D E F G H I J K L M N O P Q R S T U V W X Y Z
a b c d e f g h i j k l m n o p q r s t u v w x y z
0 1 2 3 4 5 6 7 8 9 . , : ! ? ß & *

Das ist ein Blindtext. Er vermittelt einen Eindruck vom visuellen Charakter der Schrift. An diesem Beispiel sind grundlegende Eigenschaften wie Laufweite, Wortabstand und Grauwert der Schrift in Ansätzen erkennbar. So können die Möglichkeiten und Grenzen ihres Einsatzes im Mengensatz abgewogen werden.

Lorem ipsum Dolor sit amet.

Apollo
Die schmale Akzidenzschrift des 19. Jahrhunderts verbindet die Merkmale einer Egyptienne mit gemäßigter Dreidimensionalität.

A B C D E F G H I J K L M N O P Q R S T U V W X Y Z

DAS IST EIN BLINDTEXT. ER VERMITTELT EINEN EINDRUCK VOM VISUELLEN CHARAKTER DER SCHRIFT. AN DIESEM BEISPIEL SIND GRUNDLEGENDE EIGENSCHAFTEN WIE LAUFWEITE, WORTABSTAND UND GRAUWERT DER SCHRIFT IN ANSÄTZEN ERKENNBAR. SO KÖNNEN DIE MÖGLICHKEITEN UND GRENZEN IHRES EINSATZES IM MENGENSATZ ABGEWOGEN WERDEN.

LOREM IPSUM DOLOR SIT AMET.

Antiqua-Varianten

Aralgisch
Die dekorative Jugendstilschrift ist durch ihre florale Anmutung gekennzeichnet.

ABCDEFGHIJKLMNOPQRSTUVW
XYZabcdefghijklmnopqrstuvwxyz
0123456789.,:!?ß&*

Das ist ein Blindtext. Er vermittelt einen Eindruck vom visuellen Charakter der Schrift. An diesem Beispiel sind grundlegende Eigenschaften wie Laufweite, Wortabstand und Grauwert der Schrift in Ansätzen erkennbar. So können die Möglichkeiten und Grenzen ihres Einsatzes im Mengensatz abgewogen werden.

Lorem ipsum Dolor sit amet.

Bacci
Die großen dreieckigen Serifen dieser Schrift haben eine fast ornamentale Wirkung. Die Schrift läuft relativ breit und ist gut lesbar. Ein schönes Et-Zeichen ergänzt den Zeichensatz.

ABCDEFGHIJKLMNOPQRSTUV
WXYZabcdefghijklmnopqrstuvwxyz
0123456789.,:!?ß&*

Das ist ein Blindtext. Er vermittelt einen Eindruck vom visuellen Charakter der Schrift. An diesem Beispiel sind grundlegende Eigenschaften wie Laufweite, Wortabstand und Grauwert der Schrift in Ansätzen erkennbar. So können die Möglichkeiten und Grenzen ihres Einsatzes im Mengensatz abgewogen werden.

Lorem ipsum Dolor sit amet.
Bacci

Lorem ipsum Dolor sit amet.
Bacci Large

LOREM IPSUM DOLOR SIT AMET.
Bacci Small Caps

Banushi
Die recht hohe Mittelhöhe der Banushi belässt die Minuskeln in kleinen Schriftgraden in gut lesbarer Größe.

ABCDEFGHIJKLMNOPQRSTUV
WXYZabcdefghijklmnopqrstuvw
xyz 0123456789.,:!?ß&*

Das ist ein Blindtext. Er vermittelt einen Eindruck vom visuellen Charakter der Schrift. An diesem Beispiel sind grundlegende Eigenschaften wie Laufweite, Wortabstand und Grauwert der Schrift in Ansätzen erkennbar. So können die Möglichkeiten und Grenzen ihres Einsatzes im Mengensatz abgewogen werden.

Lorem ipsum Dolor sit amet.

Bankoli
Die Bankoli ist ein fetter Schnitt zur oben stehenden Banushi.

ABCDEFGHIJKLMNOPQRSTU
VWXYZabcdefghijklmnopqrstu
vwxyz0123456789.,:!?ß&*

Das ist ein Blindtext. Er vermittelt einen Eindruck vom visuellen Charakter der Schrift. An diesem Beispiel sind grundlegende Eigenschaften wie Laufweite, Wortabstand und Grauwert der Schrift in Ansätzen erkennbar. So können die Möglichkeiten und Grenzen ihres Einsatzes im Mengensatz abgewogen werden.

Lorem ipsum Dolor sit amet.

Antiqua-Varianten

Beinet
In dieser Schrift sind die Vorzüge von zwei Schriften, Banushi und Bankoli, miteinander vereint und um weitere Schnitte ergänzt worden.

Beinet

ABCDEFGHIJKLMNOPQRSTUV
WXYZabcdefghijklmnopqrstuvwxyz
0123456789.,:!?ß&*

Beinet Medium

ABCDEFGHIJKLMNOPQRSTUV
WXYZabcdefghijklmnopqrstuvwxyz
0123456789.,:!?ß&*

Beinet Condensed

ABCDEFGHIJKLMNOPQRSTUVWXYZ
abcdefghijklmnopqrstuvwxyz
0123456789.,:!?ß&*€

Das ist ein Blindtext. Er vermittelt einen Eindruck vom visuellen Charakter der Schrift. An diesem Beispiel sind grundlegende Eigenschaften wie Laufweite, Wortabstand und Grauwert der Schrift in Ansätzen erkennbar. So können die Möglichkeiten und Grenzen ihres Einsatzes im Mengensatz abgewogen werden.

Lorem ipsum Dolor sit amet.
Beinet

Lorem ipsum Dolor sit amet.
Beinet Condensed

Lorem ipsum Dolor sit amet.
Beinet Condensed Medium

Lorem ipsum Dolor sit amet.
Beinet Medium

Lorem ipsum Dolor sit amet.
Beinet Italic

Lorem ipsum Dolor sit amet.
Beinet Bold

Belgrad

Die Belgrad erinnert mit ihrer aufrechten Achsstellung und dem großen Kontrast zwischen fett und fein an eine klassizistische Antiqua. Sie wirkt elegant. Im niedrigen Band der Minuskeln setzen Versalien interessante Akzente.

ABCDEFGHIJKLMNOPQRSTUV WXYZabcdefghijklmnopqrstuvwxyz 0123456789.,:!?ß&*@

Das ist ein Blindtext. Er vermittelt einen Eindruck vom visuellen Charakter der Schrift. An diesem Beispiel sind grundlegende Eigenschaften wie Laufweite, Wortabstand und Grauwert der Schrift in Ansätzen erkennbar. So können die Möglichkeiten und Grenzen ihres Einsatzes im Mengensatz abgewogen werden.

Lorem ipsum Dolor sit amet.

Bellavera

Die breit laufende Antiqua mit balkenartigen Serifen fällt durch die schräg gestellten Abschlüsse der Minuskel-Oberlängen und die wehenden Fahnen an v, w und y ins Auge.

ABCDEFGHIJKLMNOPQRSTUVW XYZabcdefghijklmnopqrstuvwxyz 0123456789.,:!?ß&*@

Das ist ein Blindtext. Er vermittelt einen Eindruck vom visuellen Charakter der Schrift. An diesem Beispiel sind grundlegende Eigenschaften wie Laufweite, Wortabstand und Grauwert der Schrift in Ansätzen erkennbar. So können die Möglichkeiten und Grenzen ihres Einsatzes im Mengensatz abgewogen werden.

Lorem ipsum Dolor sit amet.
Bellavera

Lorem ipsum Dolor sit amet.
Bellavera Large

Antiqua-Varianten

Brasenga
Diese serifenlose Überhöhung einer klassizistischen Antiqua ist sehr dekorativ und etwas nostalgisch.

ABCDEFGHIJKLMNOPQRST
UVWXYZabcdefghijklmnopq
rstuvwxyz 0123456789.,:!?ß&*

Das ist ein Blindtext. Er vermittelt einen Eindruck vom visuellen Charakter der Schrift. An diesem Beispiel sind grundlegende Eigenschaften wie Laufweite, Wortabstand und Grauwert der Schrift in Ansätzen erkennbar. So können die Möglichkeiten und Grenzen ihres Einsatzes im Mengensatz abgewogen werden.

Lorem ipsum Dolor sit amet.

Brianquol
Der geschriebene Charakter dieser schmal laufenden Kursiven ist deutlich erkennbar. Wie die meisten Kursiven ist sie recht elegant.

*ABCDEFGHIJKLMNOPQRSTUVWXYZabcdef
ghijklmnopqrstuvwxyz 0123456789.,:!?ß&**

Das ist ein Blindtext. Er vermittelt einen Eindruck vom visuellen Charakter der Schrift. An diesem Beispiel sind grundlegende Eigenschaften wie Laufweite, Wortabstand und Grauwert der Schrift in Ansätzen erkennbar. So können die Möglichkeiten und Grenzen ihres Einsatzes im Mengensatz abgewogen werden.

Lorem ipsum Dolor sit amet.

Cactum
Die Cactum ist eine breit laufende geschriebene Antiqua mit Kapitälchen anstelle von Minuskeln. Von der Verwendung des ß ist abzuraten.

ABCDEFGHIJKLMNOPQRSTUV
WXYZabcdefghijklmnopqrstuvwxyz
0123456789.,:!?ß&*

Das ist ein Blindtext. Er vermittelt einen Eindruck vom visuellen Charakter der Schrift. An diesem Beispiel sind grundlegende Eigenschaften wie Laufweite, Wortabstand und Grauwert der Schrift in Ansätzen erkennbar. So können die Möglichkeiten und Grenzen ihres Einsatzes im Mengensatz abgewogen werden.

Lorem ipsum Dolor sit amet.

Caremtol
Eine historische Antiqua für spezielle Zwecke.

ABCDEFGHIJKLMNOPQRSTU
VWXYZabcdefghijklmnopqrstuvwxyz
0123456789.,:!?ß&*

Das ist ein Blindtext. Er vermittelt einen Eindruck vom visuellen Charakter der Schrift. An diesem Beispiel sind grundlegende Eigenschaften wie Laufweite, Wortabstand und Grauwert der Schrift in Ansätzen erkennbar. So können die Möglichkeiten und Grenzen ihres Einsatzes im Mengensatz abgewogen werden.

Lorem ipsum Dolor sit amet.

Antiqua-Varianten

Challematic
Eine artifizielle Schrift in Versalien mit auffälligen Serifen.

ABCDEFGHIJKLMNOPQRSTUV WXYZ 0123456789.,:!?SS&*

DAS IST EIN BLINDTEXT. ER VERMITTELT EINEN EINDRUCK VOM VISUELLEN CHARAKTER DER SCHRIFT. AN DIESEM BEISPIEL SIND GRUNDLEGENDE EIGENSCHAFTEN WIE LAUFWEITE, WORTABSTAND UND GRAUWERT DER SCHRIFT IN ANSÄTZEN ERKENNBAR. SO KÖNNEN DIE MÖGLICHKEITEN UND GRENZEN IHRES EINSATZES IM MENGENSATZ ABGEWOGEN WERDEN.

LOREM IPSUM DOLOR SIT AMET.
Challematic

LOREM IPSUM DOLOR SIT AMET.
Challematic Bold

Chauvinist
Die schraffierte Akzidenzschrift stammt aus dem 19. Jahrhundert.

ABCDEFGHIJKLMNO PQRSTUVWXYZ 0123456789.,:!?&*

DAS IST EIN BLINDTEXT. ER VERMITTELT EINEN EINDRUCK VOM VISUELLEN CHARAKTER DER SCHRIFT. AN DIESEM BEISPIEL SIND GRUNDLEGENDE EIGENSCHAFTEN WIE LAUFWEITE, WORTABSTAND UND GRAUWERT DER SCHRIFT IN ANSÄTZEN ERKENNBAR. SO KÖNNEN DIE MÖGLICHKEITEN UND GRENZEN IHRES EINSATZES IM MENGENSATZ ABGEWOGEN WERDEN.

LOREM IPSUM DOLOR SIT AMET.

Cognac

Gleichbleibende Strichstärke und breite konstruierte Formen sind mit winzigen spitzen Serifen kombiniert. Alle Schnitte haben anstelle von Minuskeln Kapitälchen.

Cognac

ABCDEFGHIJKLMNOPQRSTU
VWXYZABCDEFGHIJKLMNOPQRS
TUVWXYZ0123456789.,:!?©&*

Cognac Condensed

ABCDEFGHIJKLMNOPQRSTUVWXYZ
ABCDEFGHIJKLMNOPQRSTUVWXYZ
0123456789.,:!?©&*

Cognac Extended

ABCDEFGHIJKLMNOP
QRSTUVWXYZ
0123456789.,:!?©&*

Das ist ein Blindtext. Er vermittelt einen Eindruck vom visuellen Charakter der Schrift. An diesem Beispiel sind grundlegende Eigenschaften wie Laufweite, Wortabstand und Grauwert der Schrift in Ansätzen erkennbar. So können die Möglichkeiten und Grenzen ihres Einsatzes im Mengensatz abgewogen werden.

Lorem ipsum Dolor sit amet.
Cognac

Lorem ipsum Dolor sit amet.
Cognac Condensed

Lorem ipsum Dolor sit amet.
Cognac Extended

Lorem ipsum Dolor sit amet.
Cognac Bold

Antiqua-Varianten

Cologne
Die balkendicken Serifen verlassen die Schäfte vieler Buchstaben, ähnlich wie kleine Füße, nur in eine Richtung.

ABCDEFGHIJKLMNOPQRSTUVWXYZ
abcdefghijklmnopqrstuvwxyz
0123456789.,:!?ß&*

Das ist ein Blindtext. Er vermittelt einen Eindruck vom visuellen Charakter der Schrift. An diesem Beispiel sind grundlegende Eigenschaften wie Laufweite, Wortabstand und Grauwert der Schrift in Ansätzen erkennbar. So können die Möglichkeiten und Grenzen ihres Einsatzes im Mengensatz abgewogen werden.

Lorem ipsum Dolor sit amet.
Cologne

Lorem ipsum Dolor sit amet.
Cologne Large

Lorem ipsum Dolor sit amet.
Cologne Bold

Coocoon
Wie auseinandergelaufen erscheinen die Konturen dieser amerikanischen Schrift aus den 20er-Jahren.

ABCDEFGHIJKLMNOPQRST
UVWXYZabcdefghijklmnopqrs
tuvwxyz0123456789.,:!?ß&*

Das ist ein Blindtext. Er vermittelt einen Eindruck vom visuellen Charakter der Schrift. An diesem Beispiel sind grundlegende Eigenschaften wie Laufweite, Wortabstand und Grauwert der Schrift in Ansätzen erkennbar. So können die Möglichkeiten und Grenzen ihres Einsatzes im Mengensatz abgewogen werden.

Lorem ipsum Dolor sit amet.
Coocoon

Lorem ipsum Dolor sit amet.
Coocoon Italic

A Copin

Ungewöhnlich sind die hochgebogenen Serifen dieser Schrift.

ABCDEFGHIJKLMNOPQRSTUVW
XYZabcdefghijklmnopqrstuvwxyz
0123456789.,:!?ß&*

Das ist ein Blindtext. Er vermittelt einen Eindruck vom visuellen Charakter der Schrift. An diesem Beispiel sind grundlegende Eigenschaften wie Laufweite, Wortabstand und Grauwert der Schrift in Ansätzen erkennbar. So können die Möglichkeiten und Grenzen ihres Einsatzes im Mengensatz abgewogen werden.

Lorem ipsum Dolor sit amet.
Copin

Lorem ipsum Dolor sit amet.
Copin Italic

A Corsica

Sehr spitze Serifen kennzeichnen diese klassizistisch anmutende Antiqua-Variante.

ABCDEFGHIJKLMNOPQRSTUVWXYZ
abcdefghijklmnopqrstuvwxyz
0123456789.,:!?ß&*

Das ist ein Blindtext. Er vermittelt einen Eindruck vom visuellen Charakter der Schrift. An diesem Beispiel sind grundlegende Eigenschaften wie Laufweite, Wortabstand und Grauwert der Schrift in Ansätzen erkennbar. So können die Möglichkeiten und Grenzen ihres Einsatzes im Mengensatz abgewogen werden.

Lorem ipsum Dolor sit amet.
Corsica

Lorem ipsum Dolor sit amet.
Corsica Medium

Lorem ipsum Dolor sit amet.
Corsica Italic

Lorem ipsum Dolor sit amet.
Corsica Bold

A Costas
Nur in Versalien liegt die elegant anmutende Schrift vor.

ABCDEFGHIJKLMNOPQRST UVWXYZ0123456789.,:!?SS&*

DAS IST EIN BLINDTEXT. ER VERMITTELT EINEN EINDRUCK VOM VISUELLEN CHARAKTER DER SCHRIFT. AN DIESEM BEISPIEL SIND GRUNDLEGENDE EIGENSCHAFTEN WIE LAUFWEITE, WORTABSTAND UND GRAUWERT DER SCHRIFT IN ANSÄTZEN ERKENNBAR. SO KÖNNEN DIE MÖGLICHKEITEN UND GRENZEN IHRES EINSATZES IM MENGENSATZ ABGEWOGEN WERDEN.

LOREM IPSUM DOLOR SIT AMET.

A Cuscus
Von dieser schmal laufenden Schrift liegen verschiedene Schnitte, inklusive Kapitälchen, vor.

ABCDEFGHIJKLMNOPQRSTUVWXYZ abcdefghijklmnopqrstuvwxyz 0123456789.,:!?ß&*

Das ist ein Blindtext. Er vermittelt einen Eindruck vom visuellen Charakter der Schrift. An diesem Beispiel sind grundlegende Eigenschaften wie Laufweite, Wortabstand und Grauwert der Schrift in Ansätzen erkennbar. So können die Möglichkeiten und Grenzen ihres Einsatzes im Mengensatz abgewogen werden.

Lorem ipsum Dolor sit amet.
Cuscus

Lorem ipsum Dolor sit amet.
Cuscus Medium

LOREM IPSUM DOLOR SIT AMET.
Cuscus Small Caps

Lorem ipsum Dolor sit amet.
Cuscus Italic

Daccar
Einen geschriebenen Duktus vermittelt diese Schrift. Die Oberlängen der Minuskeln reichen deutlich über die Versalhöhe hinaus. Der Zeilenabstand sollte das berücksichtigen.

ABCDEFGHIJKLMNOPQRSTUVWXYZabcdefghijklmnopqrstuvwxyz
0123456789.,:!?ß&*

Das ist ein Blindtext. Er vermittelt einen Eindruck vom visuellen Charakter der Schrift. An diesem Beispiel sind grundlegende Eigenschaften wie Laufweite, Wortabstand und Grauwert der Schrift in Ansätzen erkennbar. So können die Möglichkeiten und Grenzen ihres Einsatzes im Mengensatz abgewogen werden.

Lorem ipsum Dolor sit amet.

Deebee
Deutlich erkennbar ist als Herkunft der Schrift das Schreiben mit der Feder.

ABCDEFGHIJKLMNOPQRSTUVWXYZabcdefghijklmnopqrstuvwxyz
0123456789.,:!?ß&*

Das ist ein Blindtext. Er vermittelt einen Eindruck vom visuellen Charakter der Schrift. An diesem Beispiel sind grundlegende Eigenschaften wie Laufweite, Wortabstand und Grauwert der Schrift in Ansätzen erkennbar. So können die Möglichkeiten und Grenzen ihres Einsatzes im Mengensatz abgewogen werden.

Lorem ipsum Dolor sit amet.
Deebee

Lorem ipsum Dolor sit amet.
Deebee Small Caps

Lorem ipsum Dolor sit amet.
Deebee Italic

Lorem ipsum Dolor sit amet.
Deebee Bold

Antiqua-Varianten

Elatan
Charakteristisch für diese Schrift sind angedeutete Serifen und ein gemäßigter Fett-Fein-Kontrast.

Elatan

ABCDEFGHIJKLMNOPQRSTUVW
XYZabcdefghijklmnopqrstuvwxyz
0123456789.,:!?ß&*€

Elatan Medium

ABCDEFGHIJKLMNOPQRSTUVW
XYZabcdefghijklmnopqrstuvw
xyz0123456789.,:!?ß&*

Elatan Caps Old

ABCDEFGHIJKLMNOPQRSTUVW
XYZabcdefghijklmnopqrstuvwxyz
0123456789.,:!?©&*

Das ist ein Blindtext. Er vermittelt einen Eindruck vom visuellen Charakter der Schrift. An diesem Beispiel sind grundlegende Eigenschaften wie Laufweite, Wortabstand und Grauwert der Schrift in Ansätzen erkennbar. So können die Möglichkeiten und Grenzen ihres Einsatzes im Mengensatz abgewogen werden.

Lorem ipsum Dolor sit amet.
Elatan

Lorem ipsum Dolor sit amet.
Elatan Caps Old

Lorem ipsum Dolor sit amet.
Elatan Medium

Lorem ipsum Dolor sit amet.
Elatan Italic

Lorem ipsum Dolor sit amet.
Elatan Bold

Lorem ipsum Dolor sit amet.
Elatan Bold Italic

Expertiss
An bunte Westerncomics erinnert die serifenbetonte Schrift.

ABCDEFGHIJKLMNOPQRSTU VWXYZabcdefghijklmnopqrstuvw xyz 0123456789.,:!?ß&*

Das ist ein Blindtext. Er vermittelt einen Eindruck vom visuellen Charakter der Schrift. An diesem Beispiel sind grundlegende Eigenschaften wie Laufweite, Wortabstand und Grauwert der Schrift in Ansätzen erkennbar. So können die Möglichkeiten und Grenzen ihres Einsatzes im Mengensatz abgewogen werden.

Lorem ipsum Dolor sit amet.

Extra
Weder Satzzeichen noch Ziffern stehen für die serifenbetonte Schrift des 19. Jahrhunderts zur Verfügung.

ABCDEFGHIJKLMNOPQRSTUVWXYZ abcdefghijklmnopqrstuvwxyz

Das ist ein Blindtext. Er vermittelt einen Eindruck vom visuellen Charakter der Schrift. An diesem Beispiel sind grundlegende Eigenschaften wie Laufweite, Wortabstand und Grauwert der Schrift in Ansätzen erkennbar. So können die Möglichkeiten und Grenzen ihres Einsatzes im Mengensatz abgewogen werden.

Lorem ipsum Dolor sit amet.

Antiqua-Varianten

Faure
Die Binnenformen dieser klassizistischen Antiqua aus dem 19. Jahrhundert sind reich mit Ornamenten gefüllt.

ABCDEFGHIJKLMNOPQRST UVWXYZ &

DAS IST EIN BLINDTEXT. ER VERMITTELT EINEN EINDRUCK VOM VISUELLEN CHARAKTER DER SCHRIFT. AN DIESEM BEISPIEL SIND GRUNDLEGENDE EIGENSCHAFTEN WIE LAUFWEITE, WORTABSTAND UND GRAUWERT DER SCHRIFT IN ANSÄTZEN ERKENNBAR. SO KÖNNEN DIE MÖGLICHKEITEN UND GRENZEN IHRES EINSATZES IM MENGENSATZ ABGEWOGEN WERDEN.

LOREM IPSUM DOLOR SIT AMET.

Flamingo
Diese Antiqua mit geringem Strichstärkenkontrast hat sehr kurze Serifen.

ABCDEFGHIJKLMNOPQRSTUVW XYZabcdefghijklmnopqrstuvwxyz 0123456789.,:!?ß&*

Das ist ein Blindtext. Er vermittelt einen Eindruck vom visuellen Charakter der Schrift. An diesem Beispiel sind grundlegende Eigenschaften wie Laufweite, Wortabstand und Grauwert der Schrift in Ansätzen erkennbar. So können die Möglichkeiten und Grenzen ihres Einsatzes im Mengensatz abgewogen werden.

Lorem ipsum Dolor sit amet.
Flamingo

Lorem ipsum Dolor sit amet.
Flamingo Small

Lorem ipsum Dolor sit amet.
Flamingo Italic

Lorem ipsum Dolor sit amet.
Flamingo Bold

Franceska
Neben den weichen Formen der Schrift fallen die nicht ganz geschlossenen Formen bei a, b, d, g, p und q ins Auge.

ABCDEFGHIJKLMNOPQRSTUVW
XYZabcdefghijklmnopqrstuvwxyz
0123456789.,:!?ß&*

Das ist ein Blindtext. Er vermittelt einen Eindruck vom visuellen Charakter der Schrift. An diesem Beispiel sind grundlegende Eigenschaften wie Laufweite, Wortabstand und Grauwert der Schrift in Ansätzen erkennbar. So können die Möglichkeiten und Grenzen ihres Einsatzes im Mengensatz abgewogen werden.

Lorem ipsum Dolor sit amet.
Franceska

Lorem ipsum Dolor sit amet.
Franceska Bold

Galmasa
Eine dekorative und nostalgische Auszeichnungsschrift ohne Minuskeln.

ABCDEFGHIJKLMNOPQRST
UVWXYZ0123456789.,:!?ß&*

DAS IST EIN BLINDTEXT. ER VERMITTELT EINEN EINDRUCK VOM VISUELLEN CHARAKTER DER SCHRIFT. AN DIESEM BEISPIEL SIND GRUNDLEGENDE EIGENSCHAFTEN WIE LAUFWEITE, WORTABSTAND UND GRAUWERT DER SCHRIFT IN ANSÄTZEN ERKENNBAR. SO KÖNNEN DIE MÖGLICHKEITEN UND GRENZEN IHRES EINSATZES IM MENGENSATZ ABGEWOGEN WERDEN.

LOREM IPSUM DOLOR SIT AMET.

Antiqua-Varianten

Gold
Die serifenbetonte Akzidenzschrift des
19. Jahrhunderts verfügt nicht über eigene Satzzeichen.

ABCDEFGHIJKLMNOPQRSTUVWXYZ
abcdefghijklmnopqrstuvwxyz 0123456789

Das ist ein Blindtext. Er vermittelt einen Eindruck vom visuellen Charakter der Schrift. An diesem Beispiel sind grundlegende Eigenschaften wie Laufweite, Wortabstand und Grauwert der Schrift in Ansätzen erkennbar. So können die Möglichkeiten und Grenzen ihres Einsatzes im Mengensatz abgewogen werden.

Lorem ipsum Dolor sit amet.

Jup
Eine ungewöhnliche Verbindung
zwischen Schaft und Serife zeichnet diese Schrift aus.

ABCDEFGHIJKLMNOPQRSTUVWXYZ
0123456789.,:!?SS&*

DAS IST EIN BLINDTEXT. ER VERMITTELT EINEN EINDRUCK VOM VISU-
ELLEN CHARAKTER DER SCHRIFT. AN DIESEM BEISPIEL SIND GRUNDLE-
GENDE EIGENSCHAFTEN WIE LAUFWEITE, WORTABSTAND UND GRAUWERT
DER SCHRIFT IN ANSÄTZEN ERKENNBAR. SO KÖNNEN DIE MÖGLICHKEITEN
UND GRENZEN IHRES EINSATZES IM MENGENSATZ ABGEWOGEN WERDEN.

LOREM IPSUM DOLOR SIT AMET.

Lotus
Auffällig an dieser wie geschrieben wirkenden Schrift sind ihre verspielten Verzierungen, die dem ausgeprägten Fett-Fein-Kontrast seine Schwere nehmen.

ABCDEFGHIJKLMNOPQRSTU
VWXYZ abcdefghijklmnopqrstuvwxyz
0123456789.,:!?ß&*

Das ist ein Blindtext. Er vermittelt einen Eindruck vom visuellen Charakter der Schrift. An diesem Beispiel sind grundlegende Eigenschaften wie Laufweite, Wortabstand und Grauwert der Schrift in Ansätzen erkennbar. So können die Möglichkeiten und Grenzen ihres Einsatzes im Mengensatz abgewogen werden.

Lorem ipsum Dolor sit amet.

Merman
An das Linienbild der Rundfeder erinnert der Duktus dieser Schrift.

ABCDEFGHIJKLMNOPQRSTUV
WXYZabcdefghijklmnopqrstuvw
xyz0123456789.,:!?ß&*

Das ist ein Blindtext. Er vermittelt einen Eindruck vom visuellen Charakter der Schrift. An diesem Beispiel sind grundlegende Eigenschaften wie Laufweite, Wortabstand und Grauwert der Schrift in Ansätzen erkennbar. So können die Möglichkeiten und Grenzen ihres Einsatzes im Mengensatz abgewogen werden.

Lorem ipsum Dolor sit amet.

Antiqua-Varianten

A Note
Eine extrem breit laufende
Schrift mit sehr dezenten Serifen.

ABCDEFGHIJKLMNOPQRST
UVWXYZabcdefghijklmnopqrst
uvwxyz 0123456789.,:!?ß&*

Das ist ein Blindtext. Er vermittelt einen Eindruck vom visuellen Charakter der Schrift. An diesem Beispiel sind grundlegende Eigenschaften wie Laufweite, Wortabstand und Grauwert der Schrift in Ansätzen erkennbar. So können die Möglichkeiten und Grenzen ihres Einsatzes im Mengensatz abgewogen werden.

Lorem ipsum Dolor sit amet.
Note

Lorem ipsum Dolor sit amet.
Note Medium

Lorem ipsum Dolor sit amet.
Note Italic

Lorem ipsum Dolor sit amet.
Note Bold

A Optimale
Ohne ausdrückliche Serifen aber mit an- und abschwellenden
Schäften, gekehlten Schaftenden und von elegantem Charakter.

ABCDEFGHIJKLMNOPQRSTUVWXYZ
abcdefghijklmnopqrstuvwxyz
0123456789.,:!?ß&*

Das ist ein Blindtext. Er vermittelt einen Eindruck vom visuellen Charakter der Schrift. An diesem Beispiel sind grundlegende Eigenschaften wie Laufweite, Wortabstand und Grauwert der Schrift in Ansätzen erkennbar. So können die Möglichkeiten und Grenzen ihres Einsatzes im Mengensatz abgewogen werden.

Lorem ipsum Dolor sit amet.
Optimale

Lorem ipsum Dolor sit amet.
Optimale Medium

Lorem ipsum Dolor sit amet.
Optimale Italic

Lorem ipsum Dolor sit amet.
Optimale Bold

November
Eine ausgewogen wirkende Schrift mit sehr fein auslaufenden Serifen.

November

ABCDEFGHIJKLMNOPQRSTUVWXYZ
abcdefghijklmnopqrstuvwxyz
0123456789.,:!?ß&*

November Large

ABCDEFGHIJKLMNOPQRSTUV
WXYZabcdefghijklmnopqrstuvw
xyz 0123456789.,:!?ß&*

November Medium

ABCDEFGHIJKLMNOPQRSTUVWXYZ
abcdefghijklmnopqrstuvwxyz
0123456789.,:!?ß&*

Das ist ein Blindtext. Er vermittelt einen Eindruck vom visuellen Charakter der Schrift. An diesem Beispiel sind grundlegende Eigenschaften wie Laufweite, Wortabstand und Grauwert der Schrift in Ansätzen erkennbar. So können die Möglichkeiten und Grenzen ihres Einsatzes im Mengensatz abgewogen werden.

Lorem ipsum Dolor sit amet.
November

Lorem ipsum Dolor sit amet.
November Caps Old

Lorem ipsum Dolor sit amet.
November Large

Lorem ipsum Dolor sit amet.
November Medium

Lorem ipsum Dolor sit amet.
November Italic

Lorem ipsum Dolor sit amet.
November Bold

Antiqua-Varianten

Quovadis
Fast dreieckig aus den Schäften herauswachsende Serifen verleihen dieser Schrift ihren Charakter.

ABCDEFGHIJKLMNOPQRSTUVWXYZ
abcdefghijklmnopqrstuvwxyz
0123456789.,:!?ß&*

Das ist ein Blindtext. Er vermittelt einen Eindruck vom visuellen Charakter der Schrift. An diesem Beispiel sind grundlegende Eigenschaften wie Laufweite, Wortabstand und Grauwert der Schrift in Ansätzen erkennbar. So können die Möglichkeiten und Grenzen ihres Einsatzes im Mengensatz abgewogen werden.

Lorem ipsum Dolor sit amet.
Quovadis

Lorem ipsum Dolor sit amet.
Quovadis Large

Lorem ipsum Dolor sit amet.
Quovadis Small

Parasol
Die statisch wirkende Schrift leistet sich ein paar heitere Schnörkel in der Ausprägung der Haarstriche.

ABCDEFGHIJKLMNOPQRSTUVWXYZ
abcdefghijklmnopqrstuvwxyz 0123456789.,:!?ß&*

Das ist ein Blindtext. Er vermittelt einen Eindruck vom visuellen Charakter der Schrift. An diesem Beispiel sind grundlegende Eigenschaften wie Laufweite, Wortabstand und Grauwert der Schrift in Ansätzen erkennbar. So können die Möglichkeiten und Grenzen ihres Einsatzes im Mengensatz abgewogen werden.

Lorem ipsum Dolor sit amet.

Perrine
Der deutliche Strichstärkenkontrast ist typisch für Antiqua-Schriften mit Serifen. Die Kapitälchen verfügen über Ober- und Unterlängen von Minuskeln.

ABCDEFGHIJKLMNOPQRSTUV
WXYZabcdefghijklmnopqrstuvwxyz
0123456789.,:!?ß&*

Das ist ein Blindtext. Er vermittelt einen Eindruck vom visuellen Charakter der Schrift. An diesem Beispiel sind grundlegende Eigenschaften wie Laufweite, Wortabstand und Grauwert der Schrift in Ansätzen erkennbar. So können die Möglichkeiten und Grenzen ihres Einsatzes im Mengensatz abgewogen werden.

Lorem ipsum Dolor sit amet.
Perrine Bold

Lorem ipsum Dolor sit amet.
Perrine Small

Portal 1 und 2
Ohne eigene Satzzeichen und Ziffern sowie mit unterschiedlichem Bezug zur Grundlinie von Versalien und Minuskeln präsentiert sich diese historische Outline-Schrift.

ABCDEFGHIJKLMNOPQRSTU
VWXYZabcdefghijklmnopqrstuvwxyz

DAS IST EIN BLINDTEXT. ER VERMITTELT EINEN EINDRUCK VOM VISUELLEN CHARAKTER DER SCHRIFT. AN DIESEM BEISPIEL SIND GRUNDLEGENDE EIGENSCHAFTEN WIE LAUFWEITE, WORTABSTAND UND GRAUWERT DER SCHRIFT IN ANSATZEN ERKENNBAR. SO KONNEN DIE MOGLICHKEITEN UND GRENZEN IHRES EINSATZES IM MENGENSATZ ABGEWOGEN WERDEN.

LOREM IPSUM DOLOR SIT AMET
Portal 1

lorem ipsum dolor sit amet
Portal 2

Antiqua-Varianten

Rattan
Sehr schmal und von klassizistischem Charakter, wenn auch ohne Serifen, ist diese Schrift.

ABCDEFGHIJKLMNOPQRSTUVWXYZ
abcdefghijklmnopqrstuvwxyz 0123456789.,:!?ß&*

Das ist ein Blindtext. Er vermittelt einen Eindruck vom visuellen Charakter der Schrift. An diesem Beispiel sind grundlegende Eigenschaften wie Laufweite, Wortabstand und Grauwert der Schrift in Ansätzen erkennbar. So können die Möglichkeiten und Grenzen ihres Einsatzes im Mengensatz abgewogen werden.

Lorem ipsum Dolor sit amet.

Rimbeau
Die einseitig nach rechts gerichteten Grundlinienserifen erwecken den Eindruck, die Schrift würde laufen.

ABCDEFGHIJKLMNOPQRSTUVW
XYZabcdefghijklmnopqrstuvwxyz
0123456789.,:!?ß&*

Das ist ein Blindtext. Er vermittelt einen Eindruck vom visuellen Charakter der Schrift. An diesem Beispiel sind grundlegende Eigenschaften wie Laufweite, Wortabstand und Grauwert der Schrift in Ansätzen erkennbar. So können die Möglichkeiten und Grenzen ihres Einsatzes im Mengensatz abgewogen werden.

Lorem ipsum Dolor sit amet.
Rimbeau

Lorem ipsum Dolor sit amet.
Rimbeau Large

Lorem ipsum Dolor sit amet.
Rimbeau Bold

Ristorante
Die Buchstaben sind auf extrem fette und wenig vermittelte Balken sowie kaum wahrnehmbare Haarstriche reduziert.

ABCDEFGHIJKLMNOPQRST
UVWXYZabcdefghijklmnopq
rstuvwxyz0123456789.,:!?ß&*

Das ist ein Blindtext. Er vermittelt einen Eindruck vom visuellen Charakter der Schrift. An diesem Beispiel sind grundlegende Eigenschaften wie Laufweite, Wortabstand und Grauwert der Schrift in Ansätzen erkennbar. So können die Möglichkeiten und Grenzen ihres Einsatzes im Mengensatz abgewogen werden.

Lorem ipsum Dolor sit amet.
Ristorante

Lorem ipsum Dolor sit amet.
Ristorante Laser

Roma
Eine schmal laufende Schrift mit auffällig endendem Fuß am große R. Die Laufweite im Satz muss erhöht werden.

ABCDEFGHIJKLMNOPQRSTUVW
XYZabcdefghijklmnopqrstuvwxyz
0123456789.,:!?ß&*

Das ist ein Blindtext. Er vermittelt einen Eindruck vom visuellen Charakter der Schrift. An diesem Beispiel sind grundlegende Eigenschaften wie Laufweite, Wortabstand und Grauwert der Schrift in Ansätzen erkennbar. So können die Möglichkeiten und Grenzen ihres Einsatzes im Mengensatz abgewogen werden.

Lorem ipsum Dolor sit amet.
Roma

Lorem ipsum Dolor sit amet.
Roma Large

Lorem ipsum Dolor sit amet.
Roma Bold

Antiqua-Varianten

Scala
Eine serifenbetonte Schrift
in verschiedenen Schnitten.

Scala

ABCDEFGHIJKLMNOPQRSTUVWXYZ
abcdefghijklmnopqrstuvwxyz
0123456789.,:!?ß&*

Scala Large

ABCDEFGHIJKLMNOPQRSTUV
WXYZabcdefghijklmnopqrstuvw
xyz0123456789.,:!?ß&*

Scala Condensed

ABCDEFGHIJKLMNOPQRSTUVWXYZ
abcdefghijklmnopqrstuvwxyz
0123456789.,:!?ß&*

Das ist ein Blindtext. Er vermittelt einen Eindruck vom visuellen Charakter der Schrift. An diesem Beispiel sind grundlegende Eigenschaften wie Laufweite, Wortabstand und Grauwert der Schrift in Ansätzen erkennbar. So können die Möglichkeiten und Grenzen ihres Einsatzes im Mengensatz abgewogen werden.

Lorem ipsum Dolor sit amet.
Scala

Lorem ipsum Dolor sit amet.
Scala Condensed

Lorem ipsum Dolor sit amet.
Scala Large

Lorem ipsum Dolor sit amet.
Scala Bold

Sobek
Die sehr schmal laufende Egyptienne stammt aus dem 19. Jahrhundert.

ABCDEFGHIJKLMNOPQRSTUVWXYZ
abcdefghijklmnopqrstuvwxyz.,:!

Das ist ein Blindtext. Er vermittelt einen Eindruck vom visuellen Charakter der Schrift. An diesem Beispiel sind grundlegende Eigenschaften wie Laufweite, Wortabstand und Grauwert der Schrift in Ansätzen erkennbar. So können die Möglichkeiten und Grenzen ihres Einsatzes im Mengensatz abgewogen werden.

Lorem ipsum Dolor sit amet.

Solitaer
Diese historische Schrift ist der Gruppe der Toscanienne zuzuordnen, einer Unterart der serifenbetonten Schriften. Sie verfügt nicht über eigene Satzzeichen.

ABCDEFGHIJKLMNOPQRST
UVWXYZ0123456789

DAS IST EIN BLINDTEXT. ER VERMITTELT EINEN EINDRUCK VOM VISUELLEN CHARAKTER DER SCHRIFT. AN DIESEM BEISPIEL SIND GRUNDLEGENDE EIGENSCHAFTEN WIE LAUFWEITE, WORTABSTAND UND GRAUWERT DER SCHRIFT IN ANSÄTZEN ERKENNBAR. SO KÖNNEN DIE MÖGLICHKEITEN UND GRENZEN IHRES EINSATZES IM MENGENSATZ ABGEWOGEN WERDEN.

LOREM IPSUM DOLOR SIT AMET.

Antiqua-Varianten

Soul
Eine weiche Schrift ohne Ecken und Kanten mit kleinen, kompakten Serifen.

Soul

ABCDEFGHIJKLMNOPQRSTUVW
XYZabcdefghijklmnopqrstuvwxyz
0123456789.,:!?ß&*

Soul Large

ABCDEFGHIJKLMNOPQRSTUVW
XYZabcdefghijklmnopqrstuvwxyz
0123456789.,:!?ß&*

Das ist ein Blindtext. Er vermittelt einen Eindruck vom visuellen Charakter der Schrift. An diesem Beispiel sind grundlegende Eigenschaften wie Laufweite, Wortabstand und Grauwert der Schrift in Ansätzen erkennbar. So können die Möglichkeiten und Grenzen ihres Einsatzes im Mengensatz abgewogen werden.

Lorem ipsum Dolor sit amet.
Soul

Lorem ipsum Dolor sit amet.
Soul Large

Lorem ipsum Dolor sit amet.
Soul Italic

Lorem ipsum Dolor sit amet.
Soul Bold

Lorem ipsum Dolor sit amet.
Soul Bold Italic

A Symmetrie

Zart und leicht wirkt diese
Schrift mit kaum ausgeprägten Serifen.

Symmetrie

ABCDEFGHIJKLMNOPQRSTUVWXYZ
abcdefghijklmnopqrstuvwxyz
0123456789.,:!?ß&*

Symmetrie Large

ABCDEFGHIJKLMNOPQRSTUVW
XYZabcdefghijklmnopqrstuvwxyz
0123456789.,:!?ß&*

Symmetrie Caps

ABCDEFGHIJKLMNOPQRSTUVWXYZ
ABCDEFGHIJKLMNOPQRSTUVWXYZ
0123456789.,:!?©&*

Das ist ein Blindtext. Er vermittelt einen Eindruck vom visuellen Charakter der Schrift. An diesem Beispiel sind grundlegende Eigenschaften wie Laufweite, Wortabstand und Grauwert der Schrift in Ansätzen erkennbar. So können die Möglichkeiten und Grenzen ihres Einsatzes im Mengensatz abgewogen werden.

Lorem ipsum Dolor sit amet.
Symmetrie

Lorem ipsum Dolor sit amet.
Symmetrie Caps

Lorem ipsum Dolor sit amet.
Symmetrie Large

Lorem ipsum Dolor sit amet.
Symmetrie Italic

Lorem ipsum Dolor sit amet.
Symmetrie Bold

Lorem ipsum Dolor sit amet.
Symmetrie Bold Italic

Antiqua-Varianten

A Soutane

Eine sanfte Schrift mit kurzen, dicken Serifen ist die Soutane.

ABCDEFGHIJKLMNOPQRSTUV WXYZabcdefghijklmnopqrstuvwxyz 0123456789.,:!?ß&*

Das ist ein Blindtext. Er vermittelt einen Eindruck vom visuellen Charakter der Schrift. An diesem Beispiel sind grundlegende Eigenschaften wie Laufweite, Wortabstand und Grauwert der Schrift in Ansätzen erkennbar. So können die Möglichkeiten und Grenzen ihres Einsatzes im Mengensatz abgewogen werden.

Lorem ipsum Dolor sit amet.
Soutane Italic
Lorem ipsum Dolor sit amet.
Soutane Bold
Lorem ipsum Dolor sit amet.
Soutane Bold Italic

A Starling

Eine Schablonenschrift mit Serifen, die an Zuckersäcke und Teekisten denken lässt.

ABCDEFGHIJKLMNOPQRSTUVW XYZ0123456789.,:!?&*

DAS IST EIN BLINDTEXT. ER VERMITTELT EINEN EINDRUCK VOM VISUELLEN CHARAKTER DER SCHRIFT. AN DIESEM BEISPIEL SIND GRUNDLEGENDE EIGENSCHAFTEN WIE LAUFWEITE, WORTABSTAND UND GRAUWERT DER SCHRIFT IN ANSÄTZEN ERKENNBAR. SO KÖNNEN DIE MÖGLICHKEITEN UND GRENZEN IHRES EINSATZES IM MENGENSATZ ABGEWOGEN WERDEN.

LOREM IPSUM DOLOR SIT AMET.

Winner
Eine lebendige und individuelle Antiqua mit einem dekorativen kaufmännischen «und».
Die Laufweite muss erhöht werden.

ABCDEFGHIJKLMNOPQRSTUVW
XYZabcdefghijklmnopqrstuvwxyz
0123456789.,:!?ß&*

Das ist ein Blindtext. Er vermittelt einen Eindruck vom visuellen Charakter der Schrift. An diesem Beispiel sind grundlegende Eigenschaften wie Laufweite, Wortabstand und Grauwert der Schrift in Ansätzen erkennbar. So können die Möglichkeiten und Grenzen ihres Einsatzes im Mengensatz abgewogen werden.

Lorem ipsum Dolor sit amet.
Winner

Lorem ipsum Dolor sit amet.
Winner Condensed

Lorem ipsum Dolor sit amet.
Winner Bold

Serifenlose Antiqua-Varianten

Die Schriften dieses Kapitels weichen vom klassischen Formenkanon der serifenlosen Linear-Antiqua ab, verfügen aber wie diese nicht über Serifen. Alle abgebildeten Schriften befinden sich auf der beiliegenden DVD.

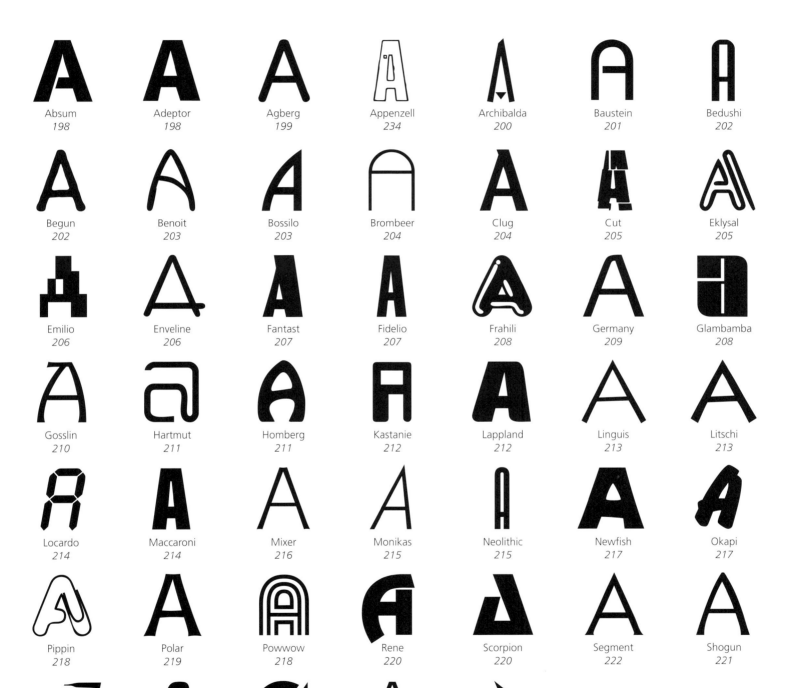

Absum
Die Absum zeigt die typischen Eigenschaften einer Schablonenschrift: einfache Formen und schmale Stege, um Binnenformen anzubinden und die Stabilität der Schablone zu gewährleisten.

ABCDEFGHIJKLMNOPQRSTUVW
XYZabcdefghijklmnopqrstuvwxyz
0123456789.,:!?ß&*

Das ist ein Blindtext. Er vermittelt einen Eindruck vom visuellen Charakter der Schrift. An diesem Beispiel sind grundlegende Eigenschaften wie Laufweite, Wortabstand und Grauwert der Schrift in Ansätzen erkennbar. So können die Möglichkeiten und Grenzen ihres Einsatzes im Mengensatz abgewogen werden.

Lorem ipsum Dolor sit amet.

Adeptor
«Handgemacht» ist der Eindruck, den diese Schrift vermittelt. Die Buchstaben scheinen per Hand ausgeschnitten, und ihre Binnenformen sind recht willkürlich gesetzt und rechteckig herausgestanzt.

ABCDEFGHIJKLMNOPQRSTUVW
XYZabcdefghijklmnopqrstuvwxyz
0123456789.,:!?ß&*

Das ist ein Blindtext. Er vermittelt einen Eindruck vom visuellen Charakter der Schrift. An diesem Beispiel sind grundlegende Eigenschaften wie Laufweite, Wortabstand und Grauwert der Schrift in Ansätzen erkennbar. So können die Möglichkeiten und Grenzen ihres Einsatzes im Mengensatz abgewogen werden.

Lorem ipsum Dolor sit amet.

Agberg

Alle Enden und Spitzen dieser Schrift sind gerundet. Ihren sanften Charakter vermittelt sie in verschiedenen Schriftschnitten.

Agberg

ABCDEFGHIJKLMNOPQRSTUVW
XYZabcdefghijklmnopqrstuvwxyz
0123456789.,:!?ß&*

Agberg Medium

ABCDEFGHIJKLMNOPQRSTUVW
XYZabcdefghijklmnopqrstuvwxyz
0123456789.,:!?ß&*

Agberg Condensed

ABCDEFGHIJKLMNOPQRSTUVWXYZ
abcdefghijklmnopqrstuvwxyz
0123456789.,:!?ß&*

Das ist ein Blindtext. Er vermittelt einen Eindruck vom visuellen Charakter der Schrift. An diesem Beispiel sind grundlegende Eigenschaften wie Laufweite, Wortabstand und Grauwert der Schrift in Ansätzen erkennbar. So können die Möglichkeiten und Grenzen ihres Einsatzes im Mengensatz abgewogen werden.

Lorem ipsum Dolor sit amet.
Agberg

Lorem ipsum Dolor sit amet.
Agberg Condensed

Lorem ipsum Dolor sit amet.
Agberg Condensed Outline

Lorem ipsum Dolor sit amet.
Agberg Medium

Lorem ipsum Dolor sit amet.
Agberg Outline

Serifenlose Antiqua-Varianten

Appenzell
Verschiedene Assoziationen weckt diese Schrift:
Vom beschädigten Lattenzaun bis hin zu sprudelndem
Mineralwasser ist alles vorstellbar.

ABCDEFGHIJKLMNOPQRSTUVWXYZ
abcdefghijklmnopqrstuvwxyz
0123456789

Das ist ein Blindtext. Er vermittelt einen Eindruck vom visuellen Charakter der Schrift. An diesem Beispiel sind grundlegende Eigenschaften wie Laufweite, Wortabstand und Grauwert der Schrift in Ansätzen erkennbar. So können die Möglichkeiten und Grenzen ihres Einsatzes im Mengensatz abgewogen werden.

Lorem ipsum Dolor sit amet.

Archibalda
Diese schmal laufende Schrift hat schräg angeschnittene
Strichenden und Dreiecke anstelle von Punkten. Sie wirkt
vornehm und etwas geziert.

ABCDEFGHIJKLMNOPQRSTUVWXYZ
abcdefghijklmnopqrstuvwxyz
0123456789.,:!?ß&*

Das ist ein Blindtext. Er vermittelt einen Eindruck vom visuellen Charakter der Schrift. An diesem Beispiel sind grundlegende Eigenschaften wie Laufweite, Wortabstand und Grauwert der Schrift in Ansätzen erkennbar. So können die Möglichkeiten und Grenzen ihres Einsatzes im Mengensatz abgewogen werden.

Lorem ipsum Dolor sit amet.

Baustein

Diese konstruierte Schrift ist zwar auf wenige immer wiederkehrende geometrische Grundformen reduziert, dennoch sind alle Buchstaben klar und eindeutig zu erkennen.

Baustein

ABCDEFGHIJKLMNOPQRSTUVWXYZ
abcdefghijklmnopqrstuvwxyz
0123456789.,:!?ß&*

Baustein Small

ABCDEFGHIJKLMNOPQRSTUVWXYZ
abcdefghijklmnopqrstuvwxyz
0123456789.,:!?ß&*

Das ist ein Blindtext. Er vermittelt einen Eindruck vom visuellen Charakter der Schrift. An diesem Beispiel sind grundlegende Eigenschaften wie Laufweite, Wortabstand und Grauwert der Schrift in Ansätzen erkennbar. So können die Möglichkeiten und Grenzen ihres Einsatzes im Mengensatz abgewogen werden.

Lorem ipsum Dolor sit amet.
Baustein
Lorem ipsum Dolor sit amet.
Baustein Small
Lorem ipsum Dolor sit amet.
Baustein Bold

Serifenlose Antiqua-Varianten

Bedushi
Der besondere Charakter der extrem schmal laufenden Schrift ergibt sich aus dem Aufeinandertreffen von runder Außenform und rechteckiger Binnenform.

ABCDEFGHIJKLMNOPQRSTUVWXYZ
abcdefghijklmnopqrstuvwxyz
0123456789.,:!?ß&⊗@

Das ist ein Blindtext. Er vermittelt einen Eindruck vom visuellen Charakter der Schrift. An diesem Beispiel sind grundlegende Eigenschaften wie Laufweite, Wortabstand und Grauwert der Schrift in Ansätzen erkennbar. So können die Möglichkeiten und Grenzen ihres Einsatzes im Mengensatz abgewogen werden.

Lorem ipsum Dolor sit amet.

Begun
Den handgeschriebenen Buchstaben gleicher Strichstärke sieht man den stärkeren Andruck des Schreibgeräts am Linienende an. Das verleiht ihnen eine gewisse Standfestigkeit.

ABCDEFGHIJKLMNOPQRSTUVWXYZ
abcdefghijklmnopqrstuvwxyz
0123456789.,:!?ß&*

Das ist ein Blindtext. Er vermittelt einen Eindruck vom visuellen Charakter der Schrift. An diesem Beispiel sind grundlegende Eigenschaften wie Laufweite, Wortabstand und Grauwert der Schrift in Ansätzen erkennbar. So können die Möglichkeiten und Grenzen ihres Einsatzes im Mengensatz abgewogen werden.

Lorem ipsum Dolor sit amet.
Begun

Lorem ipsum Dolor sit amet.
Begun Bold

Benoit
Die «gewachsenen» Verbindungen mancher Linien erinnern bei dieser Schrift an Jugendstilformen.

ABCDEFGHIJKLMNOPQRSTUVWXYZ
abcdefghijklmnopqrstuvwxyz
0123456789.,:!?ß&*

Das ist ein Blindtext. Er vermittelt einen Eindruck vom visuellen Charakter der Schrift. An diesem Beispiel sind grundlegende Eigenschaften wie Laufweite, Wortabstand und Grauwert der Schrift in Ansätzen erkennbar. So können die Möglichkeiten und Grenzen ihres Einsatzes im Mengensatz abgewogen werden.

Lorem ipsum Dolor sit amet.
Benoit

Lorem ipsum Dolor sit amet.
Benoit Medium

LOREM IPSUM DOLOR SIT AMET.
Benoit Small Caps

Bossilo
Markante Asymmetrien sind für die Versalien dieser Schrift charakteristisch.

ABCDEFGHIJKLMNOPQRSTUVWXYZ
0123456789.,:!?ß&*

DAS IST EIN BLINDTEXT. ER VERMITTELT EINEN EINDRUCK VOM VISUELLEN CHARAKTER DER SCHRIFT. AN DIESEM BEISPIEL SIND GRUNDLEGENDE EIGENSCHAFTEN WIE LAUFWEITE, WORTABSTAND UND GRAUWERT DER SCHRIFT IN ANSÄTZEN ERKENNBAR. SO KÖNNEN DIE MÖGLICHKEITEN UND GRENZEN IHRES EINSATZES IM MENGENSATZ ABGEWOGEN WERDEN.

LOREM IPSUM DOLOR SIT AMET.

Serifenlose Antiqua-Varianten

Brombeer
Der auffälligste Buchstabe dieser konstruiert wirkenden Schrift ist das kleine e in der Grundform eines Versal-E.

ABCDEFGHIJKLMNOPQRSTUVW
XYZabcdefghijklmnopqrstuvwxyz
0123456789.,:!?ß&*

Das ist ein Blindtext. Er vermittelt einen Eindruck vom visuellen Charakter der Schrift. An diesem Beispiel sind grundlegende Eigenschaften wie Laufweite, Wortabstand und Grauwert der Schrift in Ansätzen erkennbar. So können die Möglichkeiten und Grenzen ihres Einsatzes im Mengensatz abgewogen werden.

Lorem ipsum Dolor sit amet.

Clug
Die Strichstärke dieser Schrift variiert, und die Schäfte verdicken sich zum Ende hin.

ABCDEFGHIJKLMNOPQRSTUVWXYZ
abcdefghijklmnopqrstuvwxyz
0123456789.,:!?ß&*

Das ist ein Blindtext. Er vermittelt einen Eindruck vom visuellen Charakter der Schrift. An diesem Beispiel sind grundlegende Eigenschaften wie Laufweite, Wortabstand und Grauwert der Schrift in Ansätzen erkennbar. So können die Möglichkeiten und Grenzen ihres Einsatzes im Mengensatz abgewogen werden.

Lorem ipsum Dolor sit amet.
Clug

Lorem ipsum Dolor sit amet.
Clug Large

Lorem ipsum Dolor sit amet.
Clug Bold

Cut
Der fragmentierte und betont unkonventionelle Charakter der Buchstaben lässt denken, sie seien mit der Schere zerschnitten und flüchtig wieder zusammengesetzt worden.

ABCDEFGHIJKLMNOPQRSTUVWXYZ
abcdefghijklmnopqrstuvwxyz 0123456789

Das ist ein Blindtext. Er vermittelt einen Eindruck vom visuellen Charakter der Schrift. An diesem Beispiel sind grundlegende Eigenschaften wie Laufweite, Wortabstand und Grauwert der Schrift in Ansätzen erkennbar. So können die Möglichkeiten und Grenzen ihres Einsatzes im Mengensatz abgewogen werden.

Lorem ipsum Dolor sit amet.

Eklysial
Eine einzige fortlaufende Linie gibt jedem der Buchstaben Form und Volumen.

ABCDEFGHIJKLMNOPQRSTUV
WXYZ0123456789.,:!?ß&*

DAS IST EIN BLINDTEXT. ER VERMITTELT EINEN EIN-DRUCK VOM VISUELLEN CHARAKTER DER SCHRIFT. AN DIESEM BEISPIEL SIND GRUNDLEGENDE EIGEN-SCHAFTEN WIE LAUFWEITE, WORTABSTAND UND GRAUWERT DER SCHRIFT IN ANSÄTZEN ERKENNBAR. SO KÖNNEN DIE MÖGLICHKEITEN UND GRENZEN IHRES EINSATZES IM MENGENSATZ ABGEWOGEN WERDEN.

LOREM IPSUM DOLOR SIT AMET.

Serifenlose Antiqua-Varianten

Emilio
Aus imaginären Pixeln zusammengesetzte Schrift, die ganz gut lesbar ist, weil trotz beschränkter Mittel ein Strichstärkenunterschied besteht.

ABCDEFGHIJKLMNOPQRSTUVW
XYZabcdefghijklmnopqrstuvwxyz
0123456789.,:!?ß&*@

Das ist ein Blindtext. Er vermittelt einen Eindruck vom visuellen Charakter der Schrift. An diesem Beispiel sind grundlegende Eigenschaften wie Laufweite, Wortabstand und Grauwert der Schrift in Ansätzen erkennbar. So können die Möglichkeiten und Grenzen ihres Einsatzes im Mengensatz abgewogen werden.

Lorem ipsum Dolor sit amet.
Emilio

Lorem ipsum Dolor sit amet.
Emilio Large

Lorem ipsum Dolor sit amet.
Emilio Bold

Enveline
Der auffällige Wechsel von schräg und gerade sowie die vereinzelt über Grundlinie und Versalhöhe hinausragenden Buchstabenschäfte geben der Schrift einen sehr individuellen, fast handschriftlichen Charakter.

ABCDEFGHIJKLMNOPQRSTUV
WXYZ0123456789.,:!?ß&*

DAS IST EIN BLINDTEXT. ER VERMITTELT EINEN EINDRUCK VOM VISUELLEN CHARAKTER DER SCHRIFT. AN DIESEM BEISPIEL SIND GRUNDLEGENDE EIGENSCHAFTEN WIE LAUFWEITE, WORTABSTAND UND GRAUWERT DER SCHRIFT IN ANSÄTZEN ERKENNBAR. SO KÖNNEN DIE MÖGLICHKEITEN UND GRENZEN IHRES EINSATZES IM MENGENSATZ ABGEWOGEN WERDEN.

LOREM IPSUM DOLOR SIT AMET.

Fantast
An die Formen gebrochener Schriften erinnert diese sehr dunkle und enge Schrift. Besonders die gebrochenen Rundungen der Minuskeln fallen ins Auge.

ABCDEFGHIJKLMNOPQRSTUVWXYZ
abcdefghijklmnopqrstuvwxyz
0123456789.,:!?ß&*

Das ist ein Blindtext. Er vermittelt einen Eindruck vom visuellen Charakter der Schrift. An diesem Beispiel sind grundlegende Eigenschaften wie Laufweite, Wortabstand und Grauwert der Schrift in Ansätzen erkennbar. So können die Möglichkeiten und Grenzen ihres Einsatzes im Mengensatz abgewogen werden.

Lorem ipsum Dolor sit amet.

Fidelio
Die strenge Vertikalität der Schrift wird durch schräge Linienenden im Binnenbereich der Zeile unterstützt.

ABCDEFGHIJKLMNOPQRSTUVWXYZ
abcdefghijklmnopqrstuvwxyz
0123456789.,:!?&*

Das ist ein Blindtext. Er vermittelt einen Eindruck vom visuellen Charakter der Schrift. An diesem Beispiel sind grundlegende Eigenschaften wie Laufweite, Wortabstand und Grauwert der Schrift in Ansätzen erkennbar. So können die Möglichkeiten und Grenzen ihres Einsatzes im Mengensatz abgewogen werden.

Lorem ipsum Dolor sit amet.

Serifenlose Antiqua-Varianten

Frahili
Eine runde Lebkuchenschrift mit stilisierten Lichtreflexen, die Dreidimensionalität vortäuschen. Anstelle von Minuskeln verfügt diese Schrift über Kapitälchen.

ABCDEFGHIJKLMNOPQRSTUVW
XYZABCDEFGHIJKLMNOPQRSTUVWXYZ
0123456789.,:;!?&*@

DAS IST EIN BLINDTEXT. ER VERMITTELT EINEN EINDRUCK VOM VISUELLEN CHARAKTER DER SCHRIFT. AN DIESEM BEISPIEL SIND GRUNDLEGENDE EIGENSCHAFTEN WIE LAUFWEITE, WORTABSTAND UND GRAUWERT DER SCHRIFT IN ANSÄTZEN ERKENNBAR. SO KÖNNEN DIE MÖGLICHKEITEN UND GRENZEN IHRES EINSATZES IM MENGENSATZ ABGEWOGEN WERDEN.

LOREM IPSUM DOLOR SIT AMET.

Glambamba
Die extreme Überzeichnung ihrer Merkmale – fette vertikale und haarfeine horizontale Linien – verleiht dieser Schrift eine ornamentale Wirkung bei gleichzeitigem Verlust an Lesbarkeit.

ABCDEFGHIJKLMNOPQRSTUV
WXYZ 0123456789.,:;!?&€*

Das ist ein Blindtext. Er vermittelt einen Eindruck vom visuellen Charakter der Schrift. An diesem Beispiel sind grundlegende Eigenschaften wie Laufweite, Wortabstand und Grauwert der Schrift in Ansätzen erkennbar. So können die Möglichkeiten und Grenzen ihres Einsatzes im Mengensatz abgewogen werden.

Lorem ipsum dolor sit amet.
Glambamba

Lorem ipsum dolor sit amet.
Glambamba Italic

Germany
Einseitige Rundungen an spitz zusammenstoßenden Strichen verschaffen dieser Schrift ein etwas asymmetrisches Aussehen.

Germany

ABCDEFGHIJKLMNOPQRSTUVW
XYZ abcdefghijklmnopqrstuvwxyz
o123456789.,:!?ß&*

Germany Large

ABCDEFGHIJKLMNOPQRSTU
VWXYZ abcdefghijklmnopqrstuv
wxyz o123456789.,:!?ß&*

Germany Bold

ABCDEFGHIJKLMNOPQRSTUV
WXYZ abcdefghijklmnopqrstuvwxyz
o123456789.,:!?ß&*

Das ist ein Blindtext. Er vermittelt einen Eindruck vom visuellen Charakter der Schrift. An diesem Beispiel sind grundlegende Eigenschaften wie Laufweite, Wortabstand und Grauwert der Schrift in Ansätzen erkennbar. So können die Möglichkeiten und Grenzen ihres Einsatzes im Mengensatz abgewogen werden.

Lorem ipsum Dolor sit amet.
Germany

Lorem ipsum Dolor sit amet.
Germany Large

Lorem ipsum Dolor sit amet.
Germany Bold

Lorem ipsum Dolor sit amet.
Germany Bold Italic

Serifenlose Antiqua-Varianten

Gosslin
Eine gut lesbare Schrift mit auffälligem Fähnchen am A und leichtem Kontrast zwischen fetten und feinen Linien. Die verdickten Schaftenden lassen schon fast an Serifen denken.

Gosslin

ABCDEFGHIJKLMNOPQRSTUVWXYZ
abcdefghijklmnopqrstuvwxyz
0123456789.,:!?ß&*

Gosslin Medium

ABCDEFGHIJKLMNOPQRSTUVWXYZ
abcdefghijklmnopqrstuvwxyz
0123456789.,:!?ß&*

Gosslin Caps Old

ABCDEFGHIJKLMNOPQRSTUVWXYZ
ABCDEFGHIJKLMNOPQRSTUVWXYZ
0123456789.,:!?©&*

Das ist ein Blindtext. Er vermittelt einen Eindruck vom visuellen Charakter der Schrift. An diesem Beispiel sind grundlegende Eigenschaften wie Laufweite, Wortabstand und Grauwert der Schrift in Ansätzen erkennbar. So können die Möglichkeiten und Grenzen ihres Einsatzes im Mengensatz abgewogen werden.

Lorem ipsum Dolor sit amet.
Gosslin

LOREM IPSUM DOLOR SIT AMET.
Gosslin Caps Old

Lorem ipsum Dolor sit amet.
Gosslin Medium

Lorem ipsum Dolor sit amet.
Gosslin Italic

Lorem ipsum Dolor sit amet.
Gosslin Bold

Lorem ipsum Dolor sit amet.
Gosslin Bold Italic

Hartmut
Eine sehr technisch wirkende Schrift, jeder Buchstabe wie aus einem Stück Draht gebogen, ohne Versalien.

abcdefghijklmnopqrstuvw
xyz0123456789.,:!?ß &

das ist ein blindtext. er vermittelt einen eindruck vom visuellen charakter der schrift. an diesem beispiel sind grundlegende eigenschaften wie laufweite, wortabstand und grauwert der schrift in ansätzen erkennbar. so können die möglichkeiten und grenzen ihres einsatzes im mengensatz abgewogen werden.

lorem ipsum dolor sit amet.

Homberg
Die organischen Formen der Schrift lassen an Jugendstil denken.

ABCDEFGHIJKLMNOPQRSTUVWXYZ
abcdefghijklmnopqrstuvwxyz
0123456789.,:!?& *

Das ist ein Blindtext. Er vermittelt einen Eindruck vom visuellen Charakter der Schrift. An diesem Beispiel sind grundlegende Eigenschaften wie Laufweite, Wortabstand und Grauwert der Schrift in Ansätzen erkennbar. So können die Möglichkeiten und Grenzen ihres Einsatzes im Mengensatz abgewogen werden.

Lorem ipsum Dolor sit amet.

Serifenlose Antiqua-Varianten

Kastanie
Eine gut maschinenlesbare Schrift ist die Kastanie, daher wird sie für Checkkarten und Autoschilder verwandt.

ABCDEFGHIJKLMNOPQRSTUVW
XYZ abcdefghijklmnopqrstuvwxyz
0123456789.,:!?ß&*®

Das ist ein Blindtext. Er vermittelt einen Eindruck vom visuellen Charakter der Schrift. An diesem Beispiel sind grundlegende Eigenschaften wie Laufweite, Wortabstand und Grauwert der Schrift in Ansätzen erkennbar. So können die Möglichkeiten und Grenzen ihres Einsatzes im Mengensatz abgewogen werden.

Lorem ipsum Dolor sit amet.

Lappland
Eine spezielle Mischung aus runden und eckigen Kanten und Abschlüssen zeichnet die Lappland aus.

ABCDEFGHIJKLMNOPQRSTUVW
XYZabcdefghijklmnopqrstuvwxyz
0123456789.,:!?ß&*

Das ist ein Blindtext. Er vermittelt einen Eindruck vom visuellen Charakter der Schrift. An diesem Beispiel sind grundlegende Eigenschaften wie Laufweite, Wortabstand und Grauwert der Schrift in Ansätzen erkennbar. So können die Möglichkeiten und Grenzen ihres Einsatzes im Mengensatz abgewogen werden.

Lorem ipsum Dolor sit amet.

A Linguis

Eine reine Versalschrift von ruhiger Wirkung und klassischem Charakter stellt die Linguis dar.

ABCDEFGHIJKLMNOPQRSTUV
WXYZ0123456789.,:!?SS&*

DAS IST EIN BLINDTEXT. ER VERMITTELT EINEN EINDRUCK VOM VISUELLEN CHARAKTER DER SCHRIFT. AN DIESEM BEISPIEL SIND GRUNDLEGENDE EIGENSCHAFTEN WIE LAUFWEITE, WORTABSTAND UND GRAUWERT DER SCHRIFT IN ANSÄTZEN ERKENNBAR. SO KÖNNEN DIE MÖGLICHKEITEN UND GRENZEN IHRES EINSATZES IM MENGENSATZ ABGEWOGEN WERDEN.

LOREM IPSUM DOLOR SIT AMET.

A Litschi

Fettere Schnitte der oben stehenden Schrift bezeichnet dieser Name.

ABCDEFGHIJKLMNOPQRSTUVW
XYZ0123456789.,:!?SS&*

DAS IST EIN BLINDTEXT. ER VERMITTELT EINEN EINDRUCK VOM VISUELLEN CHARAKTER DER SCHRIFT. AN DIESEM BEISPIEL SIND GRUNDLEGENDE EIGENSCHAFTEN WIE LAUFWEITE, WORTABSTAND UND GRAUWERT DER SCHRIFT IN ANSÄTZEN ERKENNBAR. SO KÖNNEN DIE MÖGLICHKEITEN UND GRENZEN IHRES EINSATZES IM MENGENSATZ ABGEWOGEN WERDEN.

LOREM IPSUM DOLOR SIT AMET.
Litschi

LOREM IPSUM DOLOR SIT AMET.
Litschi Large

LOREM IPSUM DOLOR SIT AMET.
Litschi Bold

Serifenlose Antiqua-Varianten

Locardo
Die begrenzten Darstellungsmöglichkeiten der Flüssigkristallanzeige in Uhren und Messgeräten hat diese Schrift zum Thema.

ABCDEFGHIJKLMNOPQRSTUVWXYZ
0123456789.,:!?&*¨

DAS IST EIN BLINDTEXT. ER VERMITTELT EINEN EINDRUCK VOM VISUELLEN CHARAKTER DER SCHRIFT. AN DIESEM BEISPIEL SIND GRUNDLEGENDE EIGENSCHAFTEN WIE LAUFWEITE, WORTABSTAND UND GRAUWERT DER SCHRIFT IN ANSÄTZEN ERKENNBAR. SO KÖNNEN DIE MÖGLICHKEITEN UND GRENZEN IHRES EINSATZES IM MENGENSATZ ABGEWOGEN WERDEN.

LOREM IPSUM DOLOR SIT AMET.

Maccaroni
Die äußeren Rundungen der Buchstaben wurden diagonal beschnitten, die inneren rechteckig ausgestanzt.

ABCDEFGHIJKLMNOPQRSTUVWXYZ
0123456789.,:!?&*

DAS IST EIN BLINDTEXT. ER VERMITTELT EINEN EINDRUCK VOM VISUELLEN CHARAKTER DER SCHRIFT. AN DIESEM BEISPIEL SIND GRUNDLEGENDE EIGENSCHAFTEN WIE LAUFWEITE, WORTABSTAND UND GRAUWERT DER SCHRIFT IN ANSÄTZEN ERKENNBAR. SO KÖNNEN DIE MÖGLICHKEITEN UND GRENZEN IHRES EINSATZES IM MENGENSATZ ABGEWOGEN WERDEN.

LOREM IPSUM DOLOR SIT AMET.

Monikas
Eine serifenlose Monospace-Schrift mit unkompliziertem Charakter ist die Monikas.

A B C D E F G H I J K L M N O P Q R S T U V W
X Y Z a b c d e f g h i j k l m n o p q r s t u v w x y z
0 1 2 3 4 5 6 7 8 9 . , : ! ? ß & * @

Das ist ein Blindtext. Er vermittelt einen Eindruck vom visuellen Charakter der Schrift. An diesem Beispiel sind grundlegende Eigenschaften wie Laufweite, Wortabstand und Grauwert der Schrift in Ansätzen erkennbar. So können die Möglichkeiten und Grenzen ihres Einsatzes im Mengensatz abgewogen werden.

Lorem ipsum Dolor sit amet.
Monikas

Lorem ipsum Dolor sit amet.
Monikas Italic

Lorem ipsum Dolor sit amet.
Monikas Bold

Lorem ipsum Dolor sit amet.
Monikas Bold Italic

Neolithic
Diese extrem schmale Schrift ist kaum lesbar. Im ornamentalen Band der gedrängt stehenden Vertikalen fällt das Minuskel-e ins Auge.

A B C D E F G H I J K L M N O P Q R S T U V W X Y Z
0 1 2 3 4 5 6 7 8 9 . , : ! ? ○ & *

Das ist ein Blindtext. Er vermittelt einen Eindruck vom visuellen Charakter der Schrift. An diesem Beispiel sind grundlegende Eigenschaften wie Laufweite, Wortabstand und Grauwert der Schrift in Ansätzen erkennbar. So können die Möglichkeiten und Grenzen ihres Einsatzes im Mengensatz abgewogen werden.

Lorem ipsum Dolor sit amet.

Serifenlose Antiqua-Varianten

Mixer

An dieser Schrift fallen die nach innen gewölbten Strichenden ins Auge. Die ruhige und ausgewogene Schrift verträgt gut eine leichte Laufweitenerhöhung.

Mixer

ABCDEFGHIJKLMNOPQRSTUVWXYZ
abcdefghijklmnopqrstuvwxyz
0123456789.,:!?ß&*

Mixer Medium

ABCDEFGHIJKLMNOPQRSTUVW
XYZabcdefghijklmnopqrstuvwxyz
0123456789.,:!?ß&*

Mixer Caps Old

ABCDEFGHIJKLMNOPQRSTUVWXYZ
ABCDEFGHIJKLMNOPQRSTUVWXYZ
0123456789.,:!?©&*

Das ist ein Blindtext. Er vermittelt einen Eindruck vom visuellen Charakter der Schrift. An diesem Beispiel sind grundlegende Eigenschaften wie Laufweite, Wortabstand und Grauwert der Schrift in Ansätzen erkennbar. So können die Möglichkeiten und Grenzen ihres Einsatzes im Mengensatz abgewogen werden.

Lorem ipsum Dolor sit amet.
Mixer

LOREM IPSUM DOLOR SIT AMET.
Mixer Caps Old

Lorem ipsum Dolor sit amet.
Mixer Medium

Lorem ipsum Dolor sit amet.
Mixer Italic

Lorem ipsum Dolor sit amet.
Mixer Bold

Lorem ipsum Dolor sit amet.
Mixer Bold Italic

Newfish
Die Buchstaben der Newfish scheinen freihändig ausgeschnitten zu sein, haben aber leicht geglättete Ecken und Kanten.

ABCDEFGHIJKLMNOPQRSTUV
WXYZ 0123456789.,:!?&★

DAS IST EIN BLINDTEXT. ER VERMITTELT EINEN EIN-DRUCK VOM VISUELLEN CHARAKTER DER SCHRIFT. AN DIESEM BEISPIEL SIND GRUNDLEGENDE EIGEN-SCHAFTEN WIE LAUFWEITE, WORTABSTAND UND GRAUWERT DER SCHRIFT IN ANSÄTZEN ERKENN-BAR. SO KÖNNEN DIE MÖGLICHKEITEN UND GREN-ZEN IHRES EINSATZES IM MENGENSATZ ABGEWO-GEN WERDEN.

LOREM IPSUM DOLOR SIT AMET.

Okapi
Der Duktus der schräg liegende fetten Schrift erinnert an Faserschreiber mit breiter Spitze.

ABCDEFGHIJKLMNOPQRSTUVWXYZ
abcdefghijklmnopqrstuvwxyz
*0123456789.,:!?ß&**

Das ist ein Blindtext. Er vermittelt einen Eindruck vom visuellen Charakter der Schrift. An diesem Beispiel sind grundlegende Eigenschaften wie Laufweite, Wortabstand und Grauwert der Schrift in Ansätzen erkennbar. So können die Möglichkeiten und Grenzen ihres Einsatzes im Mengensatz abgewogen werden.

Lorem ipsum Dolor sit amet.

Serifenlose Antiqua-Varianten

Pippin
Bei dieser Schrift wurde der Versuch unternommen, die Büroklammer als Ausgangsmaterial zu verwenden.

ABCDEFGHIJKLMNOPQRSTUVW
XYZ 0123456789.,:!?&*

DAS IST EIN BLINDTEXT. ER VERMITTELT EINEN EINDRUCK VOM VISUELLEN CHARAKTER DER SCHRIFT. AN DIESEM BEISPIEL SIND GRUNDLEGENDE EIGENSCHAFTEN WIE LAUFWEITE, WORTABSTAND UND GRAUWERT DER SCHRIFT IN ANSÄTZEN ERKENNBAR. SO KÖNNEN DIE MÖGLICHKEITEN UND GRENZEN IHRES EINSATZES IM MENGENSATZ ABGEWOGEN WERDEN.

LOREM IPSUM DOLOR SIT AMET.

Powwow
Die dreifache Linie dieser Schrift lässt sie sehr dekorativ wirken.

ABCDEFGHIJKLMNOPQRSTUVW
XYZabcdefghijklmnopqrstuvwxyz
0123456789.,:!?ss&*

Das ist ein Blindtext. Er vermittelt einen Eindruck vom visuellen Charakter der Schrift. An diesem Beispiel sind grundlegende Eigenschaften wie Laufweite, Wortabstand und Grauwert der Schrift in Ansätzen erkennbar. So können die Möglichkeiten und Grenzen ihres Einsatzes im Mengensatz abgewogen werden.

Lorem ipsum Dolor sit amet.

Serifenlose Antiqua-Varianten

Polar
Die schmalen Schnitte dieser Schrift
sind eine Ergänzung zur Mixer.

Polar

ABCDEFGHIJKLMNOPQRSTUVW
XYZabcdefghijklmnopqrstuvwxyz
0123456789.,:!?ß&*

Polar Medium

ABCDEFGHIJKLMNOPQRSTUVWXYZ
abcdefghijklmnopqrstuvwxyz
0123456789.,:!?ß&*

Polar Condensed

ABCDEFGHIJKLMNOPQRSTUVWXYZ
abcdefghijklmnopqrstuvwxyz
0123456789.,:!?ß&*

Das ist ein Blindtext. Er vermittelt einen Eindruck vom visuellen Charakter der Schrift. An diesem Beispiel sind grundlegende Eigenschaften wie Laufweite, Wortabstand und Grauwert der Schrift in Ansätzen erkennbar. So können die Möglichkeiten und Grenzen ihres Einsatzes im Mengensatz abgewogen werden.

Lorem ipsum Dolor sit amet.
Polar

Lorem ipsum Dolor sit amet.
Polar Condensed

Lorem ipsum Dolor sit amet.
Polar Condensed Medium

Lorem ipsum Dolor sit amet.
Polar Medium

Lorem ipsum Dolor sit amet.
Polar Bold

Serifenlose Antiqua-Varianten

Rene
Einen recht robusten und lebendigen Eindruck macht die Rene.

ABCDEFGHIJKLMNOPQRSTUVW
XYZabcdefghijklmnopqrstuvwxyz
0123456789.,:!?ß&*

Das ist ein Blindtext. Er vermittelt einen Eindruck vom visuellen Charakter der Schrift. An diesem Beispiel sind grundlegende Eigenschaften wie Laufweite, Wortabstand und Grauwert der Schrift in Ansätzen erkennbar. So können die Möglichkeiten und Grenzen ihres Einsatzes im Mengensatz abgewogen werden.

Lorem ipsum Dolor sit amet.

Scorpion
Diese formal sehr konsequente Schrift verzichtet auf ganze Buchstabenteile. Die Buchstaben eines Worts bilden eine starke, an Ligaturen erinnernde Einheit.

ABCDEFGHIJKLMNOPQRSTUVW
XYZ0123456789.,:!?ß&*@

Das ist ein Blindtext. Er vermittelt einen Eindruck vom visuellen Charakter der Schrift. An diesem Beispiel sind grundlegende Eigenschaften wie Laufweite, Wortabstand und Grauwert der Schrift in Ansätzen erkennbar. So können die Möglichkeiten und Grenzen ihres Einsatzes im Mengensatz abgewogen werden.

Lorem ipsum Dolor sit amet. Ben.

A Shogun

Die breite und gut lesbare Schrift ist in mehreren Schnitten vorhanden.

Shogun

ABCDEFGHIJKLMNOPQRSTUVW
XYZabcdefghijklmnopqrstuvwxyz
0123456789.,:!?ß&*

Shogun Medium

**ABCDEFGHIJKLMNOPQRSTU
VWXYZabcdefghijklmnopqrstuvwxyz
0123456789.,:!?ß&***

Shogun Italic

*ABCDEFGHIJKLMNOPQRSTUV
WXYZabcdefghijklmnopqrstuvwxyz
0123456789.,:!?ß&**

Das ist ein Blindtext. Er vermittelt einen Eindruck vom visuellen Charakter der Schrift. An diesem Beispiel sind grundlegende Eigenschaften wie Laufweite, Wortabstand und Grauwert der Schrift in Ansätzen erkennbar. So können die Möglichkeiten und Grenzen ihres Einsatzes im Mengensatz abgewogen werden.

Lorem ipsum Dolor sit amet.
Shogun

Lorem ipsum Dolor sit amet.
Shogun Medium

Lorem ipsum Dolor sit amet.
Shogun Italic

Lorem ipsum Dolor sit amet.
Shogun Bold

Serifenlose Antiqua-Varianten

Segment
Die Geometrie der Formen ist leicht akzentuiert durch angedeutete Serifen bei den Versalien und Grundstriche an den Minuskeln.

Segment

ABCDEFGHIJKLMNOPQRSTUVWXYZ
abcdefghijklmnopqrstuvwxyz
0123456789.,:!?ß&*

Segment Large

ABCDEFGHIJKLMNOPQRSTUVW
XYZabcdefghijklmnopqrstuvwxyz
0123456789.,:!?ß&*

Segment Small

ABCDEFGHIJKLMNOPQRSTUVWXYZ
abcdefghijklmnopqrstuvwxyz
0123456789.,:!?ß&*

Das ist ein Blindtext. Er vermittelt einen Eindruck vom visuellen Charakter der Schrift. An diesem Beispiel sind grundlegende Eigenschaften wie Laufweite, Wortabstand und Grauwert der Schrift in Ansätzen erkennbar. So können die Möglichkeiten und Grenzen ihres Einsatzes im Mengensatz abgewogen werden.

Lorem ipsum Dolor sit amet.
Segment

Lorem ipsum Dolor sit amet.
Segment Large

Lorem ipsum Dolor sit amet. .
Segment Small

Lorem ipsum Dolor sit amet.
Segment Bold

Slimsey
Die Unschärfe einer nach rechts gerichteten schnellen Bewegung ist das Grundthema der Auszeichnungsschrift.

ABCDEFGHIJKLMNOPQRSTUV
WXYZ 0123456789.,:!?&*"

DAS IST EIN BLINDTEXT. ER VERMITTELT EINEN EIN-
DRUCK VOM VISUELLEN CHARAKTER DER SCHRIFT.
AN DIESEM BEISPIEL SIND GRUNDLEGENDE EIGEN-
SCHAFTEN WIE LAUFWEITE, WORTABSTAND UND
GRAUWERT DER SCHRIFT IN ANSÄTZEN ERKENN-
BAR. SO KÖNNEN DIE MÖGLICHKEITEN UND GREN-
ZEN IHRES EINSATZES IM MENGENSATZ ABGEWO-
GEN WERDEN.

LOREM IPSUM DOLOR SIT AMET.

Suleika
Eine Schrift mit gleichmäßiger Strichstärke und leichter Neigung. Die Linienenden und alle Ecken sind leicht gerundet.

ABCDEFGHIJKLMNOPQRSTUVW
XYZ abcdefghijklmnopqrstuvwxyz
0123456789.,:!?ß&*

Das ist ein Blindtext. Er vermittelt einen Eindruck vom visuellen Charakter der Schrift. An diesem Beispiel sind grundlegende Eigenschaften wie Laufweite, Wortabstand und
Grauwert der Schrift in Ansätzen erkennbar. So können die
Möglichkeiten und Grenzen ihres Einsatzes im Mengensatz
abgewogen werden.

Lorem ipsum Dolor sit amet.

Serifenlose Antiqua-Varianten

Travemund
Dekorativ und poppig kommt diese versalienlose Spielart einer Schablonenschrift daher.

abcdefghijklmnopqrstuvwxyz
0123456789.,:;!?ß&*@

das ist ein blindtext. er vermittelt einen eindruck vom visuellen charakter der schrift. an diesem beispiel sind grundlegende eigenschaften wie laufweite, wortabstand und grauwert der schrift in ansätzen erkennbar. so können die möglichkeiten und grenzen ihres einsatzes im mengensatz abgewogen werden.

lorem ipsum dolor sit amet.

Uprodat
Die leichte Drehung der zwei Spuren in den Rundungen verleiht den Buchstaben dieser Schrift eine gewisse innere Dynamik.

ABCDEFGHIJKLMNOPQRSTUVW
XYZabcdefghijklmnopqrstuvwxyz
0123456789.,:;!?ß&*

Das ist ein Blindtext. Er vermittelt einen Eindruck vom visuellen Charakter der Schrift. An diesem Beispiel sind grundlegende Eigenschaften wie Laufweite, Wortabstand und Grauwert der Schrift in Ansätzen erkennbar. So können die Möglichkeiten und Grenzen ihres Einsatzes im Mengensatz abgewogen werden.

Lorem Ipsum Dolor sit amet.

Usambara
Der Schlagschatten verleiht dieser schmalen serifenlosen Schrift eine große Tiefe.

ABCDEFGHIJKLMNOPQRSTUVW
XYZ0123456789.,:!?SS&*@

DAS IST EIN BLINDTEXT. ER VERMITTELT EINEN EINDRUCK VOM VISUELLEN CHARAKTER DER SCHRIFT. AN DIESEM BEISPIEL SIND GRUNDLEGENDE EIGENSCHAFTEN WIE LAUFWEITE, WORTABSTAND UND GRAUWERT DER SCHRIFT IN ANSÄTZEN ERKENNBAR. SO KÖNNEN DIE MÖGLICHKEITEN UND GRENZEN IHRES EINSATZES IM MENGENSATZ ABGEWOGEN WERDEN.

LOREM IPSUM DOLOR SIT AMET.

Serifenlose Antiqua-Varianten

Gebrochene Schriften

Für die gebrochenen Schriften ist eine mehr oder weniger starke Brechung der Rundungen sowie der Übergänge zwischen fetten und feinen Linien eigen. Alle abgebildeten Schriften befinden sich auf der beiliegenden DVD.

Alberta
228

Also
228

Arsenal
229

Cage
229

Eburon
230

Ejole
230

Feta
231

Fraktura
231

Heidi
232

Gremlin
232

Hermann
233

Irene
233

Linda
234

Otto
234

Profil
235

Ungarn
235

Viktoria
236

Wal
236

Walfra
237

Weise Gotisch
237

Wilhelmina
238

Wilson
238

Zen
239

Alberta
Die Zierschrift aus dem 19. Jahrhundert verfügt nicht über eigene Satzzeichen.

ABCDEFGHIJKLMNOPQRSTUVWXYZ
abcdefghijklmnopqrstuvwxyz
0123456789

Das ist ein Blindtext. Er vermittelt einen Eindruck vom visuellen Charakter der Schrift. An diesem Beispiel sind grundlegende Eigenschaften wie Laufweite, Wortabstand und Grauwert der Schrift in Ansätzen erkennbar. So können die Möglichkeiten und Grenzen ihres Einsatzes im Mengensatz abgewogen werden.

Lorem ipsum Dolor sit amet.

Also
Die breit laufende Also gehört zur Gruppe der Schwabacher.

ABCDEFGHIJKLMNOPQRST
UVWXYZ abcdefghijklmnopqrstuvwxyz
0123456789.,:!?ß&ch

Das ist ein Blindtext. Er vermittelt einen Eindruck vom visuellen Charakter der Schrift. An diesem Beispiel sind grundlegende Eigenschaften wie Laufweite, Wortabstand und Grauwert der Schrift in Ansätzen erkennbar. So können die Möglichkeiten und Grenzen ihres Einsatzes im Mengensatz abgewogen werden.

Lorem ipsum Dolor sit amet.

Arsenal
Die Arsenal ist eine gotische Schrift ohne eigene Satzzeichen.

ABCDEFGHIJKLMNOPQRSTU
VWXYZabcdefghijklmnopqrstuvwxyz
0123456789

Das ist ein Blindtext. Er vermittelt einen Eindruck vom visuellen Charakter der Schrift. An diesem Beispiel sind grundlegende Eigenschaften wie Laufweite, Wortabstand und Grauwert der Schrift in Ansätzen erkennbar. So können die Möglichkeiten und Grenzen ihres Einsatzes im Mengensatz abgewogen werden.

Lorem ipsum Dolor sit amet.

Cage
Dieser gotischen Schrift fehlt das kleine ä.

ABCDEFGHIJKLMNOPQRST
UVWXYZabcdefghijklmnopqrstuvwxyz
0123456789.,:!?ß&ch

Das ist ein Blindtext. Er vermittelt einen Eindruck vom visuellen Charakter der Schrift. An diesem Beispiel sind grundlegende Eigenschaften wie Laufweite, Wortabstand und Grauwert der Schrift in Ans tzen erkennbar. So können die Möglichkeiten und Grenzen ihres Einsatzes im Mengensatz abgewogen werden.

Lorem ipsum Dolor sit amet.

Eburon
Die geschriebene Schrift mit feinen Verzierungen in den Binnenräumen der Versalien verfügt nicht über eigene Satzzeichen.

ABCDEFGHIJKLMNOPQRSTUVW
XYZ abcdefghijklmnopqrstuvw
xyz 0123456789 &

Das ist ein Blindtext. Er vermittelt einen Eindruck vom visuellen Charakter der Schrift. An diesem Beispiel sind grundlegende Eigenschaften wie Laufweite, Wortabstand und Grauwert der Schrift in Ansätzen erkennbar. So können die Möglichkeiten und Grenzen ihres Einsatzes im Mengensatz abgewogen werden.

Lorem ipsum Dolor sit amet.

Ejole
Die Ejole gehört zur Gruppe der gotischen Schriften.

ABCDEFGHIJKLMNOPQRSTUVW
XYZabcdefghijklmnopqrstuvwxyz
0123456789.,:!?ß&ch

Das ist ein Blindtext. Er vermittelt einen Eindruck vom visuellen Charakter der Schrift. An diesem Beispiel sind grundlegende Eigenschaften wie Laufweite, Wortabstand und Grauwert der Schrift in Ansätzen erkennbar. So können die Möglichkeiten und Grenzen ihres Einsatzes im Mengensatz abgewogen werden.

Lorem ipsum Dolor sit amet.

Feta
Die Feta ist eine fette Frakturschrift mit ausgeprägtem Strichstärkenkontrast.

ABCDEFGHIJKLMNOPQRSTUVWXYZ abcdefghijklmnopqrstuvwxyz 0123456789.,:!?ß&ch

Das ist ein Blindtext. Er vermittelt einen Eindruck vom visuellen Charakter der Schrift. An diesem Beispiel sind grundlegende Eigenschaften wie Laufweite, Wortabstand und Grauwert der Schrift in Ansätzen erkennbar. So können die Möglichkeiten und Grenzen ihres Einsatzes im Mengensatz abgewogen werden.

Lorem ipsum Dolor sit amet.

Fraktura
Die Fraktura verfügt nicht über eigene Satzzeichen.

ABCDEFGHIJKLMNOPQRSTUVWXYZ
abcdefghijklmnopqrstuvwxyz
0123456789

Das ist ein Blindtext. Er vermittelt einen Eindruck vom visuellen Charakter der Schrift. An diesem Beispiel sind grundlegende Eigenschaften wie Laufweite, Wortabstand und Grauwert der Schrift in Ansätzen erkennbar. So können die Möglichkeiten und Grenzen ihres Einsatzes im Mengensatz abgewogen werden.

Lorem ipsum Dolor sit amet.

Gremlin
Dekorative Versalien durchbrechen das dichte Zeilenmuster der gotischen Schrift.

ABCDEFGHIJKLMNOPQRSTUV
WXYZabcdefghijklmnopqrstuvwxyz
0123456789.,:!?ß&-*

Das ist ein Blindtext. Er vermittelt einen Eindruck vom visuellen Charakter der Schrift. An diesem Beispiel sind grundlegende Eigenschaften wie Laufweite, Wortabstand und Grauwert der Schrift in Ansätzen erkennbar. So können die Möglichkeiten und Grenzen ihres Einsatzes im Mengensatz abgewogen werden.

Lorem ipsum Dolor sit amet.

Heidi
Diese Schrift ist eine freie Interpretation historischer Vorbilder.

ABCDEFGHIJKLMNOPQRSTUVWXYZ
abcdefghijklmnopqrstuvwxyz
0123456789.,:!?ß&*

Das ist ein Blindtext. Er vermittelt einen Eindruck vom visuellen Charakter der Schrift. An diesem Beispiel sind grundlegende Eigenschaften wie Laufweite, Wortabstand und Grauwert der Schrift in Ansätzen erkennbar. So können die Möglichkeiten und Grenzen ihres Einsatzes im Mengensatz abgewogen werden.

Lorem ipsum Dolor sit amet.

Hermann
Die Versalien dieser gotischen Schrift können als Initialen verwendet werden. Im Versalsatz ist sie wie die meisten gebrochenen Schriften unlesbar.

ABCDEFGHIJKLMNOPQR STUVWXYZ

DAS IST EIN BLINDTEXT. ER VERMITTELT EINEN EINDRUCK VOM VISUELLEN CHARAKTER DER SCHRIFT. AN DIESEM BEISPIEL SIND GRUNDLEGENDE EIGENSCHAFTEN WIE LAUFWEITE, WORTABSTAND UND GRAUWERT DER SCHRIFT IN ANSÄTZEN ERKENNBAR. SO KÖNNEN DIE MÖGLICHKEITEN UND GRENZEN IHRES EINSATZES IM MENGENSATZ ABGEWOGEN WERDEN.

LOREM IPSUM DOLOR SIT AMET.

Irene
Die sehr schmale Zierschrift greift mit den rautenförmigen Abschlüssen der Schäfte ein Merkmal der gotischen Schrift auf. Es liegen keine Minuskeln vor.

ABCDEFGHIJKLMNOPQRSTUVWXYZ 0123456789.,:!?SS&*

DAS IST EIN BLINDTEXT. ER VERMITTELT EINEN EINDRUCK VOM VISUELLEN CHARAKTER DER SCHRIFT. AN DIESEM BEISPIEL SIND GRUNDLEGENDE EIGENSCHAFTEN WIE LAUFWEITE, WORTABSTAND UND GRAUWERT DER SCHRIFT IN ANSÄTZEN ERKENNBAR. SO KÖNNEN DIE MÖGLICHKEITEN UND GRENZEN IHRES EINSATZES IM MENGENSATZ ABGEWOGEN WERDEN.

LOREM IPSUM DOLOR SIT AMET.

Gebrochene Schriften

Linda
Diese sehr breite Gotisch verfügt über Versalien, Minuskeln, Ziffern und Satzzeichen.

ABCDEFGHIJKLMNOPQRS
TUVWXYZabcdefghijklmnopqrstuvw
xyz 0123456789.,:!?ß&*

Das ist ein Blindtext. Er vermittelt einen Eindruck vom visuellen Charakter der Schrift. An diesem Beispiel sind grundlegende Eigenschaften wie Laufweite, Wortabstand und Grauwert der Schrift in Ansätzen erkennbar. So können die Möglichkeiten und Grenzen ihres Einsatzes im Mengensatz abgewogen werden.

Lorem ipsum Dolor sit amet.

Otto
Dieser Font ist den gotischen Schriften zuzuordnen. Er verfügt über Versalien, Minuskeln, Ziffern und Satzzeichen.

ABCDEFGHIJKLMNOPQRST
UVWXYZabcdefghijklmnopqrstuvwxyz
0123456789.,:!?ß&*

Das ist ein Blindtext. Er vermittelt einen Eindruck vom visuellen Charakter der Schrift. An diesem Beispiel sind grundlegende Eigenschaften wie Laufweite, Wortabstand und Grauwert der Schrift in Ansätzen erkennbar. So können die Möglichkeiten und Grenzen ihres Einsatzes im Mengensatz abgewogen werden.

Lorem ipsum Dolor sit amet.

Profil
Die Profil ist der Gruppe der Schwabacher zuzuordnen. Sie verfügt über Versalien, Minuskeln, Ziffern und Satzzeichen.

ABCDEFGHIJKLMNOPQRSTU
VWXYZabcdefghijklmnopqrstuvwxyz
0123456789.,:!?ß&ch

Das ist ein Blindtext. Er vermittelt einen Eindruck vom visuellen Charakter der Schrift. An diesem Beispiel sind grundlegende Eigenschaften wie Laufweite, Wortabstand und Grauwert der Schrift in Ansätzen erkennbar. So können die Möglichkeiten und Grenzen ihres Einsatzes im Mengensatz abgewogen werden.

Lorem ipsum Dolor sit amet.

Ungarn
Die Frakturschrift weist Versalien, Minuskeln, Ziffern und Satzzeichen auf.

ABCDEFGHIJKLMNOPQRST
UVWXYZabcdefghijklmnopqrstuvwxyz
0123456789.,:!?ß&ch

Das ist ein Blindtext. Er vermittelt einen Eindruck vom visuellen Charakter der Schrift. An diesem Beispiel sind grundlegende Eigenschaften wie Laufweite, Wortabstand und Grauwert der Schrift in Ansätzen erkennbar. So können die Möglichkeiten und Grenzen ihres Einsatzes in Mengensatz abgewogen werden.

Lorem ipsum Dolor sit amet.

 **Viktoria**
Für diesen geschriebenen Font stehen nur Versalien, Ziffern und Satzzeichen zur Verfügung.

ABCDEFGHIJKLMNOPQRST
UVWXYZ 0123456789.,:!?ß&*

Das ist ein Blindtext. Er vermittelt einen Eindruck vom visuellen Charakter der Schrift. An diesem Beispiel sind grundlegende Eigenschaften wie Laufweite, Wortabstand und Grauwert der Schrift in Ansätzen erkennbar. So können die Möglichkeiten und Grenzen ihres Einsatzes im Mengensatz abgewogen werden.

Lorem ipsum Dolor sit amet.

 **Wal**
Die Versalien der rundgotischen Schrift erinnern stark an Formen der Antiqua-Schriften. Es stehen Versalien, Minuskeln, Ziffern und Satzzeichen zur Verfügung.

ABCDEFGHIJKLMNOPQRSTUVW
XYZabcdefghijklmnopqrstuvwxyz
0123456789.,:!?ß&ch

Das ist ein Blindtext. Er vermittelt einen Eindruck vom visuellen Charakter der Schrift. An diesem Beispiel sind grundlegende Eigenschaften wie Laufweite, Wortabstand und Grauwert der Schrift in Ansätzen erkennbar. So können die Möglichkeiten und Grenzen ihres Einsatzes im Mengensatz abgewogen werden.

Lorem ipsum Dolor sit amet.

Walfra

Die Walfra ist eine Frakturschrift.
Sie verfügt über Ziffern und Satzzeichen.

ABCDEFGHIJKLMNOPQRSTUV
WXYZabcdefghijklmnopqrstuvwxyz
0123456789.,:!?ß&ch

Das ist ein Blindtext. Er vermittelt einen Eindruck vom visuellen Charakter der Schrift. An diesem Beispiel sind grundlegende Eigenschaften wie Laufweite, Wortabstand und Grauwert der Schrift in Ansätzen erkennbar. So können die Möglichkeiten und Grenzen ihres Einsatzes im Mengensatz abgewogen werden.

Lorem ipsum Dolor sit amet.

Weise-Gotisch

Diese gotische Schrift verfügt über
Versalien, einige Satzzeichen und Ziffern.

ABCDEFGHIJKLMNOPQRSTUVW
XYZabcdefghijklmnopqrstuvwxyz
0123456789.,:!?ß&ch

Das ist ein Blindtext. Er vermittelt einen Eindruck vom visuellen Charakter der Schrift. An diesem Beispiel sind grundlegende Eigenschaften wie Laufweite, Wortabstand und Grauwert der Schrift in Ansätzen erkennbar. So können die Möglichkeiten und Grenzen ihres Einsatzes im Mengensatz abgewogen werden.

Lorem ipsum Dolor sit amet.

Wilhelmina
Die Wilhelmina ist eine gotische Schrift.
Es stehen nur Versalien und Minuskeln zur Verfügung.

ABCDEFGHIJKLMNOPQRST
UVWXYZabcdefghijklmnopqrstuvwxyz

Das ist ein Blindtext. Er vermittelt einen Eindruck vom visuellen Charakter der Schrift. An diesem Beispiel sind grundlegende Eigenschaften wie Laufweite, Wortabstand und Grauwert der Schrift in Ansätzen erkennbar. So können die Möglichkeiten und Grenzen ihres Einsatzes im Mengensatz abgewogen werden.

Lorem ipsum Dolor sit amet.

Wilson
Die Wilson gehört zur Gruppe der Frakturschriften.
Es stehen außer Versalien und Minuskeln auch Ziffern
und Satz- und Sonderzeichen zur Verfügung.

ABCDEFGHIJKLMNOPQRST
UVWXYZabcdefghijklmnopqrstuvwxyz
0123456789.,:!?ß&ch

Das ist ein Blindtext. Er vermittelt einen Eindruck vom visuellen Charakter der Schrift. An diesem Beispiel sind grundlegende Eigenschaften wie Laufweite, Wortabstand und Grauwert der Schrift in Ansätzen erkennbar. So können die Möglichkeiten und Grenzen ihres Einsatzes im Mengensatz abgewogen werden.

Lorem ipsum Dolor sit amet.

Zen
Die Frakturschrift umfasst außer Versalien, Minuskeln und Ziffern auch Satzzeichen.

ABCDEFGHIJKLMNOPQRSTU
VWXYZabcdefghijklmnopqrstuvwxyz
0123456789.,:!?ß&ch

Das ist ein Blindtext. Er vermittelt einen Eindruck vom visuellen Charakter der Schrift. An diesem Beispiel sind grundlegende Eigenschaften wie Laufweite, Wortabstand und Grauwert der Schrift in Ansätzen erkennbar. So können die Möglichkeiten und Grenzen ihres Einsatzes im Mengensatz abgewogen werden.

Lorem ipsum Dolor sit amet.

Schreibschriften

Die Schreibschriften dieses Kapitels eignen sich für besondere Anlässe und für Auszeichnungszwecke. Alle abgebildeten Schriften befinden sich auf der beiliegenden DVD.

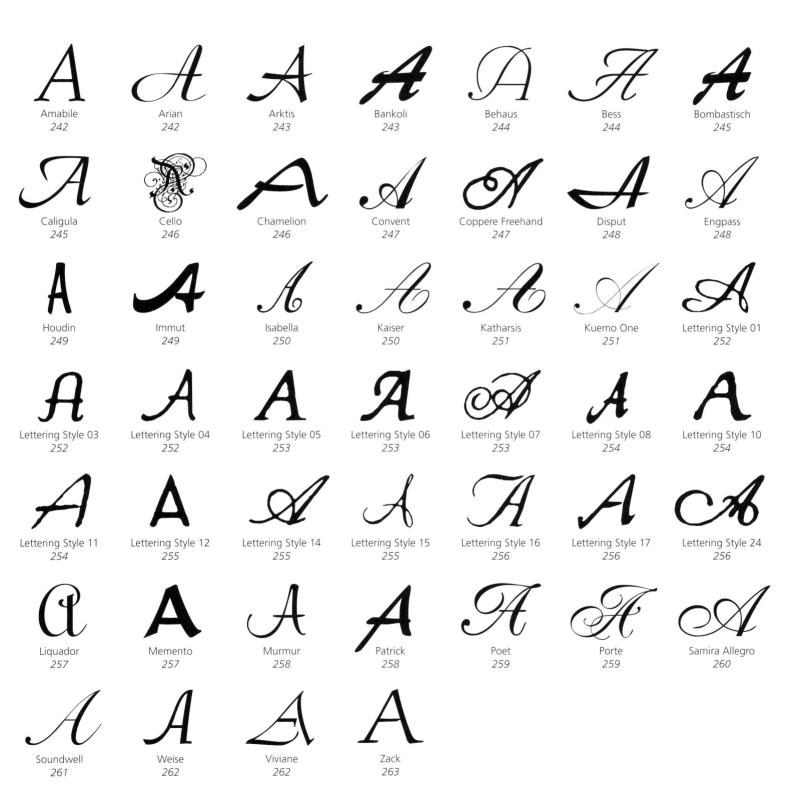

Amabile
Der geschriebene Charakter dieser Antiqua-Schrift offenbart sich besonders im zweiten Schnitt, Amabile Swash Letters. Dem normalen Schnitt fehlen ö, ü und ß.

ABCDEFGHIJKLMNOPQRSTUVW
XYZabcdefghijklmnopqrstuvwxyz
0123456789.,:!?&*

Das ist ein Blindtext. Er vermittelt einen Eindruck vom visuellen Charakter der Schrift. An diesem Beispiel sind grundlegende Eigenschaften wie Laufweite, Wortabstand und Grauwert der Schrift in Ansätzen erkennbar. So koennen die Moeglichkeiten und Grenzen ihres Einsatzes im Mengensatz abgewogen werden.

Lorem ipsum Dolor sit amet.
Amabile

Lorem ipsum Dolor sit amet.
Amabile Swash Letters

Arian
Der elegante Eindruck dieser Schrift ergibt sich aus dem ausgeprägten Strichstärkenkontrast und den weiten Schwüngen der Versalien.

ABCDEFGHIJKLMNOPQRST
UVWXYZabcdefghijklmnopqrstuvwxyz
0123456789.,:!?ß&*

Das ist ein Blindtext. Er vermittelt einen Eindruck vom visuellen Charakter der Schrift. An diesem Beispiel sind grundlegende Eigenschaften wie Laufweite, Wortabstand und Grauwert der Schrift in Ansätzen erkennbar. So können die Möglichkeiten und Grenzen ihres Einsatzes im Mengensatz abgewogen werden.

Lorem ipsum Dolor sit amet.
Arian

Lorem ipsum Dolor sit amet.
Arian Large

Arktis
Die spitzen Bogen von n und m verleihen dieser Schrift einen etwas spröden Charme.

ABCDEFGHIJKLMNOPQRSTU
VWXYZabcdefghijklmnopqrstuvwxyz
0123456789.,:!?ß&*

Das ist ein Blindtext. Er vermittelt einen Eindruck vom visuellen Charakter der Schrift. An diesem Beispiel sind grundlegende Eigenschaften wie Laufweite, Wortabstand und Grauwert der Schrift in Ansätzen erkennbar. So können die Möglichkeiten und Grenzen ihres Einsatzes im Mengensatz abgewogen werden.

Lorem ipsum Dolor sit amet.
Arktis
Lorem ipsum Dolor sit amet.
Arktis Bold

Bankoli
Der unkomplizierte Charakter dieser Schrift ist durch den Pinselstrichduktus geprägt.

ABCDEFGHIJKLMNOPQRST
UVWXYZabcdefghijklmnopqrstuvwxyz
0123456789.,:!?ß&*

Das ist ein Blindtext. Er vermittelt einen Eindruck vom visuellen Charakter der Schrift. An diesem Beispiel sind grundlegende Eigenschaften wie Laufweite, Wortabstand und Grauwert der Schrift in Ansätzen erkennbar. So können die Möglichkeiten und Grenzen ihres Einsatzes im Mengensatz abgewogen werden.

Lorem ipsum Dolor sit amet.

Schreibschriften

Behaus
Die Behaus fällt durch ihren großen Unterschied zwischen Mittel- und Versalhöhe ins Auge. Die Mediävalziffern erscheinen dadurch wie miniaturisiert.

ABCDEFGHIJKLMNOPQRS TUVWXYZabcdefghijklmnopqrstuvwxyz 0123456789.,:!?ß&) *

Das ist ein Blindtext. Er vermittelt einen Eindruck vom visuellen Charakter der Schrift. An diesem Beispiel sind grundlegende Eigenschaften wie Laufweite, Wortabstand und Grauwert der Schrift in Ansätzen erkennbar. So können die Möglichkeiten und Grenzen ihres Einsatzes im Mengensatz abgewogen werden.

Lorem ipsum Dolor sit amet.
Behaus

Lorem ipsum Dolor sit amet.
Behaus Bold

Bess
Eine elegante Schrift, die durch die ausgeprägte Parallelität der geneigten Vertikalen etwas streng wirkt.

ABCDEFGHIJKLMNOPQR STUVWXYZabcdefghijklmnopqrstuvwxyz 0123456789.,:!?ß & *

Das ist ein Blindtext. Er vermittelt einen Eindruck vom visuellen Charakter der Schrift. An diesem Beispiel sind grundlegende Eigenschaften wie Laufweite, Wortabstand und Grauwert der Schrift in Ansätzen erkennbar. So können die Möglichkeiten und Grenzen ihres Einsatzes im Mengensatz abgewogen werden.

Lorem ipsum Dolor sit amet.
Bess

Lorem ipsum Dolor sit amet.
Bess Bold

Bombastisch
Die Bombastisch ist eine kräftige und schwungvolle Pinselschrift.

ABCDEFGHIJKLMNOPZRSTUV
WXYZabcdefghijklmnopqrstuvwxyz
0123456789.,:!?ß&*@

Das ist ein Blindtext. Er vermittelt einen Eindruck vom visuellen Charakter der Schrift. An diesem Beispiel sind grundlegende Eigenschaften wie Laufweite, Wortabstand und Grauwert der Schrift in Ansätzen erkennbar. So können die Möglichkeiten und Grenzen ihres Einsatzes im Mengensatz abgewogen werden.

Lorem ipsum Dolor sit amet.

Caligula
Bei dieser Schrift setzen schwungvolle Versalien Akzente im dichten Band der Minuskeln.

ABCDEFGHIJKLMNOPQRST
UVWXYZabcdefghijklmnopqrstuvwxyz
0123456789.,:!?ß&*@

Das ist ein Blindtext. Er vermittelt einen Eindruck vom visuellen Charakter der Schrift. An diesem Beispiel sind grundlegende Eigenschaften wie Laufweite, Wortabstand und Grauwert der Schrift in Ansätzen erkennbar. So können die Möglichkeiten und Grenzen ihres Einsatzes im Mengensatz abgewogen werden.

Lorem ipsum Dolor sit amet.

Cello
Kalligrafische Schmuckelemente sind die Buchstaben der Cello. Nur aus dem Zusammenhang erklärt sich ihre eigentliche Bedeutung.

Chamelion
Die Chamelion ist eine recht breit laufende Pinselschrift.

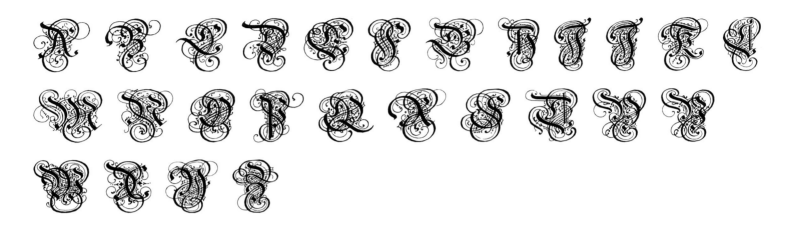

Das ist ein Blindtext. Er vermittelt einen Eindruck vom visuellen Charakter der Schrift. An diesem Beispiel sind grundlegende Eigenschaften wie Laufweite, Wortabstand und Grauwert der Schrift in Ansätzen erkennbar. So können die Möglichkeiten und Grenzen ihres Einsatzes im Mengensatz abgewogen werden.

Lorem ipsum Dolor sit amet.

Convent

Vor allem den Minuskeln der Convent ist der Duktus
einer breiten Schreibfeder anzusehen. Es gibt keinen Punkt.

A B C D E F G H I J K L M N O P Q R S T
U V W X Y Z a b c d e f g h i j k l m n o p q r s t u v w x y z
*0 1 2 3 4 5 6 7 8 9 , · ' ? ß & * @*

Das ist ein Blindtext. Er vermittelt einen Eindruck vom visuellen Charakter der Schrift. An diesem Beispiel sind grundlegende Eigenschaften wie Laufweite, Wortabstand und Grauwert der Schrift in Ansätzen erkennbar. So können die Möglichkeiten und Grenzen ihres Einsatzes im Mengensatz abgewogen werden.

Lorem ipsum Dolor sit amet.

Coppere Freehand

Die Versalien und Ziffern der Coppere Freehand haben
durchgängig die gleiche Strichstärke. Sie scheinen wie aus Schnüren
gelegt zu sein und können als Initialen verwendet werden.

Schreibschriften

Disput
Die Disput ist eine schwungvolle und gut lesbare Schreibschrift im Federzugduktus.

ABCDEFGHIJKLMNOPQ
RSTUVWXYZabcdefghijklmnopqrstuvw
xyz0123456789.,:!?ß&*

Das ist ein Blindtext. Er vermittelt einen Eindruck vom visuellen Charakter der Schrift. An diesem Beispiel sind grundlegende Eigenschaften wie Laufweite, Wortabstand und Grauwert der Schrift in Ansätzen erkennbar. So können die Möglichkeiten und Grenzen ihres Einsatzes im Mengensatz abgewogen werden.

Lorem ipsum Dolor sit amet.

Engpass
Die elegante Engpass steht in drei verschiedenen Schnitten zur Verfügung.

ABCDEFGHIJKLMNOPQRSTUV
WXYZabcdefghijklmnopqrstuvwxyz
0123456789.,:!?ß& *

Das ist ein Blindtext. Er vermittelt einen Eindruck vom visuellen Charakter der Schrift. An diesem Beispiel sind grundlegende Eigenschaften wie Laufweite, Wortabstand und Grauwert der Schrift in Ansätzen erkennbar. So können die Möglichkeiten und Grenzen ihres Einsatzes im Mengensatz abgewogen werden.

Lorem ipsum Dolor sit amet.
Engpass

Lorem ipsum Dolor sit amet.
Engpass Medium

Lorem ipsum Dolor sit amet.
Engpass Bold

Houdin

Die Houdin ist eine steile und sehr schmal laufende Schreibschrift.

ABCDEFGHIJKLMNOPQRSTUVWXYZ
abcdefghijklmnopqrstuvwxyz0123456789,.:!?ß&*

Das ist ein Blindtext. Er vermittelt einen Eindruck vom visuellen Charakter der Schrift. An diesem Beispiel sind grundlegende Eigenschaften wie Laufweite, Wortabstand und Grauwert der Schrift in Ansätzen erkennbar. So können die Möglichkeiten und Grenzen ihres Einsatzes im Mengensatz abgewogen werden.

Lorem ipsum Dolor sit amet.

Immut

Die Immut ist eine locker geschriebene Schrift mit kräftiger Strichstärke, deren Buchstaben nicht miteinander verbunden sind.

ABCDEFGHIJKLMNOPQRST
UVWXYZ abcdefghijklmnopqrstuvwxyz
0123456789.,:!?ß&*

Das ist ein Blindtext. Er vermittelt einen Eindruck vom visuellen Charakter der Schrift. An diesem Beispiel sind grundlegende Eigenschaften wie Laufweite, Wortabstand und Grauwert der Schrift in Ansätzen erkennbar. So können die Möglichkeiten und Grenzen ihres Einsatzes im Mengensatz abgewogen werden.

Lorem ipsum Dolor sit amet.

Schreibschriften

Isabella
Die Buchstaben der Isabella entstammen der ersten Hälfte des 18. Jahrhunderts. Ihren mädchenhaften Charme entfaltet die Schrift ausschließlich in Versalien.

A B C D E F G H I J K L M N O P
Q R S T U V W X Y Z

DAS IST EIN BLINDTEXT. ER VERMITTELT EINEN EINDRUCK VOM VISUELLEN CHARAKTER DER SCHRIFT. AN DIESEM BEISPIEL SIND GRUNDLEGENDE EIGENSCHAFTEN WIE LAUFWEITE, WORTABSTAND UND GRAUWERT DER SCHRIFT IN ANSÄTZEN ERKENNBAR. SO KÖNNEN DIE MÖGLICHKEITEN UND GRENZEN IHRES EINSATZES IM MENGENSATZ ABGEWOGEN WERDEN.

LOREM IPSUM DOLOR SIT AMET.

Kaiser
Die stark geneigten Buchstaben der Kaiser mit den auffälligen Punkten am Ende der haarfeinen Schwünge stehen in zwei Schriftschnitten zur Verfügung.

A B C D E F G H I J K L M N O P Q R
S T U V W X Y Z abcdefghijklmnopqrstuvwxyz
0123456789.,:;!?ß& *

Das ist ein Blindtext. Er vermittelt einen Eindruck vom visuellen Charakter der Schrift. An diesem Beispiel sind grundlegende Eigenschaften wie Laufweite, Wortabstand und Grauwert der Schrift in Ansätzen erkennbar. So können die Möglichkeiten und Grenzen ihres Einsatzes im Mengensatz abgewogen werden.

Lorem ipsum Dolor sit amet.
Kaiser

Lorem ipsum Dolor sit amet.
Kaiser Large

Katharsis
Die Katharsis ist eine sehr elegante
Schrift mit starkem Strichstärkenunterschied.

A B C D E F G H I J K L M N O P
Q R S T U V W X Y Z abcdefghijklmnop
*qrstuvwxyz 0123456789.,:!?ß& ***

Das ist ein Blindtext. Er vermittelt einen Eindruck vom visuellen Charakter der Schrift. An diesem Beispiel sind grundlegende Eigenschaften wie Laufweite, Wortabstand und Grauwert der Schrift in Ansätzen erkennbar. So können die Möglichkeiten und Grenzen ihres Einsatzes im Mengensatz abgewogen werden.

Lorem ipsum Dolor sit amet.
Katharsis

Lorem ipsum Dolor sit amet.
Katharsis Kursiv

Kuemo One
Die sehr feinen Buchstaben der Kuemo One scheinen wie mit
der Stahlfeder geschrieben und die Verdickungen sich nur durch
einen stärkeren Andruck ergeben zu haben.

A B C D E F G H I J K L M N O P Q R S T
U V W X Y Z abcdefghijklmnopqrstuvwxyz
*0123456789.,:!?ß& ***

Das ist ein Blindtext. Er vermittelt einen Eindruck vom visuellen Charakter der Schrift. An diesem Beispiel sind grundlegende Eigenschaften wie Laufweite, Wortabstand und Grauwert der Schrift in Ansätzen erkennbar. So können die Möglichkeiten und Grenzen ihres Einsatzes im Mengensatz abgewogen werden.

Lorem ipsum Dolor sit amet.
Kuoemo One 18 pt

Schreibschriften

Lettering Style
Unter dem Oberbegriff Lettering Style sind historische Schreibschriften unterschiedlichsten Charakters vereint. Sie verfügen nicht über Satzzeichen.

Lettering Style 01

ABCDEFGHIJKLMNOP
QRSTUVWXYZ abcdefghijkl
mnopqrstuvwxyz 0123456789&€

Lettering Style 03

ABCDEFGHIJKLMNOPQRSTUVW
XYZ abcdefghijklmnopqrstuvwxyz
0123456789&€

Lettering Style 04

ABCDEFGHIJKLMNOPQRSTUVW
XYZ abcdefghijklmnopqrstuvwxyz
0123456789€

Das ist ein Blindtext. Er vermittelt einen Eindruck vom visuellen Charakter der Schrift. An diesem Beispiel sind grundlegende Eigenschaften wie Laufweite, Wortabstand und Grauwert der Schrift in Ansätzen erkennbar. So können die Möglichkeiten und Grenzen ihres Einsatzes im Mengensatz abgewogen werden.

Das ist ein Blindtext. Er vermittelt einen Eindruck vom visuellen Charakter der Schrift. An diesem Beispiel sind grundlegende Eigenschaften wie Laufweite, Wortabstand und Grauwert der Schrift in Ansätzen erkennbar. So können die Möglichkeiten und Grenzen ihres Einsatzes im Mengensatz abgewogen werden.

Das ist ein Blindtext. Er vermittelt einen Eindruck vom visuellen Charakter der Schrift. An diesem Beispiel sind grundlegende Eigenschaften wie Laufweite, Wortabstand und Grauwert der Schrift in Ansätzen erkennbar. So können die Möglichkeiten und Grenzen ihres Einsatzes im Mengensatz abgewogen werden.

Lorem ipsum Dolor sit amet.
Lettering Style 01

Lorem ipsum Dolor sit amet.
Lettering Style 03

Lorem ipsum Dolor sit amet.
Lettering Style 04

Lettering Style 05

ABCDEFGHIJKLMNOPQRS
TUVWXYZ abcdefghijklmnopqrstuvw
xyz0123456789&€

Lettering Style 06

ABCDEFGHIJKLMNOPQRS
TUVWXYZabcdefghijklmnopqrst
uvwxyz 0123456789&€

Lettering Style 07

ABCDEFGHIJKLMNOP
QRSTUVWXYZ abcdefghijkl
mnopqrstuvwxyz 0123456789&€

Das ist ein Blindtext. Er vermittelt einen Eindruck vom visuellen Charakter der Schrift. An diesem Beispiel sind grundlegende Eigenschaften wie Laufweite, Wortabstand und Grauwert der Schrift in Ansätzen erkennbar. So können die Möglichkeiten und Grenzen ihres Einsatzes im Mengensatz abgewogen werden.

Das ist ein Blindtext. Er vermittelt einen Eindruck vom visuellen Charakter der Schrift. An diesem Beispiel sind grundlegende Eigenschaften wie Laufweite, Wortabstand und Grauwert der Schrift in Ansätzen erkennbar. So können die Möglichkeiten und Grenzen ihres Einsatzes im Mengensatz abgewogen werden.

Das ist ein Blindtext. Er vermittelt einen Eindruck vom visuellen Charakter der Schrift. An diesem Beispiel sind grundlegende Eigenschaften wie Laufweite, Wortabstand und Grauwert der Schrift in Ansätzen erkennbar. So können die Möglichkeiten und Grenzen ihres Einsatzes im Mengensatz abgewogen werden.

Lorem ipsum Dolor sit amet.
Lettering Style 05

Lorem ipsum Dolor sit amet.
Lettering Style 06

Lorem ipsum Dolor sit amet.
Lettering Style 07

Schreibschriften

Lettering Style 08

ABCDEFGHIJKLMNOPQRSTUV
WXYZ abcdefghijklmnopqrstuvwxyz
0123456789&€

Lettering Style 10

ABCDEFGHIJKLMNOPQR
STUVWXYZ abcdefghijklm
nopqrstuvwxyz

Lettering Style 11

ABCDEFGHIJKLMNOPQR
STUVWXYZ abcdefghijklmnopqr
stuvwxyz

DasisteinBlindtext.ErvermittelteinenEindruckvomvisuellenCharakterderSchrift.
AndiesemBeispielsindgrundlegendeEigenschaftenwieLaufweite,Wortabstandund
GrauwertderSchriftinAnsätzenerkennbar.SokönnendieMöglichkeitenundGrenzen
ihresEinsatzesimMengensatzabgewogenwerden.

DasisteinBlindtext.ErvermittelteinenEindruckvomvisuellenCharakterderSchrift.
AndiesemBeispielsindgrundlegendeEigenschaftenwieLaufweite,Wortabstand
undGrauwertderSchriftinAnsätzenerkennbar.SokönnendieMöglichkeitenund
GrenzenihresEinsatzesimMengensatzabgewogenwerden.

DasisteinBlindtext.ErvermittelteinenEindruckvomvisuellenCharakterderSchrift.AndiesemBeispielsind
grundlegendeEigenschaftenwieLaufweite,WortabstandundGrauwertderSchriftinAnsätzenerkenn-
bar.SokönnendieMöglichkeitenundGrenzenihresEinsatzesimMengensatzabgewogenwerden.

LoremipsumDolorsitamet.
Lettering Style 08

LoremipsumDolorsitamet.
Lettering Style 10

LoremipsumDolorsitamet.
Lettering Style 11

Lettering Style 12

ABCDEFGHIJKLMNOPQRSTUVWXYZ
abcdefghijklmnopqrstuvwxyz
0123456789&

Lettering Style 14

ABCDEFGHIJKLMNOP
QRSTUVWXYZ abcdef ghijkl
mnopqrstuvwxyz 0123456789 & €

Lettering Style 15

ABCDEFGHIJKLMNOPQRST
UVWXYZ abcdefghijklmnopqrstuvwxyz
0123456789&€

Das ist ein Blindtext. Er vermittelt einen Eindruck vom visuellen Charakter der Schrift. An diesem Beispiel sind grundlegende Eigenschaften wie Laufweite, Wortabstand und Grauwert der Schrift in Ansätzen erkennbar. So können die Möglichkeiten und Grenzen ihres Einsatzes im Mengensatz abgewogen werden.

Das ist ein Blindtext. Er vermittelt einen Eindruck vom visuellen Charakter der Schrift. An diesem Beispiel sind grundlegende Eigenschaften wie Laufweite, Wortabstand und Grauwert der Schrift in Ansätzen erkennbar. So können die Möglichkeiten und Grenzen ihres Einsatzes im Mengensatz abgewogen werden.

Das ist ein Blindtext. Er vermittelt einen Eindruck vom visuellen Charakter der Schrift. An diesem Beispiel sind grundlegende Eigenschaften wie Laufweite, Wortabstand und Grauwert der Schrift in Ansätzen erkennbar. So können die Möglichkeiten und Grenzen ihres Einsatzes im Mengensatz abgewogen werden.

Lorem ipsum Dolor sit amet.
Lettering Style 12

Lorem ipsum Dolor sit amet.
Lettering Style 14

Lorem ipsum Dolor sit amet.
Lettering Style 15

Lettering Style 16

ABCDEFGHIJKLMNOPQR
STUVWXYZ abcdefghijkl mnopqrstuvw
xyz 0123456789&€

Lettering Style 17

ABCDEFGHIJKLMNOPQRS
TUVWXYZ abcdefghijklmnopqrstuvwxyz
0123456789&€

Lettering Style 24

ABCDEFGHIJKLMNO
PQRSTUVWXYZ abcdefghij
klmnopqrstuvwxyz 0123456789&€

Das ist ein Blindtext. Er vermittelt einen Eindruck vom visuellen Charakter der Schrift. An diesem Beispiel sind grundlegende Eigenschaften wie Laufweite, Wortabstand und Grauwert der Schrift in Ansätzen erkennbar. So können die Möglichkeiten und Grenzen ihres Einsatzes im Mengensatz abgewogen werden.

Das ist ein Blindtext. Er vermittelt einen Eindruck vom visuellen Charakter der Schrift. An diesem Beispiel sind grundlegende Eigenschaften wie Laufweite, Wortabstand und Grauwert der Schrift in Ansätzen erkennbar. So können die Möglichkeiten und Grenzen ihres Einsatzes im Mengensatz abgewogen werden.

Das ist ein Blindtext. Er vermittelt einen Eindruck vom visuellen Charakter der Schrift. An diesem Beispiel sind grundlegende Eigenschaften wie Laufweite, Wortabstand und Grauwert der Schrift in Ansätzen erkennbar. So können die Möglichkeiten und Grenzen ihres Einsatzes im Mengensatz abgewogen werden.

Lorem ipsum Dolor sit amet.
Lettering Style 16

Lorem ipsum Dolor sit amet.
Lettering Style 17

Lorem ipsum Dolor sit amet.
Lettering Style 24

Liquador
Eine aufrechte Schreibschrift mit markanten Versalien und geringer Mittelhöhe.

ABCDEFGHIJKLMNOPQRSTUVW
XYZ abcdefghijklmnopqrstuvwxyz
0123456789.,:!?ß&*

Das ist ein Blindtext. Er vermittelt einen Eindruck vom visuellen Charakter der Schrift. An diesem Beispiel sind grundlegende Eigenschaften wie Laufweite, Wortabstand und Grauwert der Schrift in Ansätzen erkennbar. So können die Möglichkeiten und Grenzen ihres Einsatzes im Mengensatz abgewogen werden.

Lorem ipsum Dolor sit amet.

Memento
Die Buchstaben dieser Schrift sind nicht miteinander verbunden. Sie stehen einzeln und aufrecht, sorgsam mit einer breiten Feder geschrieben, und weisen Merkmale gebrochener Schriften auf. Der Schriftschnitt Bold zeigt ein ganz anderes Bild: eine serifenbetonte Antiqua, die den Duktus der Rundfeder trägt.

ABCDEFGHIJKLMNOPQRSTU
VWXYZabcdefghijklmnopqrstuvw
xyz0123456789.,:!?ß&*

Das ist ein Blindtext. Er vermittelt einen Eindruck vom visuellen Charakter der Schrift. An diesem Beispiel sind grundlegende Eigenschaften wie Laufweite, Wortabstand und Grauwert der Schrift in Ansätzen erkennbar. So können die Möglichkeiten und Grenzen ihres Einsatzes im Mengensatz abgewogen werden.

Lorem ipsum Dolor sit amet.
Memento
Lorem ipsum Dolor sit amet.
Memento Bold

Schreibschriften

Murmur
Eine aufrechte und schwungvolle Schreibschrift
mit ausladenden Versalien und schmalen Minuskeln.

A B C D E F G H I J K L M N O P Q R S T U
V W X Y Z a b c d e f g h i j k l m n o p q r s t u v w x y z
0 1 2 3 4 5 6 7 8 9 . , : ! ? ß & *

Das ist ein Blindtext. Er vermittelt einen Eindruck vom visuellen Charakter der Schrift. An diesem Beispiel sind grundlegende Eigenschaften wie Laufweite, Wortabstand und Grauwert der Schrift in Ansätzen erkennbar. So können die Möglichkeiten und Grenzen ihres Einsatzes im Mengensatz abgewogen werden.

Lorem ipsum Dolor sit amet.

Patrick
Patrick ist eine sehr dynamische
Schreibschrift mit markanten Versalien.

A B C D E F G H I J K L M N O P Q R
S T U V W X Y Z a b c d e f g h i j k l m n o p q r s t u
v w x y z 0 1 2 3 4 5 6 7 8 9 . , : ! ? ß & *

Das ist ein Blindtext. Er vermittelt einen Eindruck vom visuellen Charakter der Schrift. An diesem Beispiel sind grundlegende Eigenschaften wie Laufweite, Wortabstand und Grauwert der Schrift in Ansätzen erkennbar. So können die Möglichkeiten und Grenzen ihres Einsatzes im Mengensatz abgewogen werden.

Lorem ipsum Dolor sit amet.

Poet
Eine elegante Schreibschrift mit schwungvollen Versalien und markanten Oberlängen an den Minuskeln, deren einzelne Zeichen nicht miteinander verbunden sind.

ABCDEFGHIJKLMNOPQRSTUVWXYZabcdefghijklmnopqrstuvwxyz 0123456789.,:!?ß&ʼ

Das ist ein Blindtext. Er vermittelt einen Eindruck vom visuellen Charakter der Schrift. An diesem Beispiel sind grundlegende Eigenschaften wie Laufweite, Wortabstand und Grauwert der Schrift in Ansätzen erkennbar. So können die Möglichkeiten und Grenzen ihres Einsatzes im Mengensatz abgewogen werden.

Lorem ipsum Dolor sit amet.

Porte
Eine Variation der Poet mit schwungvoll verzierten Versalien und einem weiteren Schriftschnitt.

ABCDEFGHIJKLMNOPQRSTUVWXYZabcdefghijklmnopqrstuvwxyz0123456789.,:!?ß&ʼ

Das ist ein Blindtext. Er vermittelt einen Eindruck vom visuellen Charakter der Schrift. An diesem Beispiel sind grundlegende Eigenschaften wie Laufweite, Wortabstand und Grauwert der Schrift in Ansätzen erkennbar. So können die Möglichkeiten und Grenzen ihres Einsatzes im Mengensatz abgewogen werden.

Lorem ipsum Dolor sit amet.
Porte
Lorem ipsum Dolor sit amet.
Porte Bold

Schreibschriften

Samira
Eine Gruppe sehr filigraner Schreibschriften, deren Versalien sich jeweils voneinander unterscheiden.

Samira Allegro

A B C D E F G H I J K L M N O P Q R S T U V W X Y Z abcdefghijklmnopqrstuvwxyz 0123456789 .,:!?ß&*

Samira Andante

A B C D E F G H I J K L M N O P Q R S T U V W X Y Z abcdefghijklmnopqrstuvwxyz 0123456789 .,:!?ß&*

Samira Volante

A B C D E F G H I J K L M N O P Q R S T U V W X Y Z abcdefghijklmnopqrstuv wxyz 0123456789 .,:!?ß&*

Das ist ein Blindtext. Er vermittelt einen Eindruck vom visuellen Charakter der Schrift. An diesem Beispiel sind grundlegende Eigenschaften wie Laufweite, Wortabstand und Grauwert der Schrift in Ansätzen erkennbar. So können die Möglichkeiten und Grenzen ihres Einsatzes im Mengensatz abgewogen werden.

Lorem ipsum Dolor sit amet.
Samira Allegro

Lorem ipsum Dolor sit amet.
Samira Andante

Lorem ipsum Dolor sit amet.
Samira Volante

Soundwell
Eine vornehme Schreibschrift in drei verschiedenen Schriftschnitten, bei denen sich lediglich die Stärke der fetten Linien ändert.

Soundwell

ABCDEFGHIJKLMNOPQRST
UVWXYZabcdefghijklmnopqrstuvwxyz
*0123456789.,:!?ß&**

Soundwell Large

ABCDEFGHIJKLMNOPQ
RSTUVWXYZabcdefghijklmnopqr
*stuvwxyz 0123456789.,:!?ß&**

Soundwell Bold

ABCDEFGHIJKLMNOPQR
STUVWXYZabcdefghijklmnopqrstuvw
*xyz 0123456789.,:!?ß&**

Das ist ein Blindtext. Er vermittelt einen Eindruck vom visuellen Charakter der Schrift. An diesem Beispiel sind grundlegende Eigenschaften wie Laufweite, Wortabstand und Grauwert der Schrift in Ansätzen erkennbar. So können die Möglichkeiten und Grenzen ihres Einsatzes im Mengensatz abgewogen werden.

Lorem ipsum Dolor sit amet.
Soundwell

Lorem ipsum Dolor sit amet.
Soundwell Large

Lorem ipsum Dolor sit amet.
Soundwell Bold

Schreibschriften

Weise
Die Minuskeln dieser klaren Schrift haben untereinander keine Verbindung. Die Laufweite sollte erhöht werden.

ABCDEFGHIJKLMNOPQRSTUV
WXYZabcdefghijklmnopqrstuvwxyz
0123456789.,:!?ß&*

Das ist ein Blindtext. Er vermittelt einen Eindruck vom visuellen Charakter der Schrift. An diesem Beispiel sind grundlegende Eigenschaften wie Laufweite, Wortabstand und Grauwert der Schrift in Ansätzen erkennbar. So können die Möglichkeiten und Grenzen ihres Einsatzes im Mengensatz abgewogen werden.

Lorem ipsum Dolor sit amet.

Viviane
Eine sehr dynamische Schreibschrift, deren einzelne Zeichen einander nicht berühren. Der Zeichenabstand muss deutlich erhöht werden.

ABCDEFGHIJKLMNO
PQRSTUVWXYZabcdefghijk
lmnopqrstuvwxyz 0123456789.,:!?ß& *@

Das ist ein Blindtext. Er vermittelt einen Eindruck vom visuellen Charakter der Schrift. An diesem Beispiel sind grundlegende Eigenschaften wie Laufweite, Wortabstand und Grauwert der Schrift in Ansätzen erkennbar. So können die Möglichkeiten und Grenzen ihres Einsatzes im Mengensatz abgewogen werden.

Lorem ipsum Dolor sit amet.

Zack

Eine unsentimentale und gut lesbare Schrift mit vielen Schnitten. Die lang gezogenen Abstriche der Minuskeln stellen eine optische Verbindung zwischen den Buchstaben eines Worts her. Die Versalien erinnern aufgrund der Serifen stark an Antiqua-Formen, der geschriebene Duktus ist aber unverkennbar.

Zack

ABCDEFGHIJKLMNOPQRSTUV
WXYZabcdefghijklmnopqrstuvwxyz
0123456789.,:!?ß&*

Zack Swash Old

ABCDEFGHIJKLMNOPQRSTUVW
XYZabcdefghijklmnopqrstuvwxyz
0123456789.,:!?ß& ¶

Zack Caps Old

ABCDEFGHIJKLMNOPQRSTUVW
XYZABCDEFGHIJKLMNOPQRSTUVWXYZ
0123456789.,:!?© &*

Das ist ein Blindtext. Er vermittelt einen Eindruck vom visuellen Charakter der Schrift. An diesem Beispiel sind grundlegende Eigenschaften wie Laufweite, Wortabstand und Grauwert der Schrift in Ansätzen erkennbar. So können die Möglichkeiten und Grenzen ihres Einsatzes im Mengensatz abgewogen werden.

Lorem ipsum Dolor sit amet.
Zack

LOREM IPSUM DOLOR SIT AMET.
Zack Caps Old

Lorem ipsum Dolor sit amet.
Zack Medium

Lorem ipsum Dolor sit amet.
Zack Old Swash

Lorem ipsum Dolor sit amet.
Zack Swash Old

Lorem ipsum Dolor sit amet.
Zack Italic

Schreibschriften

Schmuckinitialen

Die Alphabete dieses Kapitels sind historischen Ursprungs. Ihre Versalien eignen sich zur Verwendung als Initialen. Alle abgebildeten Schriften befinden sich auf der beiliegenden DVD.

Alexander
266

Alraun
267

Amadeus
267

Amarilla
268

Bellea
268

Aurora
269

Carol
270

Collier
270

Cordelia
271

Fibel
271

Floralis
272

Goal
272

Jorinde
273

Kemenate
273

Kosmos
274

Legende
275

Minna
276

Mirror
276

Rosenhaag
277

Rondell
278

Spalier
278

Triquetra
279

Victoria
279

Alexander
Die Kassetteninitialen haben
eine florale, volkstümliche Ornamentik.

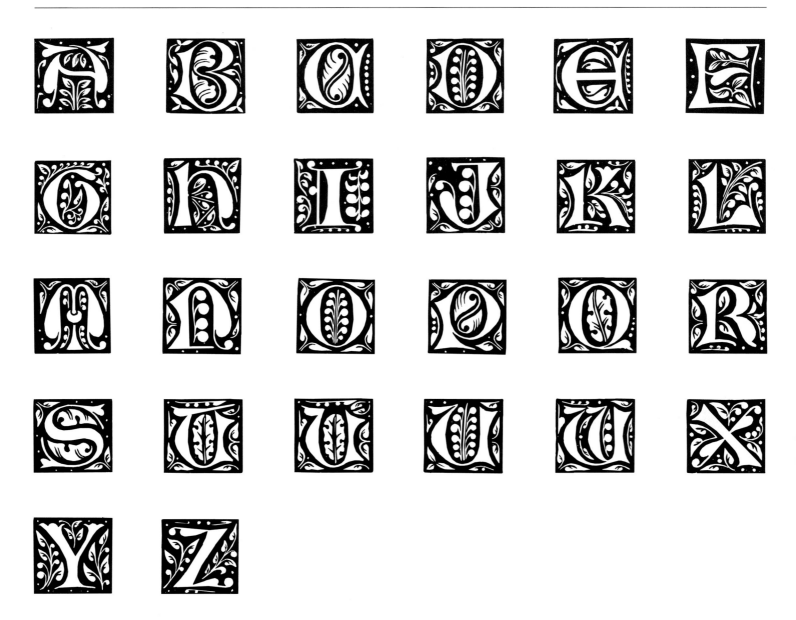

Alraun
Die serifenbetonten Buchstaben dieser Schrift wirken wie aus Wurzelholz zusammengebunden. Sie beinhaltet weder Satzzeichen noch Ziffern.

Das ist ein Blindtext. Er vermittelt einen Eindruck vom visuellen Charakter der Schrift. An diesem Beispiel sind grundlegende Eigenschaften wie Laufweite, Wortabstand und Grauwert der Schrift in Ansatzen erkennbar. So können die Möglichkeiten und Grenzen ihres Einsatzes im Mengensatz abgewogen werden.

Lorem ipsum Dolor sit amet.

Amadeus
Kleine Putti klettern in den Binnenformen der Buchstaben herum. Die Negativ-Version empfiehlt sich nicht.

Schmuckinitialen

Amarilla
Kalligrafische Arabesken umhüllen die schmückenden Versalien der Amarilla. Es liegen Minuskeln, aber keine Satzzeichen vor. Der Schrift fehlt der Buchstabe L.

Bellea
Eine serifenbetonte Schrift des 19. Jahrhunderts mit floraler Ornamentik.

Aurora
Die Kassetten sind gefüllt mit Versalien einer
gotischen Schrift und dekorativen floralen Elementen.

Carol
Die weit ausladenden floralen Initialen erfordern viel Sorgfalt bei der Platzierung.

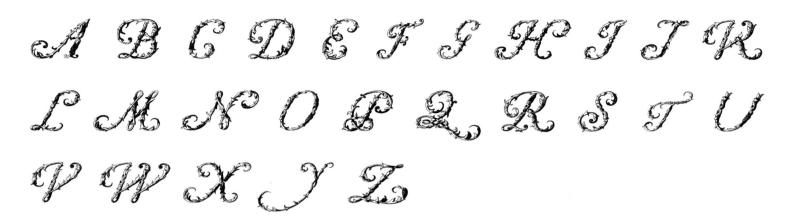

Collier
Der vertikale Eindruck dieser Schrift entsteht durch schmale Buchstabenformen und «herabtropfende» Ornamente.

ABCDEFGHIJKLMNOPQRSTUVWXYZ abcdefghijklmnopqrstuvwxyz
0123456789

Das ist ein Blindtext. Er vermittelt einen Eindruck vom visuellen Charakter der Schrift. An diesem Beispiel sind grundlegende Eigenschaften wie Laufweite, Wortabstand und Grauwert der Schrift in Ansätzen erkennbar. So können die Möglichkeiten und Grenzen ihres Einsatzes im Mengensatz abgewogen werden.

Lorem ipsum Dolor sit amet.

Cordelia
Dreidimensionale Schnörkel umwinden
die Versalien dieser serifenbetonten Antiqua.

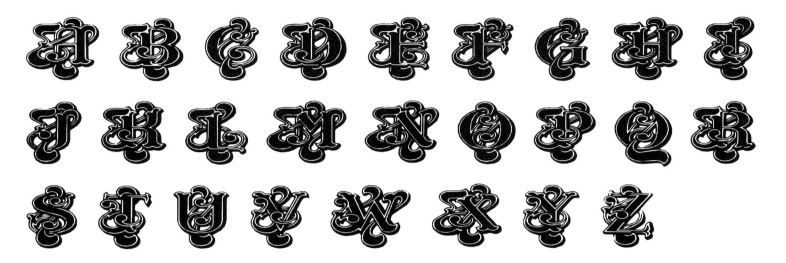

Fibel
Die historisierenden Zierbuchstaben
stammen aus der zweiten Hälfte des 19. Jahrhunderts.

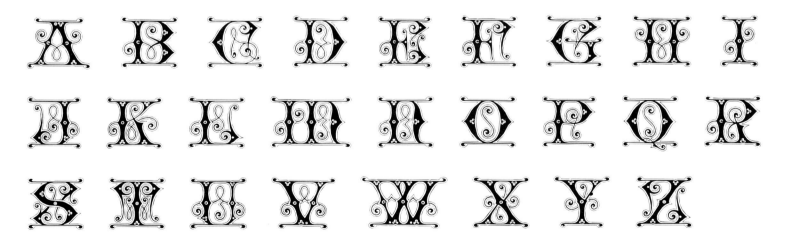

Schmuckinitialen

Floralis
Die verzierten Renaissance-Versalien des
16. Jahrhunderts stammen aus Italien.

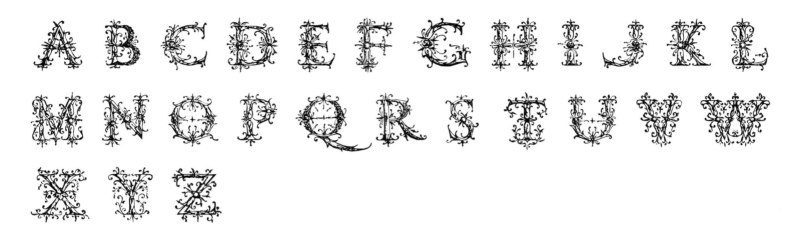

Goal
Für Werbezwecke wurden diese richtungsweisenden
Buchstaben im 19. Jahrhundert entwickelt.

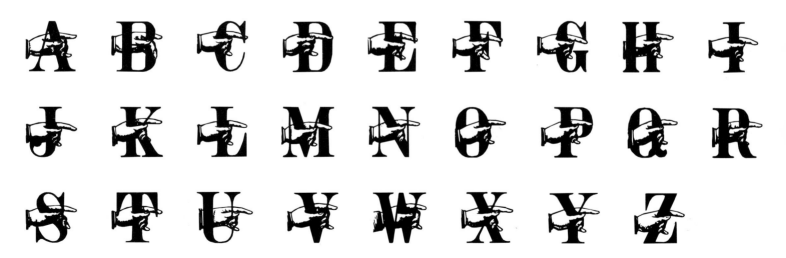

Jorinde
Eine gebrochene Schrift, von Ranken umgeben.

Kemenate
Zierunzialen der Renaissance hat diese Schrift zum Vorbild.

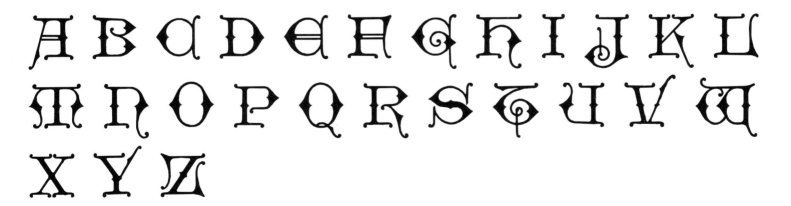

Schmuckinitialen

Kosmos
Renaissance-Motive bilden den
Hintergrund für die zarten Antiqua-Versalien.

Legende
Ganze Illustrationen mit Pfauen, Hirschen, Burgen, Mondschein und Weihern stecken in den Kassetten dieser romantisierenden Initialen.

Schmuckinitialen

Minna
Historisierende Zierinitialen des 19. Jahrhunderts.

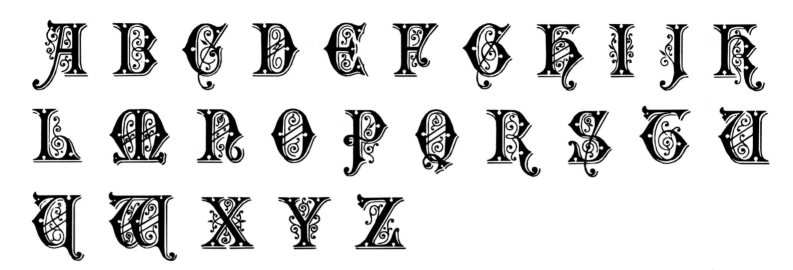

Mirror
Ein wildes Sammelsurium aus Tropfen und Schlingen, Blüten und Siegelungen verwirrt die Sinne. Die Buchstaben sind zum Teil nur im Kontext als solche zu erkennen.

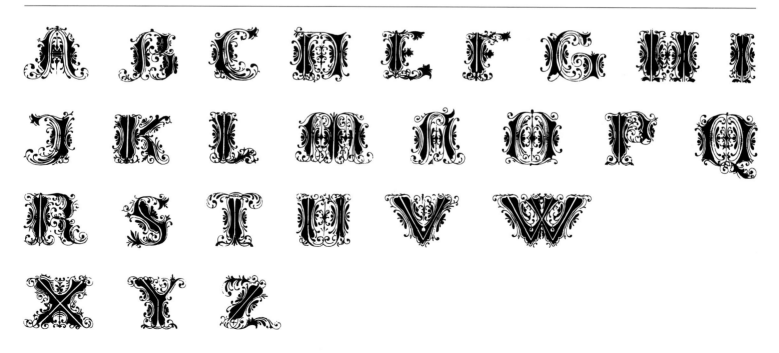

Rosenhaag

An das Märchen von Dornröschen und ihrem Dasein hinter Rosen muss man beim Anblick dieser reich umrankten Buchstaben denken.

Schmuckinitialen

Rondell
Fast psychedelisch erscheinen die Initialen der Rondell in ihrer überbordenden Fülle an Schnörkeln und Schlingen.

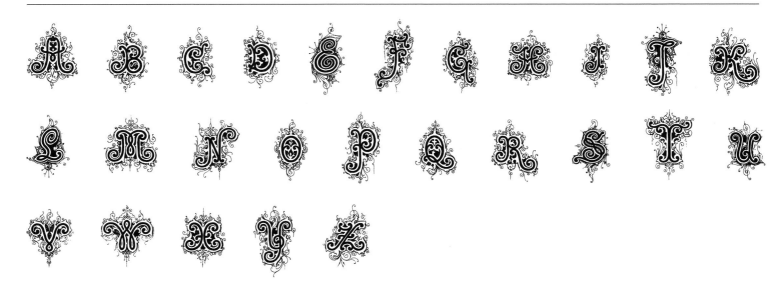

Spalier
Blumen ranken sich an den Schäften der Versalien empor, und Knospen sprießen aus den Enden der horizontalen Arme.

Triquetra
An keltische Sagen denkt man bei dieser einfachen, aber fein verzierten Schrift.

ABCDEFGHIJKLMNOPQRSTUV
WXYZabcdefghijklmnopqrstuv
wxyz 0123456789&

Das ist ein Blindtext. Er vermittelt einen Eindruck vom visuellen Charakter der Schrift. An diesem Beispiel sind grundlegende Eigenschaften wie Laufweite, Wortabstand und Grauwert der Schrift in Ansätzen erkennbar. So können die Möglichkeiten und Grenzen ihres Einsatzes im Mengensatz abgewogen werden.

Karl hört bunte Schafe grasen im Wald.

Victoria
An filigrane Spitzendeckchen aus Großmutters Zeiten lässt jeder einzelne Buchstabe der Victoria denken.

Schmuckinitialen

Sonderzeichen und fremde Alphabete

Die griechischen und kyrillischen Schriften sowie alle Sonderzeichen finden Sie auf der beiliegenden DVD.

Special
Akzelerat Greek
282

Special
Timothey Greek
282

Special
Helten Cyrillic
283

Spezial
Thimothey Cyrillic
283

Armanda
284

Bulgarian
284

Cobules
285

Dixaphon
285

Geosybo
286

Musybo
283

Special
Catalogue Figures
287

Special
Dingsda One
287

Special
Dingsda Two
288

Special
Dingsda Three
288

Special
Fraction Helten
289

Special
Fraction Timothey
289

Special
Numbers and Signs
290

Special
Numbers in Circle
290

Special
Pi Font
291

Special
Rounded Off Corners
291

Special
Time Table One
292

Special
Time Table Two
292

Special Akzelerat Greek
Das serifenlose griechische Alphabet beinhaltet eine fetten Schnittvariante.

ΑΒΨΔΕΦΓΗΙΞΚΛΜΝΟΠ$ΡΣΤΘΩ& ΧΖΥαβψδεφγηιξκλμνοπ£ρστθωςχζυ 0123456789"".'"",(«

Δασ ιστ ειν Βλινδτεχτ" Ερ ωερμιττελτ εινεν Εινδρθψκ ωομ ωισθελλεν Ψηαρακτερ δερ Σψηριφτ" Αν διεσεμ Βεισπιελ σινδ γρθνδλεγενδε Ειγενσψηαφτεν ςιε Λαθφςειτε" &ορταβ" στανδ θνδ Γραθςερτ δερ Σψηριφτ ιν Ανςτυεν ερκενvβαρ" Σο κ´ννεν διε Μ´γλιψηκειτεν θνδ Γρενυεν ιηρες Εινσατυες ιμ Μενγενσατυ αβγεςογεν ςερδεν"

Λορεμ ιπσθμ Δολορ σιτ αμετ"
Special Akzelerat Greek

Λορεμ ιπσθμ Δολορ σιτ αμετ"
Special Akzelerat Greek Bold

Special Timothey Greek
Das griechische Alphabet mit Serifen verfügt neben dem normalen über einen fetten Schriftschnitt.

ΑΒΨΔΕΦΓΗΙΞΚΛΜΝΟΠ$ΡΣΤΘΩ &ΧΖΥαβψδεφγηιξκλμνοπ£ρστϑωςχζυ 0123456789"".'"",(«

Δασ ιστ ειν Βλινδτεχτ" Ερ ωερμιττελτ εινεν Εινδρθψκ ωομ ωισθελλεν Ψηαρακτερ δερ Σψηριφτ" Αν διεσεμ Βεισπιελ σινδ γρθνδλεγενδε Ειγενσψηαφτεν ςιε Λαθφςειτε" &ορτ" αβστανδ θνδ Γραθςερτ δερ Σψηριφτ ιν Ανςτυεν ερκενvβαρ" Σο κ´ννεν διε Μ´γλιψηκειτεν θνδ Γρενυεν ιηρες Εινσατυες ιμ Μενγενσατυ αβγεςογεν ςερδεν"

Λορεμ ιπσθμ Δολορ σιτ αμετ"
Special Timothey Greek

Λορεμ ιπσϑμ Δολορ σιτ αμετ"
Special Timothey Greek Bold

Б Special Helten Cyrillic
Das serifenlose kyrillische Alphabet ist nur in einem Schriftschnitt vorhanden. Das deutsche ß ist mit dem Numero-Zeichen belegt.

АБЦДЕФГХИКЛМНОПЉРСТУВ
ЊЏSЗабцдефгхиклмнопљрстувњ
џsз 0123456789.,:!?№&ћ

Дас ист еин Блиндтеџт. Ер вермиттелт еинен Еин-друцк вом висуеллен Цхарактер дер Сцхрифт. Ан диесем Беиспиел синд грундлегенде Еигенсцхафтен ње Лауфњеите, Њортабстанд унд Грауњерт дер Сцхрифт ин Анс˙тзен еркеннбар. Со кчннен дие Мчглицхкеитен унд Грензен ихрес Еинсатзес им Менгенсатз абгењоген њерден.

Лорем ипсум Долор сит амет.

 Special Timothey Cyrillic
Die Serifenvariante des kyrillischen Alphabets verfügt über zwei verschiedene Schnitte.

АБЦДЕФГХИКЛМНОПЉРСТУ
ВЊЏSЗабцдефгхиклмнопљрстувњ
џsз 0123456789.,:!?№&ћ

Дас ист еин Блиндтеџт. Ер вермиттелт еинен Еиндруцк вом висуеллен Цхарактер дер Сцхрифт. Ан диесем Беиспиел синд грундлегенде Еигенсцхафтен ње Лауфњеите, Њортабстанд унд Грауњерт дер Сцхрифт ин Анс'тзен еркеннбар. Со кчннен дие Мчглицхкеитен унд Грензен ихрес Еинсатзес им Менгенсатз абгењоген њерден.

Лорем ипсум Долор сит амет.
Special Timothey Cyrillic

Лорем ипсум Долор сит амет.
Special Timothey Cyrillic Bold

Sonderzeichen und fremde Alphabete

Armanda
Pfeile, gerahmt und ungerahmt, enthält dieser Zeichensatz. Im Schriftschnitt Armanda Bold erscheinen die Pfeile fett, die Rahmen dagegen bleiben unverändert.

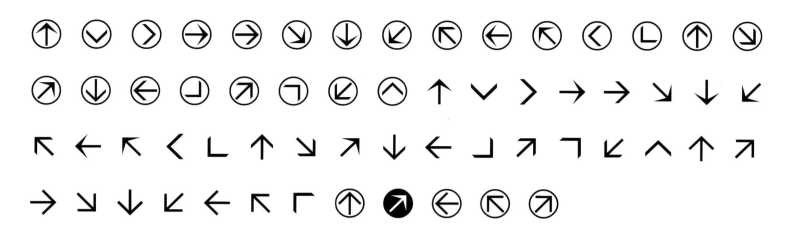

Bulgarian
Gefüllte Dreiecke, Quadrate und Punkte können bei Aufzählungen zur Anwendung kommen.

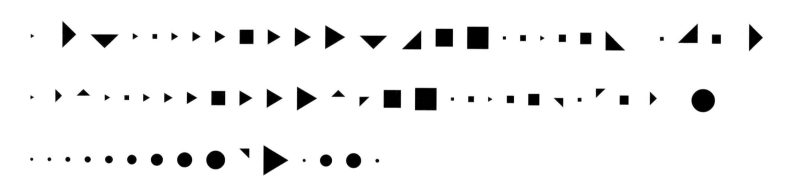

Cobules
Sternchen, Rauten, Häkchen und Piktogramme befinden sich in diesem Zeichensatz.

Dixaphon
Schneekristalle, Sternchen, Kreise und Quadrate stehen unter diesem Namen zur Verfügung.

Sonderzeichen und fremde Alphabete

Geosybo
Die ganze (Landkarten-)Welt in Zeichen: Piktogramme für Kirchen, Museen, Zeltplätze und Wanderwege sind in diesem Zeichensatz zu finden.

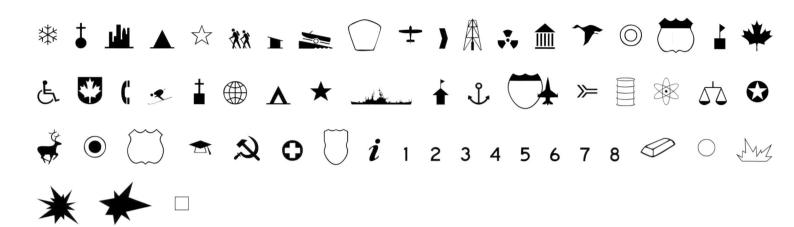

Musybo
Für den Notensatz sind viele verschiedene Zeichen erforderlich. Hier sind sie zu finden.

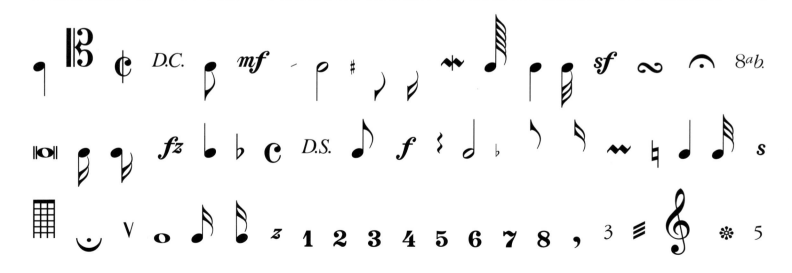

Special Catalogue Figures
Dieser Sonderzeichensatz enthält ein- und zweistellige Zahlen in Kreisen und Quadraten.

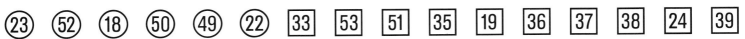

Special Dingsda One
Anführungsstriche, Absatzzeichen wie das nebenstehende, Pfeile und Sterne der verschiedensten Art enthält dieser Sonderzeichensatz.

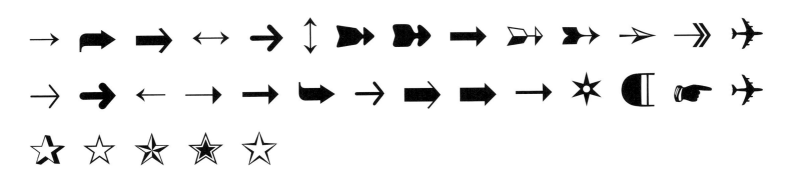

Sonderzeichen und fremde Alphabete

Special Dingsda Two
In diesem Zeichensatz finden sich neben dem schönen Aldusblatt Sterne, Pfeile und zeigende Hände.

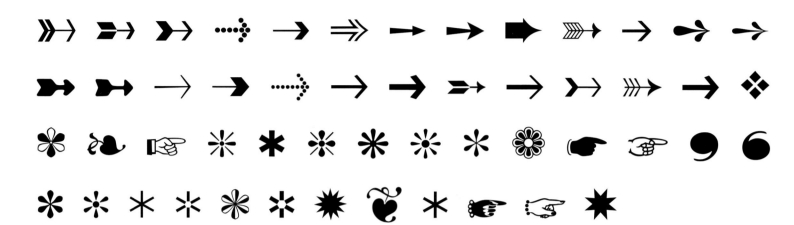

Special Dingsda Three
Blüten, Schneekristalle, Pfeile aller Art, Spielkartensymbole, das griechische Zeichen Omega und dekorative Anführungszeichen finden sich in diesem Zeichensatz.

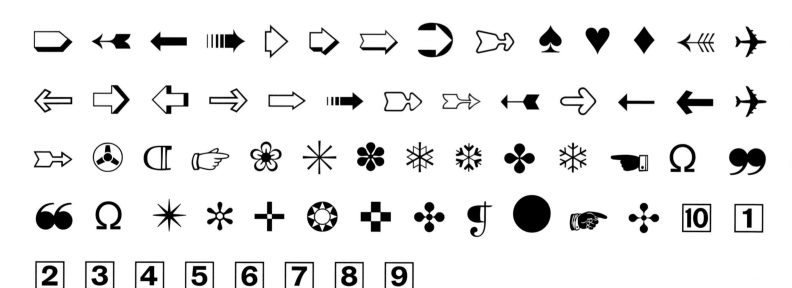

Special Fraction Helten
Hinter diesem Namen verbergen sich serifenlosen Sonderzeichen für Währungen wie Dollar und Colón, Doppelkreuze und hochgestellte Ziffern.

1 ¢ $ 3 $ 4 5 6 ‡ 7 8 9 ¢ ¢ ' ' $ 2 ¢ ¢ $ $ $

® • 1 ¢ $ 3 $ 4 5 6 ‡ 7 8 9 ¢ ' ' $ ¢ 2 ¢ ¢ $

$ $ ° • 0 1 2 3 4 5 6 7 8 9 ' ‡ / ' ‡ / 5 1

Special Fraction Timothey
Hinter diesem Namen verbergen sich Sonderzeichen mit Serifen für Währungen wie Dollar und Colón, Doppelkreuze und hochgestellte Ziffern.

1 ¢ $ 3 $ 4 5 6 ‡ 7 8 9 ¢ ¢ ' ' $ ¢ 2 8 ¢ $ $ $ ® •

1 ¢ $ 3 $ 4 5 6 ‡ 7 8 9 ¢ ¢ ' ' $ ¢ 2 ¢ ¢ $ $ $ ° •

0 1 2 3 4 5 6 7 8 9 ' ‡ / ' ‡ / 5 1

Sonderzeichen und fremde Alphabete

Special Numbers and Signs
Dieser Schriftsatz enthält mathematische Sonderzeichen und Tabellenziffern. Tabellenziffern werden zum Satz von Zahlenkolonnen verwendet, bei denen die einzelnen Ziffern genau übereinanderstehen müssen.

0 1 2 3 4 5 6 7 8 9

Special Numbers in Circle
Zahlen in Kreisen und Quadraten, positiv und negativ, enthält dieser Sonderzeichensatz.

Special Pi Font
In diesem Zeichensatz befinden sich verschiedene kaufmännische Sonderzeichen mit und ohne Serifen, wie Nummer, Copyright, registrierte Marke und Schutzmarke, des Weiteren die Währungszeichen Yen und, hochgestellt, Dollar sowie das Zeichen für Rückseite und viele andere.

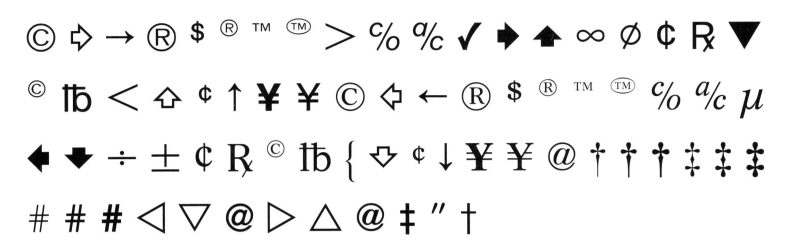

Special Rounded Off Corners
Gerundete Ecken, gerade und gepunktet, sowie einzelne Kommunikationssymbole finden sich in diesem Zeichensatz.

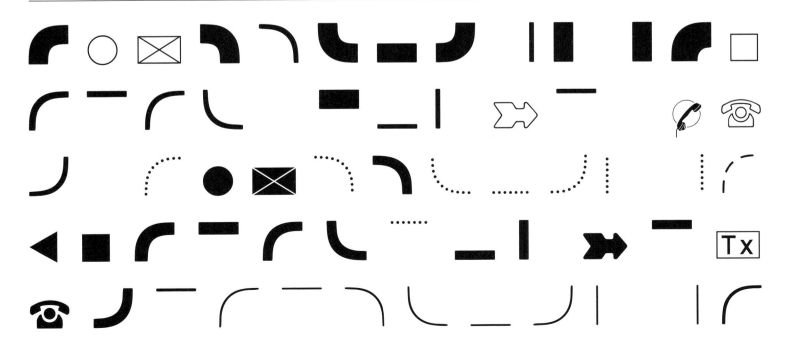

Sonderzeichen und fremde Alphabete

Special Timetable One
Piktogramme für Standortinformationen, Zeitangaben und Wegbeschreibungen befinden sich in diesem Zeichensatz.

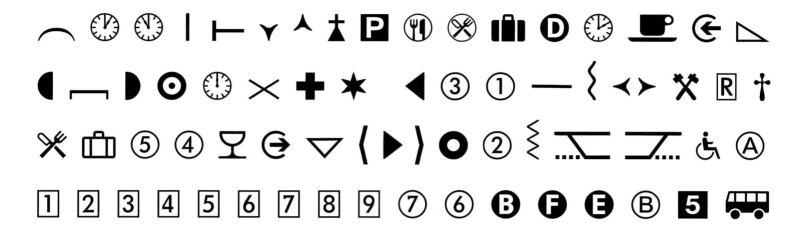

Special Timetable Two
Ähnlich wie der vorangehende Zeichensatz enthält dieser Piktogramme und Zahlen für Informationen räumlicher oder zeitlicher Art.

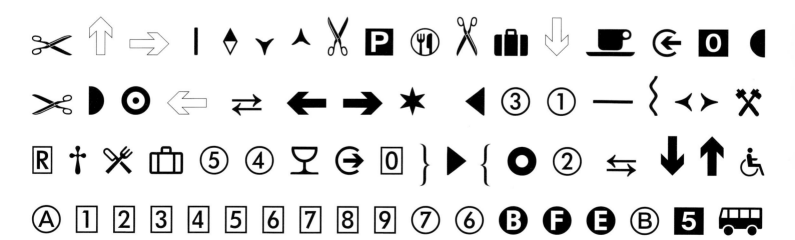

Glossar

Akzidenz
Vom lateinischen *accidere – vorfallen, sich ereignen* abgeleitet, steht der Begriff für Drucksachen von geringem Textumfang, aber großem Aufwand, die nicht regelmäßig erscheinen, wie z. B. Visitenkarten.

Akzidenzschriften
Schriften mit auszeichnendem Charakter, die für den Mengensatz ungeeignet sind.

Antiqua
Bezeichnet im weiteren Sinn das uns geläufige lateinische Alphabet, im Gegensatz zu gebrochenen Schriften und fremden Alphabeten. Der Begriff kann im engeren Sinn aber auch die lateinische Schrift mit Serifen meinen. Hier werden Antiqua-Schriften in Renaissance-Antiqua, Barock-Antiqua, klassizistische Antiqua und serifenlose Linear-Antiqua unterteilt.

Arabische Ziffern
Im Gegensatz zu den Buchstaben unseres Alphabets entstammen die Ziffern ursprünglich dem indischen Sprachraum, verbreiteten sich im Arabischen und wurden während der Renaissance Bestandteil der lateinischen Schrift.

Auszeichnungen
Hervorhebung von Überschriften oder einzelnen Wörtern, Sätzen und Abschnitten im laufenden Text.

Auszeichnungsschriften
Siehe Akzidenzschriften.

Barock-Antiqua
Bezeichnung für Antiqua-Schriften, deren Merkmale auf eine Zwischenstellung zwischen Renaissance- und klassizistischer Antiqua hindeuten, daher auch der Name Übergangs-Antiqua.

Blocksatz
Satzart für längere Texte mit optisch gleicher Zeilenlänge und glatter rechter Kante.

Brotschrift
Ein Begriff aus den Zeiten des Bleisatzes, als der Setzer sein täglich Brot mit dem Satz langer, fortlaufender Texte (Fließtext) in kleinen Schriftgraden für Bücher und Zeitungen verdiente. Auch Werksatz genannt. Im Gegensatz dazu: Akzidenzsatz.

Durchschuss
Der Weißraum zwischen Unterlänge der oberen und Oberlänge der unteren Zeile. Er verhindert, dass sich Unter- und Oberlängen bzw. Versalien berühren.

Einzug
Zurückgesetzter Zeilenanfang am Beginn eines neuen Absatzes.

Flattersatz
Satzart mit unterschiedlicher Zeilenlänge und «flatternder» rechter Satzkante.

Fraktur
Vom lateinischen *fractura – Bruch* abgeleitet, bezeichnet es eine Untergruppe der gebrochenen Schriften. Erkennbar am sogenannten Elefantenrüssel mancher Versalien.

Gebrochene Schrift
Im Gegensatz zu den Antiqua-Schriften gehen die fetten und feinen Linien eines Buchstabens nicht abgerundet ineinander über, sondern werden «gebrochen». Dieser Effekt entsteht, wenn die Breitfeder beim Schreiben nicht gedreht wird. Es gibt folgende Untergruppen: Gotisch, Rundgotisch, Schwabacher und Fraktur.

Geviert/Halbgeviert
Das Geviert ist ein typografisches Verhältnismaß aus den Zeiten des Bleisatzes zur Definition von Größen und vor allem Abständen. Es bezeichnete ein Quadrat, dessen Kantenlänge der Kegelhöhe der Bleilettern entsprach. Ein Halbgeviert ist ein halbiertes Quadrat etc.

Gotisch
Eine Gruppe der gebrochenen Schriften mit konsequent gebrochenen Rundungen und rautenförmigen Abschlüssen der Buchstabenschäfte.

Grauwert
Zeilen- und Zeichenabstand sowie Schnitt und Charakter der Schrift führen zu einem Verhältnis von bedruckter zu unbedruckter Fläche, das als Grauwert bezeichnet wird. Ein Schriftbild kann dunkel oder hell, gleichmäßig oder klumpig sein. Ein gutes Schriftbild ist gleichmäßig.

Grotesk
Ein anderer Begriff für serifenlosen Linear-Antiqua. Die namensgebende Schrift Akzidenz-Grotesk entstand Anfang des 19. Jahrhunderts zu Werbezwecken.

Grundlinie
Jede Zeile steht auf einer imaginären Linie. Die Unterlängen durchbrechen die Grundlinie nach unten. Die Grundlinien mehrerer Spalten sollten auf gleicher Höhe sein.

Grundstrich
Der Ausgangsstrich eines Buchstabens, um den herum sich die anderen gruppieren. Bei Schriften mit wechselnder Strichstärke: der stärkere.

Ideogramm
Vom griechischen *ideo – Gestalt, Form*. Bildliche, assoziative Vorform der Schrift. Beispiel: ägyptische Hieroglyphen.

Kapitälchen
Verkleinerte Versalien für Auszeichnungen im Text, Groß- und Kleinschreibung bleiben sichtbar.

Kegelhöhe
Ein Begriff aus Bleisatzzeiten. Der Kegel war der Träger des Buchstabens. Die größte vertikale Ausdehnung der Schrift (Oberlänge + Mittelhöhe + Unterlänge) und dazu oben und unten noch ein wenig Spiel.

Klassizistische Antiqua
Bezeichnung für Antiqua-Schriften mit Serifen in der Stärke der Haarstriche und starkem Kontrast zwischen fetten und feinen Linien. Am Buchstaben o ist eine senkrechte Achsstellung erkennbar.

Lateinisches Alphabet
Das uns geläufige und weltweit verbreitete Alphabet mit 26 Buchstaben und einigen nationalen Besonderheiten, wie dem ß im Deutschen.

Laufweite
Bezeichnet die seitliche Ausdehnung einer Schrift.

Mediävalziffer
Auch Minuskelziffern genannt. Entsprechen der Ausdehnung von Kleinbuchstaben und fügen sich besser in fortlaufenden Text ein. Im Gegensatz dazu: Versalziffern.

Mengensatz
Größerer Textumfang, der in Schriftgröße, Zeilenabstand und anderen Parametern gleich behandelt wird. Auch Werksatz genannt.

Minuskel
Bezeichnet den Kleinbuchstaben oder Gemeinen (*lat. minusculus – eher klein*).

Monospace-Schrift
Alle Buchstaben, Satz- und Sonderzeichen haben unabhängig von ihrer tatsächlichen Breite (Dickte) den gleichen Raum zur Verfügung.

Negativ
Ausgehend davon, dass Text üblicherweise dunkel auf hell gedruckt wird, bezeichnet man die helle Schrift auf dunklem Hintergrund als negativ.

Oberlänge
Der Teil der Minuskeln b, d, f, h, k, l und t, der über die Mittel- oder x-Höhe der Schrift hinausragt. Ihre Höhe ist gleichzeitig der höchste Punkt der Schrift.

Paginierung
Seitennummerierung.

Piktogramm
Vom lateinischen *pictum – gemalt* hergeleitet, bezeichnet es Bildzeichen, die das abbilden, was sie meinen.

Punkt
Die typografische Maßeinheit schlechthin. 1 Punkt = ca. 0,352 mm.

Renaissance-Antiqua
Bezeichnung für Antiqua-Schriften mit Serifen und sehr ausgewogenen Proportionen. Typisch ist der noch erkennbare Federzugduktus und der gering ausgeprägte Kontrast zwischen fetten und feinen Linien.

Rundgotisch
Gebrochene Schrift mit Antiqua-Versalien und abgemilderten Brechungen.

Satzspiegel
Die zu bedruckende Fläche innerhalb einer Seite.

Schaft
Die langen vertikalen und fast vertikalen Linien der Buchstaben.

Schnitt
Früher wurden die Vorlagen für die gegossenen Bleilettern aus einem härteren Metall geschnitten. Als Schnitte bezeichnet man heute die verschieden ausgeprägten Mitglieder einer Schriftfamilie: fett, fein, halbfett, schmal, kursiv oder auch bold, book, medium, condensed, italic.

Schriftfamilie
Eine Schriftfamilie besteht aus verschiedenen Schriftschnitten (regular, bold, italic, condensed, kursiv), die alle denselben Namen tragen, z. B. Futon. Früher wuchsen diese Familien sporadisch, heute werden sie in ihrer Gesamtheit geplant und aufeinander abgestimmt.

Schriftgrad
Schriftgröße, gemessen in Punkt.

Schwabacher
Gebrochene Schrift mit breitem kräftigem Charakter. Die Brechung der Linien erfolgt so, dass sich im Inneren der Buchstaben weiche Rundungen ergeben.

Serifen
Endstriche der Buchstaben. Ihre Ausprägungen reichen von üblicherweise dreieckigen Grundformen über feine Linien bis hin zu balkendicken Strichen. Der Übergang zwischen Serife und Schaft ist mehr oder weniger stark vermittelt.

Serifenlose Linear-Antiqua
Bezeichnung für Antiqua-Schriften ohne Serifen, auch Grotesk-Schriften genannt. Die Strichstärke kann gleichbleibend, dezent vermittelnd oder sichtbar unterschiedlich sein.

Strichstärke
Bezeichnet die Dicke der Buchstabenlinien. Bei den meisten Schriften gibt es einen mehr oder weniger ausgeprägten Strichstärkenkontrast. Um zu vermeiden, dass einander berührende oder schneidende Linien dicker wirken als einfache Linien, sind selbst bei Schriften mit scheinbar gleichbleibender Schriftstärke Korrekturen vorgenommen worden. Nur bei wenigen Ausnahmen differiert die Strichstärke gar nicht.

Unterlänge
Der Teil der Minuskeln f, g, j, p, q und y, der über die Grundlinie der Schrift nach unten hinausragt. Gleichzeitig wird damit der tiefste Punkt der Schrift bezeichnet.

Versal
Bezeichnet den Großbuchstaben oder die Majuskel *(lat. majusculus – etwas größer)*.

Versalsatz
Ausschließliche Verwendung von Großbuchstaben. Die Buchstaben im Versalsatz brauchen einen größeren Zeichenabstand, da sie grundsätzlich für die Verwendung in Kombination mit Kleinbuchstaben gedacht sind.

Schriftenregister

A

Absum *198*
Adeptor *198*
Aetna *54*
Agba *138*
Agberg *199*
Agotha *139*
Agsine *139*
Akzelerat *140*
Alberta *228*
Aldente *54*
Alexander *266*
Alhambra *164*
Aloa *164*
Alraun *267*
Also *228*
Amabile *242*
Amadeus *267*
Amarilla *268*
Ambroney *165*
Amerigo *55*
Antonio *141*
Apollo *165*
Appenzell *200*
Aralgisch *166*
Archibalda *200*
Arian *242*
Arktis *243*
Armanda *56*
Arsenal *229*
Augury *56*
Aurora *269*
Avantage *142*

B

Babenhausen *57*
Bacci *166*
Bankoli *167*
Bankoli Bold *243*
Banushi *167*
Basel *58*
Baustein *201*
Bedushi *202*
Begun *202*
Behaus *244*
Beheim *59*
Beinet *168*
Belgrad *169*
Bellavera *169*
Bellea *268*
Bellini *59*
Bemure *60*
Benoit *203*
Beo *60*
Berona *61*
Bess *244*
Blohm *143*
Bodin *62*
Bombastisch *245*
Bonhofi *61*
Boom *63*
Borsalino *63*
Bossilo *203*
Botanika *64*
Brasenga *170*
Brenta *64*
Brianquol *170*
Brombeer *204*
Brougstey *65*
Bulgarian *284*

C

Cabbala *65*
Cactum *171*
Cage *229*
Caldera *66*
Caligula *245*
Canape *66*
Caoca *67*
Caremtol *171*
Carmen *67*
Carol *270*
Caslon *68*
Castel *69*
Ceisse *70*
Cello *246*
Cento *68*
Centrum *71*
Ceopard *71*
Cevea *72*
Challematic *172*
Chamelion *246*
Chauvinist *172*
Cherusker *73*
Choral *72*
Citta *74*
Clarence *75*
Cliff *76*
Clint *76*
Clug *204*
Cobules *285*
Cognac *173*
Collier *270*
Cologne *174*
Comander *143*
Comclomerat *77*
Conan *77*
Convent *247*
Coocoon *174*
Copin *175*
Coppere *247*
Cordelia *271*
Corsica *175*
Cosima *78*
Costas *176*
Credo *79*
Cuscus *176*
Cut *205*

D

Daccar *177*
Dailama *78*
Deebee *177*
Digitanus *144*
Dinosaur *80*
Disput *248*
Dixaphon *285*
Domus *80*

E

Eburon *230*
Eberhard *144*
Egilat *81*
Egyne *81*
Ehrlicht *82*
Engpass *248*
Ejole *230*
Eklysal *205*
Elatan *178*
Emilio *206*
Enrico *82*
Enveline *206*
Erasmus *145*
Erich *146*
Esperanto *83*
Europa *147*
Expertiss *179*
Extra *179*

F

Fantast *207*
Faure *180*
Fenissa *84*
Feta *231*
Fibel *271*
Fidelio *207*
Flamingo *180*
Floralis *272*
Folan *148*
Frahili *208*
Fraktura *231*
Franceska *181*
Frapant *149*
Frapant-Antiqua *85*
Frucht *150*
Futon *151*

G

Gaba *86*
Gada *87*
Gaia *88*
Galmasa *181*
Galopp *89*
Gammon *90*
Gasa *90*
Geosybo *286*
Germany *209*
Gilberish *153*
Gilbert *152*
Glambamba *208*
Goal *272*
Gold *182*
Goquin *91*
Gosslin *210*
Gousine *91*
Gral *153*
Gremlin *232*
Grote *154*
Gruter *92*

H

Haeratio *92*
Hartmut *211*
Heidi *232*
Helten *155*
Hermann *233*
Homberg *211*
Houdin *249*
Horbach *93*

I

Imcart *154*
Imitat *94*
Immut *249*
Importe *93*
Indira *95*
Ioste *95*
Irene *233*
Isabella *250*
Isberg *96*
Itasun *97*

J

Janus *97*
Jeremias *98*

297

Joan *98*
Jorinde *273*
Jup *182*

K
Kabale *156*
Kaiser *250*
Kalten *157*
Karamel *99*
Kastanie *212*
Katharsis *251*
Kemenate *273*
Kenwut *99*
Koralle *100*
Kosmos *274*
Kuemo One *251*

L
Lappland *212*
Larissa *101*
Lea *101*
Lecca *102*
Legende *275*
Lettering Style
– 01 *252*
– 03 *252*
– 04 *252*
– 05 *253*
– 06 *253*
– 07 *253*
– 08 *254*
– 10 *254*
– 11 *254*
– 12 *255*
– 14 *255*
– 15 *255*
– 16 *256*
– 17 *256*
– 24 *256*
Lifestyle *102*
Linda *234*
Linguis *213*
Liquador *257*

Litschi *213*
Locardo *214*
Lotus *183*
Lubiana *103*
Lyrik *104*

M
Maccaroni *214*
Maddock *105*
Maron *106*
Melbourne *104*
Member *107*
Memento *257*
Merian *108*
Mermann *183*
Minna *276*
Mirror *276*
Mixer *216*
Moderat *109*
Monamour *110*
Monikas *215*
Murmur *258*
Musybo *283*

N
Nango *158*
Negatti *158*
Neolithic *215*
Nessi *159*
Newfish *217*
Newtwo *111*
Nicola *159*
Norga *111*
Note *184*
November *185*
Nussbaum *112*

O
Okapi *217*
Optimale *184*
Osiander *113*
Otto *234*

P
Palmer *113*
Parasol *186*
Patrick *258*
Perhead *160*
Perrine *187*
Peru *114*
Pippin *218*
Plan *114*
Poet *259*
Polar *219*
Popcorn *115*
Portal *187*
Porte *259*
Powwow *218*
Prima *115*
Profil *235*

Q
Quana *116*
Quovadis *186*

R
Rattan *188*
Rene *220*
Renoir *116*
Rimbeau *188*
Ristorante *189*
Rocky *117*
Roma *189*
Rondell *278*
Rosenhaag *277*

S
Samba *118*
Samira *260*
Scala *190*
Scorpion *220*
Segment *222*
Seni *119*
Sensual *118*
Serena *120*
Shogun *221*

Sirene *122*
Slimsey *223*
Sobek *191*
Solitaer *191*
Sorrento *121*
Soul *192*
Soundwell *261*
Soutane *194*
Spalier *278*
Special
– Akzelerat Greek *282*
– Catalogue Figures *287*
– Dingsda One *287*
– Dingsda Two *288*
– Dingsda Three *288*
– Fraction Helten *289*
– Fraction Timothey *289*
– Helten Cyrillic *283*
– Signs *290*
– Numbers *290*
– Pi Font *291*
– Corners *291*
– Time Table One *292*
– Time Table Two *292*
– Timothey Greek *282*
– Timothey Cyrillic *283*
Starling *194*
Style *122*
Suleika *223*
Symmetrie *193*
Syndikat *160*

T
Tiflis *123*
Timothey *124*
Tivoli *124*
Travemund *224*
Trinar *125*
Trinidad *125*
Triquetra *279*
Truman *126*

U
Ungarn *235*
University *161*
Uprodat *224*
Usambara *225*
Usher *127*

V
Vadi *128*
Velio *129*
Ventura *130*
Victoria *279*
Viktoria *236*
Viviane *262*

W
Wagabund *131*
Wal *236*
Walfra *237*
Walser *132*
Weise *262*
Weise Gotisch *237*
Weise-Antiqua *133*
Wiedow *134*
Wilhelmina *238*
Wilson *238*
Winner *195*

Z
Zablonski *135*
Zack *263*
Zaire *136*
Zen *239*

Hinweise zur Schriftinstallation

Unter Windows

Legen Sie die DVD in Ihr DVD-Laufwerk ein. Das Programm «ABC Fontviewer» startet automatisch. Sollte das nicht der Fall sein, ist die Autostart-Funktion Ihres Rechners deaktiviert. Doppelklicken Sie auf «fontviewer.exe» im Hauptverzeichnis der DVD, um das Programm manuell zu starten. Im Ordnerbaum auf der linken Seite sehen Sie die verfügbaren Schriftenordner. Wählen Sie dort einen Ordner aus dem Bereich «TTF», um eine Übersicht der darin enthaltenen Schriften angezeigt zu bekommen. Markieren Sie die gewünschte Schriftart und klicken Sie im Menü oben auf «Install». Verfahren Sie gegebenenfalls mit zusätzlich benötigten Schriftschnitten genauso.

Unter Mac OS X

Schließen Sie alle Programme, die Schriften verwenden. Legen Sie die DVD in Ihr DVD-Laufwerk ein und klicken Sie doppelt auf das DVD-Symbol auf Ihrem Desktop. Wählen Sie einen Schriftenordner aus dem Bereich «TTF» und kopieren Sie die gewünschten Schriften und Schriftschnitte mit ⌘ + C in die Zwischenablage.
Öffnen Sie einen Ordner «Fonts» auf Ihrem Rechner. Legen Sie die Schriftdateien mit ⌘ + V dort ab. Es existieren mehrere Fonts-Ordner:

– *[Benutzername]/Library/Fonts*
  Schriften, die Sie hier installieren, sind nur für Ihren eigenen Benutzeraccount verfügbar.
– */Library/Fonts*
  Schriften in diesem Ordner sind allen Benutzern des Systems zugänglich. Sie müssen sich jedoch anmelden, um neue Schriften installieren zu können.
– */System/Library/Fonts*
  In diesem Ordner befinden sich Schriften, die vom Betriebssystem verwendet werden. Installieren Sie hier keine neuen Schriften.

Unter Linux (KDE ab Version 3.0)

Öffnen Sie ein neues Konqueror-Fenster über Alt + F2 und die Eingabe von konqueror. Geben Sie in die Adresszeile die URL *fonts:/* ein. Kopieren Sie die gewünschten Schriften aus dem Bereich «TTF» der DVD in das Verzeichnis «Persönlich». Alternativ öffnen Sie den Bereich «Schriften-Installation» im Kontrollzentrum und klicken auf den Button «Schriften hinzufügen…» am unteren Fensterrand.

Verwendung der Type1-Schriftarten

Jede Schrift liegt sowohl im Format True Type als auch im Format Type1/OpenType vor.
TrueType-Schriften werden durch ihre einheitliche Spezifikation auf allen Betriebssystemen in genau der gleichen Art dargestellt und sie sind in kleinen Auflösungen, wie beispielsweise im Screendesign, den Type1-Schriften überlegen. Type1-Schriften, auch genannt PostScript-Schriften werden vor allem im professionellen Druck verwendet, aber auch auf offenen Systemen wie Linux, LaTeX und OpenOffice. Das Type1-Format lässt eine höhere Qualität der Pfade einer Schrift zu.
Wenn Sie nicht wissen, welches Format Sie benötigen, verwenden Sie TrueType. Zur Installation der Type1-Schriften lesen Sie bitte die Datei „readme.txt" im Hauptverzeichnis der DVD.

Lizenzbedingungen
zur Nutzung von Schriften des Franzis Verlags

1. Die auf dieser CD- oder DVD-ROM ent-haltenen Schriften (im Folgenden Schriften-Software genannt) sind urheberrechtlich durch deren Hersteller geschützt. Das Urheberrecht für die Auswahl, Anordnung und Einteilung der Schriften-Software und Daten auf dieser CD liegt bei der Franzis Verlag GmbH.

2. Franzis Verlag GmbH gewährt dem Lizenznehmer ein nicht ausschließliches, nicht übertragbares und zeitlich unbefristetes Recht, die Schriften-Software auf bis zu fünf Computern gleichzeitig zu nutzen oder zu speichern. Die Schriften dürfen für Drucksachen, Logos, Screen-Grafiken und andere grafische Werke im privaten, gewerblichen und öffentlichen Bereich verwendet werden.

3. Eine Übertragung des Nutzungsrechts an Dritte, auch an verbundene Unternehmen im Sinne der §15ff AktG, ist ausgeschlossen.

4. Ausschließlich zum Zwecke der Herstellung von Medienprodukten, insbesondere Printprodukten, darf der Lizenznehmer eine Kopie derjenigen Schriften-Software, die er zur Erstellung der betreffenden Datei benutzt hat, zu einem kommerziellen Belichtungsstudio oder einem anderen Service-Unternehmen geben.

5. Der Lizenznehmer darf die Schriften-Software ausschließlich auf einem einzigen Server installieren und sie an einem einzigen lokalen Netzwerk («LAN – local area network») benutzen, sofern die Benutzung der Schriften-Software auf die Arbeitsplätze und Drucker, welche zu der Lizenz gehören, beschränkt ist.

6. Ausschließlich zum Zwecke der Datensicherung darf eine Sicherungskopie der Schriften-Software angefertigt werden.

7. Es ist nicht gestattet, die Schriften-Software zu verändern oder Teile daraus zu eigenen Entwicklungen zu verwenden

8. Franzis Verlag GmbH übernimmt keine Garantie dafür, dass die Schriften-Software frei von Sachmängeln ist. Auch wird keine Gewährleistung dafür übernommen, dass alle enthaltenen Daten frei verwendbar sind.

9. Sollte eine Bestimmung dieser Bedingungen unwirksam sein, wird hiervon die Wirksamkeit der übrigen Bestimmungen nicht berührt. An die Stelle der unwirksamen Bedingung tritt eine solche wirksame, die dem wirtschaftlich Gewollten möglichst nahe kommt.

10. Erfüllungsort und Gerichtsstand ist München.

© 2007 Franzis Verlag GmbH,
Gruber Str. 46a,
85586 Poing